DATE DUE	

BRODART, CO.   Cat. No. 23-221

Italia: istruzioni per l'uso.
1. Sfilare la sovracoperta color verde-speranza.
2. Fissare l'Italia e il suo cardiogramma sulla parete più vicina.
3. Osservare intensamente l'immagine almeno due volte al giorno.
4. Meditare sulla cultura e la bellezza che l'Italia continua a irradiare da millenni.
5. Amarla e sognare. Un'Italia sana fa bene anche al resto del mondo.

A User's Guide to Italy.
1. Remove the bright green cover.
2. Hang Italy and its ECG on the nearest wall.
3. Look fiercely at the image at least twice a day.
4. Meditate on how the millenary lustre of Italy's culture and beauty continues to shine.
5. Love it and dream. A healthy Italy is good to the rest of the world too.

ARTE per TUTTI
AL PALAZZO DELLE ESPOSIZIONI
Vitalità del negativo nell'arte
T. MARINETTI FUTURISTA
ZANG
TUMB TUM
FUTURISMO!
SIAM
LADRI
DI BICICLETTE
MORRICONE
Artist's Shit
NOV 10 2014

L'Art Directors Club Italiano
ricorda con affetto
Bianca Allevi
Egidio Marazzi
Luigi Montaini Anelli
Giuseppe Musmeci
Michele Rizzi
Marco Vecchia
e quanti come loro
se ne sono andati
in punta di piedi.

The Italian Art Directors Club
remembers with affection
Bianca Allevi
Egidio Marazzi
Luigi Montaini Anelli
Giuseppe Musmeci
Michele Rizzi
Marco Vecchia
and other friends
like these
who have silently left us.

ART DIRECTORS CLUB ITALIANO

THE CREATIVE AUSTERITY
in Today's Advertising

SKIRA

Editor
Pasquale Barbella

Chief Designer
Pier Paolo Pitacco

Designer
Stefania Magli

Prefazione / Foreword
Massimo Guastini

Autori / Contributors
Gabriella Ambrosio
Sandro Baldoni
Pasquale Barbella
Ambrogio Borsani
Marco Carnevale
Andrea Concato
Giovanna Cosenza
Alice Jasmine Crippa
Pietro Gagliardi
Gianni Lombardi
Paola Manfroni
Till Neuburg
Assunta Squitieri
Andrea Stillacci
Francesco Taddeucci
Annamaria Testa
Stefano Torregrossa

Redazione / Copy editing
Anna Albano

Traduzioni / Translations
Maggie Corcoran
Alastair McEwen
Susan Wallwork

Illustrazione in copertina / Cover illustration
Paolo D'Altan

Art Directors Club Italiano
Via Carlo Maria Maggi 14
Tel. +39 02 6655943
Fax +39 02 34534273
info@adci.it
www.adci.it

8

First published in Italy in 2012 by
Skira Editore S.p.A.
Palazzo Casati Stampa
via Torino 61
20123 Milano
Italy
www.skira.net

Printed and bound in Italy.
First edition

ISBN: 978-88-572-1774-1

Distributed in USA, Canada, Central & South America by Rizzoli International Publications, Inc., 300 Park Avenue South, New York, NY 10010, USA.
Distributed elsewhere in the world by Thames and Hudson Ltd., 181A High Holborn, London WC1V 7QX, United Kingdom.

Finito di stampare nel mese di dicembre 2012
a cura di Skira, Ginevra-Milano
Printed in Italy

www.skira.net

Sommario Contents

Hall of Fame

Ispirandosi alle migliori tradizioni anglosassoni nel campo del cinema, della musica, delle arti, dello sport, del giornalismo e della pubblicità, l'Art Directors Club Italiano ha istituito una sorta di bacheca immaginaria per onorare i professionisti che hanno alimentato in modo costante e innovativo la creatività in Italia, spesso esportandola altrove. Nel 2012 entrano nella Hall of Fame Philippe Daverio e Annamaria Testa: ne parliamo nelle pagine seguenti.

Inspired by the best Anglo-Saxon traditions in the fields of cinema, music, arts, sports, journalism and advertising, the Art Directors Club Italiano has established a sort of imaginary notice board to honour professionals who have constantly contributed to Italian creativity in a highly innovative way, often exporting it elsewhere. In 2012, Philippe Daverio and Annamaria Testa were the new inductees into the Hall of Fame: we'll be talking about them in the following pages.

GLI ELETTI
THE INDUCTEES

1990
• Franco Grignani
• Bruno Munari
• Giovanni Pintori
• Armando Testa

1991
• Elio Fiorucci
• Marcello Minale
• Ettore Sottsass Jr.

1992
• Guido Crepax
• Emanuele Pirella

1993
• Franco Godi
• Luigi Montaini Anelli
• Pino Pilla

1994
• Christopher Broadbent
• Marco Mignani
• Enrico Sannia

1995
• Renzo Arbore
• Giorgetto Giugiaro
• Franco Maria Ricci
• Vittorio Storaro

1996
• Bruno Bozzetto
• Massimo Vignelli

1997
• Emilio Tadini

1998
• Pierluigi Cerri
• Ennio Morricone
• Fritz Tschirren

1999
• Alberto Alessi
• Pasquale Barbella
• Leo Benvenuti e/and
  Piero De Bernardi
• Fernanda Pivano

2000
• Gillo Dorfles

2002
• Francesco Tullio Altan
• Alessandro Mendini
• Renzo Rosso
• Gavino Sanna

2003
• Mario Monicelli
• Elio e le Storie Tese

2004
• Roberto Baggio
• Enrico Ghezzi
• Giancarlo Livraghi
• Roberto Molino

2005
• Beppe Modenese
• Michele Rizzi
• Massimo Tamburini

2006
• Tullio De Mauro
• Federico Faggin

2007
• Italo Lupi

2008
• Ferenc Pintér

2012
• Philippe Daverio
• Annamaria Testa

PREFAZIONE
FOREWORD

Il vero e il falso nella pubblicità

Prefazione di Massimo Guastini, presidente dell'Art Directors Club Italiano

L'Art Directors Club Italiano non è, come alcuni credono, il circolo elitario dei migliori creativi pubblicitari. È molto di più.
È l'unica associazione i cui soci siano accomunati da una visione etica della comunicazione. Gli unici a perseguire nei fatti questa visione. Troverete le evidenze a supporto, una pagina dopo l'altra, in questo stesso libro stampato sulla buona vecchia carta. Potrete trovarle anche online, nel nostro sito che raccoglie gli oltre cinquemila lavori selezionati e premiati in ventisette anni di storia del Club.

Non troverete invece quel tipo di comunicazione che gli psicologi sociali definiscono "inquinamento cognitivo". Se ne sentiste la mancanza chiudete subito questo librone. Accendete la TV, o aprite un qualunque giornale a caso, ne avrete in abbondanza.

Lo scopo di queste pagine è fornire dei modelli virtuosi di comunicazione, mostrare che un altro mondo è possibile. A cominciare dalla pubblicità. Perché nessuna legge, o ricerca seria, ha mai decretato che debba essere necessariamente brutta, idiota e disonesta come quella in cui ci si imbatte sempre più spesso, da alcuni anni.

L'estetica, come la creatività vera, è sempre etica. E la comunicazione pubblicitaria è qualcosa di diverso da quello che molta gente crede. *Può* essere qualcosa di diverso. Può dire la verità. Anzi *deve* dire la verità. L'ha ricordato anche il socio ADCI Guido Cornara, in un pezzo pubblicato sulla rivista "Bill".

La buona (e vera) pubblicità non offende, non inganna, non prevarica. Non impone.

Quanti operatori oggi, nelle aziende e nelle agenzie di pubblicità, sono consapevoli di questo? Quanti ci credono? Pochissimi, a giudicare da quello che vediamo, offline e online.

Sono del resto relativamente pochi i lavori pubblicati da questo libro. E soprattutto sono relativamente bassi gli investimenti che li hanno sostenuti, specie se confrontati con la spesa pubblicitaria complessiva in Italia.

Le campagne italiane considerate innovative, originali, un benchmark, non solo agli ADCI Awards ma anche al festival di Cannes, raramente sono sostenute da investimenti superiori ai 500.000 euro. Se sommassimo l'investimento media degli ultimi quattro leoni italiani, a Cannes 2011, che importo raggiungeremmo secondo voi? Temo non andrebbe meglio nemmeno se considerassimo gli investimenti media che hanno supportato complessivamente gli ultimi trenta leoni italiani. Peanuts.

Eppure, ogni anno, Cannes e i più importanti festival oltre confine premiano moltissime idee sulle quali grandi aziende internazionali hanno puntato decine di milioni di euro. Soldi veri per progetti veramente rilevanti.

Perché in Italia le aziende investono soldi veri solo su

campagne poco originali e innovative, spesso addirittura imbecilli e non professionali? Forse che la comunicazione di massa debba essere in Italia per forza arretrata? No, naturalmente.

Se avete una connessione internet a portata di mano, date un'occhiata ai lavori entrati nella shortlist stampa e affissione 1992, degli ADCI Awards[1]. Risulta evidente l'importanza che aziende leader attribuivano ai "content", vent'anni fa. E mi riferisco ad aziende di primissimo piano, attive in differenti settori merceologici. Un'attenzione alla qualità e alla consistenza dei contenuti che sembra scomparsa.

Ciò che i migliori creativi italiani definiscono oggi efficace non è ritenuto tale da chi investe in comunicazione. Tant'è che chi guida le aziende preferisce puntare le risorse strategiche su linguaggi (?) diversi.

Se un grande marchio, che investe oltre tre milioni di euro all'anno in advertising, entra nell'Annual ADCI con un lavoro su cui ha puntato meno di centomila euro (probabilmente meno di cinquantamila) c'è da chiedersi perché non abbia allocato la parte strategica del budget su una comunicazione altrettanto brillante.

La risposta, purtroppo, è che oggi non c'è più identità di vedute, tra creatori di contenuti e aziende. Se anche sommassimo l'investimento media che ha supportato tutti i lavori pubblicati in questo libro, otterremmo una frazione infinitesimale del totale investimenti dell'anno. Nel 1992 trovavamo rappresentati nell'Annual ADCI decine di settori merceologici e vari prodotti mass market. Compresi yogurt, lavatrici, assicurazioni e cibo per cani. Vent'anni dopo la situazione è molto diversa.

Eppure l'ultimo decennio ci ha dimostrato, al di là di ogni ragionevole dubbio, grazie a internet e non alle ricerche di mercato, che i contenuti brillanti, quelli che sanno coinvolgere davvero gli utenti, sono gli unici in grado di guadagnarsi spazio. Il che implica che abbiano saputo anche attirare l'attenzione del target.

Perché il comportamento dello stesso utente dovrebbe essere diverso quando fruisce dei nostri messaggi attraverso media classici? Perché in Italia non riusciamo a far comprendere ai committenti quello che le più importanti aziende del mondo hanno compreso da tempo? Quello che molte grandi aziende italiane dimostravano di avere compreso perfettamente già vent'anni fa, ancora prima delle evidenze fornite da internet.

Vedo due motivazioni. In Italia non ci sono più grandi agenzie fondate o guidate da creativi. Dominano mezzani & ragionieri, non creatori per definizione. Quindi, tra creatori di contenuti e imprenditori non c'è quasi mai un dialogo diretto, un'autentica relazione o, nella migliore delle ipotesi, viene sfilacciata dalle troppe intermediazioni. È sicuramente un peccato per entrambi.

Le due categorie, i due profili umani, sono accomunati dalla stessa spinta a creare valore, anche se possiedono competenze diverse.

La seconda ragione è che anche tra i creatori di contenuti spesso manca una visione comune di cosa renda bella ed efficace una campagna. Stentiamo a condividere con l'esterno una visione condivisa internamente. Diversi soci, giovani e non, negli ultimi mesi mi hanno espresso un disagio che Annamaria Testa ha riassunto in queste poche righe: "I primi anni del club eravamo tutti più o meno d'accordo su che cosa fosse una buona campagna. Adesso, non nascondiamocelo, non è più così. E alcuni parametri di base si sono proprio perduti. Per esempio, la necessità di essere semplici e comprensibili. Di dire – bene – qualcosa di rilevante. Sarebbe sano ripartire da quelli. Sano ma, temo, noioso."

È trascorso molto tempo da quando (1997) un autorevole critico televisivo, Aldo Grasso, poteva scrivere sul "Corriere della Sera": "Gli spot televisivi sono spesso migliori delle trasmissioni che interrompono". Non facciamo trascorrere altri quindici anni. Non li abbiamo.

I contenuti pubblicitari oggi non sono (quasi) mai migliori dei programmi che interrompono. E questo non per un vertiginoso innalzamento del palinsesto televisivo, quanto piuttosto per il drammatico abbassamento della qualità media del nostro lavoro.

Il problema non è che la pubblicità tradizionale non funziona più e quella digital non funziona ancora. Il problema vero è che in Italia non funziona più la relazione tra aziende e agenzie. Le seconde riescono solo di rado a rivestire un autentico ruolo consulenziale, perché a forza di farsi concorrenza sui prezzi anziché sulla capacità di produrre idee, non sono più in grado di investire in risorse umane adeguate.

E si sono abituate a dire troppi falsi sì, per paura.

Così, malgrado le evidenze già ricordate ci abbiano dimostrato quanto siano importanti i contenuti, nonché la capacità di raccontare una storia, i creatori di storie non sono mai stati pagati così poco come oggi.

Ripeto qui quanto già denunciato in altre sedi nell'ultimo anno. In Italia l'80% dei creativi tra i 22 e i 35 anni guadagna tra gli 80 centesimi e i 5,41 euro netti all'ora. Non chiamiamola gavetta, non più: il 90% dei creativi è fuori dalle grandi agenzie prima dei quarant'anni.

Proseguendo su questa china, il nostro settore non sarà più in grado di intercettare, come in passato, i migliori giovani e i migliori talenti.

Il denaro che il business pubblicitario è ancora in grado di generare alimenta "circuiti relazionali" anziché i produttori di idee. Questo fa forse spostare i budget da un'agenzia all'altra, ma non porta alla produzione di idee capaci di spostare verso l'alto il grafico delle vendite.

La pubblicità tradizionale non funziona più e quella digital non funzionerà mai (salvo le immancabili, miracolose eccezioni), se non cambieremo.

È quindi fondamentale che committenti e creatori di contenuti tornino a dialogare direttamente, con l'obiettivo dichiarato di produrre una migliore comunicazione, e non solo per un aspetto economico.

Piaccia o meno, l'immaginario collettivo si nutre più di comunicazione pubblicitaria che di arte. Se n'era accorto già Bill Bernbach, alcuni decenni fa: "Tutti noi che per mestiere usiamo i mass media contribuiamo a forgiare la società. Possiamo renderla più volgare. Più triviale. O aiutarla a salire di un gradino."

La progressiva scomparsa dell'etica nelle dinamiche professionali del settore pubblicitario, nelle remunerazioni, nei rapporti con i dipendenti, ha da troppo tempo inevitabili ripercussioni sulla qualità dei contenuti che mettiamo on air e online.

Ecco allora che un "sistema pubblicità" privo di etica diventa un problema di rilevanza sociale. Ecco che un lavoro delicato, per le responsabilità morali e sociali che implica, rischia di non essere più né un mestiere né un insieme di tecniche e competenze. Ma solo l'improvvisazione di chi vive improvvisandosi. Solo un'innegabile forma d'inquinamento cognitivo. Il pessimo nutrimento dell'immaginario collettivo.

Non a caso ho scritto insieme ad Annamaria Testa e a Pasquale Barbella il Manifesto deontologico dell'ADCI. È mia opinione che l'impegno a rispettare e difendere i principi e gli appelli del nostro Manifesto debba diventare l'unico requisito per entrare nel Club, indipendentemente dal ruolo professionale. È mia opinione che per essere davvero l'unica associazione capace di perseguire nei fatti la visione di una comunicazione etica, sia necessario aprire il Club. Ci sono altre forme di vita intelligente nel nostro universo. Nella galassia che chiamiamo "clienti", in quella che definiamo "fornitori" e anche in quella che dovremmo conoscere meglio: gli utenti. Potremmo non essere soli. Potremmo brillare di più. Potremmo persino contribuire a una società migliore battendoci per una comunicazione migliore, facendo il nostro mestiere.

[1] http://goo.gl/b3AyW

Manifesto deontologico dell'Art Directors Club Italiano

Noi soci ADCI siamo consapevoli del fatto che la comunicazione commerciale diffonde modi di essere, linguaggi, metafore, gerarchie di valori che entrano a far parte dell'immaginario collettivo: la struttura mentale condivisa e potente, tipica della culture di massa, che si deposita nella memoria di tutti gli individui appartenenti a una comunità, e ne orienta opinioni, convinzioni, atteggiamenti e comportamenti quotidiani.

Il nostro mestiere è raccontare le offerte dei nostri clienti attraverso narrazioni efficaci. Ironia, humour, paradosso appartengono al patrimonio storico del miglior linguaggio pubblicitario. Sono, fra i molti tratti distintivi della pubblicità, forse i più popolari e apprezzati, se e quando vengono impiegati con competenza, precisione e misura.

Per questo crediamo, come professionisti e come individui responsabili, di dover assumere, condividere e promuovere un insieme di princìpi che servano da positivo fattore di sensibilizzazione e orientamento etico per chi, ogni giorno, crea e diffonde linguaggi e simboli. Ad animarci non è un intento censorio, che non ci appartiene, ma il desiderio di portare un contributo positivo alla crescita, non solo materiale ma anche culturale, di questo paese.

In questo spirito sottoscriviamo otto semplici appelli che auspichiamo possano essere raccolti e condivisi anche al di fuori dell'Art Directors Club Italiano. Non solo dagli altri colleghi che si occupano – in vari modi – di comunicazione, ma anche dagli enti e dalle imprese per cui lavoriamo e da chiunque abbia l'opportunità, oltre che la responsabilità, di veicolare messaggi attraverso i media.

In linea generale, i princìpi cui ci ispiriamo sono già tutelati da altri organismi e, nei casi di infrazione più sospetti, dal codice civile. È nostro intento contribuire, con questo appello, a modificare modalità di comunicazione che, pur lecite formalmente, possono tuttavia favorire il consolidarsi di stereotipi negativi e il deteriorarsi della cultura collettiva.

• Onestà

La fiducia è uno dei pilastri su cui si fonda ogni società civile. Tradire la fiducia di altri esseri umani è una forma di inquinamento morale che rende tutti più vulnerabili. Per questo noi soci Adci ci impegniamo a evitare espedienti retorici tesi a creare aspettative che il prodotto o il servizio pubblicizzato non sarà mai in grado di soddisfare. Fuorviare il pubblico a cui parliamo indebolisce il nostro stesso lavoro.

• Bellezza

Noi soci ADCI ci impegniamo a lottare ogni giorno contro la trasandatezza, la sciatteria, la trascuratezza e la volgarità, virus la cui diffusione va a discapito della bellezza. "Tutti noi che per mestiere usiamo i mass media contribuiamo a forgiare la società. Possiamo renderla più volgare. Più triviale. O aiutarla a salire di un gradino". (Bill Bernbach)

• Appropriatezza

Ogni volta che creiamo un messaggio noi soci ADCI ci interroghiamo sulla sua appropriatezza. I nostri messaggi entrano nelle case e nelle vite altrui: dobbiamo chiederci sempre se quello che a noi pare appropriato lo sia anche per gli altri. La vera creatività non risie

de nella trasgressione distruttiva e fine a se stessa, ma nel reinventare la norma aprendole prospettive nuove e fertili.

• Rispetto

Noi soci ADCI siamo consci che con i nostri messaggi non dobbiamo mai offendere gli altrui diritti e meriti. Nemmeno quando sono i committenti a spingerci in questa direzione, perché accontentarli significherebbe procurare un danno a tutto il sistema. Se la pubblicità non rispetta gli esseri umani nella loro individualità e nella loro differenza, questi smetteranno di rispettare la pubblicità. Sta già accadendo.

• Correttezza

Noi soci ADCI ci rifiutiamo di favorire con il nostro lavoro rappresentazioni gratuite di violenza, in tutte le sue forme: fisica, verbale, psicologica, simbolica, morale. Siamo contrari a promuovere direttamente o indirettamente qualunque tipo di discriminazione, in quanto è essa stessa una forma di violenza.

• Stereotipi

Una certa dose di stereotipi è necessaria in pubblicità come in ogni forma di comunicazione di massa. Ma l'abuso di stereotipi e cliché relativi a etnie, religioni, classi sociali, ruoli e generi favorisce il consolidamento di pregiudizi e ingessa lo sviluppo sociale, ancorandolo a schemi culturalmente arretrati e quindi dannosi. Dunque occorre usare gli stereotipi con attenzione e consapevolezza, sempre chiedendosi se una soluzione alternativa non sia possibile – e migliore.

• Intelligenza

Il fatto che la pubblicità debba essere chiara, diretta e comprensibile a tutti non implica che debba essere stupida, né che si debba trattare da stupido il suo pubblico. Noi soci ADCI condanniamo e combattiamo il ricorso alla stupidità sia come espediente retorico, sia come scorciatoia per guadagnare facili consensi. Difenderne l'utilità a fini comunicativi è un alibi cinico e mediocre, tipico di chi disprezza i suoi simili e di chi è incapace di produrre o riconoscere idee nuove. Per ridurre ciò che è complesso a semplice, senza essere semplicisti e conservandone tutta la ricchezza, occorre – parola di Bertrand Russell – la dolorosa necessità del pensiero.

• Pudore

Consideriamo la sessualità libera da condizionamenti un grande valore, per la donna e per l'uomo. Il nudo in sé non può recare offesa, come l'arte stessa ci ha insegnato attraverso innumerevoli esempi. Ma giudichiamo profondamente scorretto ridurre i corpi umani a oggetto sessuale da abbinare in modo incongruo e pretestuoso a un prodotto, al solo scopo di rendere quest'ultimo desiderabile. Questo schema pavloviano è, oltre che inefficace nel promuovere l'autonomo valore del prodotto, immorale, perché svilisce l'esperienza e l'identità umana.

Truth and lies in advertising

Foreword by Massimo Guastini, president of Art Directors Club Italiano

The Art Directors Club Italiano is not, as some people believe, an elite circle of the best creative minds in advertising. It is much more than that. It is the only association whose members share an ethical vision of communication. The only ones to pursue that vision in deed and in fact.

And as you turn the pages of this book, printed on good old paper, you will see the proof of that. You can see it online too by visiting our website, where you can browse through the more than 5000 works nominated for an ADCI award during the Club's 27 years of history. But what you will not see is the type of communication social psychologists call "cognitive pollution". And if that disappoints you, then my advice is to close this hefty tome immediately and to switch on the television or open any newspaper that just happens to be at hand, you'll be overwhelmed by the stuff.

In fact, the aim of these pages is to display the virtuous models of advertising and communication, those that show that another world is possible. Starting with advertising. Because no law, or serious research, has ever decreed that it must be necessarily as ugly, idiotic and dishonest as what has been increasingly thrown at us in the past few years.

Aesthetics, like true creativity, is always ethical. And advertising communication is not what most people think it is. It can be different, it can tell the truth. In fact, it *must* tell the truth, as ADCI member Guido Cornara reminded us recently in a piece written for *Bill* magazine.

Good (and faithful) advertising does not offend, deceive or prevaricate. It does not impose.

How many of today's corporate and agency ad people realise this? How many believe it? Very few, judging from what I can see, whether offline or online.

In relative terms, there are few works published in this book; more importantly, the investment required to produce the selected works was relatively low, especially compared with Italy's total spending on advertising.

In fact, those Italian advertising campaigns considered innovative, original, and a benchmark by not only the ADCI Awards, but also the Cannes Lions festival rarely require an investment of more than Euro 500,000. If we add up the media investment of the last four Italian Lion awards at Cannes 2011, how much do you think it works out to? And I doubt it would get much higher even if we worked out the media aggregate investment of the last 30 Italian Cannes Lions awards. In a word, peanuts.

Nevertheless, each year Cannes Lions and other leading international festivals reward loads of ideas that the major global companies have spent tens of millions of euro to develop. Real money for really important projects.

So why do Italian companies invest real money only in campaigns that far from being original and innovative are often downright stupid if not unprofessional? Does mass communication have to be perforce backward in Italy?

No, of course it doesn't. If you're near an internet connection, take a look at the works shortlisted for the Print and Outdoor categories of the 1992 ADCI Awards.[1]

Clearly, 20 years ago the leading companies assigned great importance to the "content" of their ads, and I'm talking about high-profile companies operating in different industries and markets, whose quality and content-rich focus now seems to have vanished.

What the best Italian creative minds define as effective today is not considered such by those who invest in communication. Indeed, this kind of thinking is so pervasive that the company executives prefer to put their strategic resource money on different "languages".

If a big brand with an advertising investment budget of more than Euro 3 million per year is featured in the ADCI Annual with a work on which it spent less than Euro 100,000 (actually probably less than Euro 50,000), then isn't it natural to ask why it didn't allocate the strategic portion of the budget to equally brilliant communication.

The answer, sadly, is that, today, the vision of the content creators and that of the companies no longer share an identity. If we add up the media investment cost of all the works published in this book, it would work out to a nano-fraction of the total annual spending allocation. In 1992, the ADCI Annual featured ads from tens of sectors for all kinds of mass-market products, including yogurt, washing machines, insurance, and dog food. Twenty years down the line, however, the picture tells a very different story.

Even so, the past decade has shown, beyond any reasonable doubt, that thanks to the internet, and not to mar-

ket research, brilliant content capable of truly involving the users is the only way to gain higher ground. And to capture the target's attention.

Why should the behaviour of the users differ when they receive our messages through the classic media? Why is it that, in Italy, we are unable to get the client to understand what the world's major companies already wised up to a while ago? After all, it's what those same companies had no trouble grasping 20 years ago, long before the internet made it so evident.

I see two reasons for that.

Italy no longer has any of the great agencies founded or guided by creative minds, instead, they are dominated by middlemen and accountants, ergo "non-creatives". As a result, the content creators and the businessmen hardly ever get a chance to talk to each other face to face, or to sow the seeds of an authentic relationship, which, in the best-case scenario, becomes unravelled by excessive intermediation. That is indeed a great shame for both parties, given that the two categories, the two human profiles, share the same desire to create value and that each brings different skills and expertise to the table.

The second reason is that even the content creators often fail to share the same vision of what makes a campaign beautiful and effective. In a nutshell, we find it hard to share an internally shared vision with the outside world. Many members of all ages have expressed unease in the past few months, an unease that Annamaria Testa sums up so well: "During the Club's early years, we all more

or less agreed on what made a good campaign. Now, and let's not pretend otherwise, that is no longer the case. So some of the basic parameters, such as the need to be simple and comprehensible, to say – well – something of relevant, have fallen by the wayside. The most sensible thing to do is to go back to these grassroots and start anew. Although, while the idea is sound, I fear it'll be too boring."

A long time ago, in a 1997 issue of the *Corriere della Sera* newspaper, the authoritative television critic Aldo Grasso wrote "The television commercials are often better than the programmes they interrupt."

So let's not let another 15 years slip by, we really can't afford to.

These days advertising content is almost never better than the programmes they interrupt, but that's not down to a dizzy increase in television scheduling as much to a rather sharp decline in the average quality of our work. The problem is not that traditional advertising doesn't work anymore and that digital doesn't work yet, the real problem is that, in Italy, what no longer works is the company-agency relationship. The agencies are rarely able to play a true advisory role because competing over prices instead of over the ability to produce ideas has reduced their capacity to invest in adequate human resources.

And because they're scared, they've gotten into the habit of saying too many false "yes" words

And, despite the abovementioned evidence on the im-

portance of content and the ability to tell a story, the creators of the stories have never been paid as little as they are today.

I'm now going to reiterate what has already been denounced on other occasions in the past year. In Italy, 80% of creative professionals between the ages of 22 and 35 earn from 80 euro cents to Euro 5.41 per hour. And let's not call it rising through the ranks, not any more, seeing that the major agencies show 90% of creative people the door as soon as they start edging towards 40.

If we continue along this slippery slope, our industry will no longer be able to attract the best youngsters and the best talents as it did in the past.

The advertising business is still capable of generating money but is using it to fuel "relational circuits" instead of spending it on the originators of the ideas.

This may shunt the budgets around from agency to agency, but doesn't encourage the generation of ideas powerful enough to give a healthy boost to the sales curve.

Unless we ourselves change, traditional advertising will no longer be able to do its job and digital advertising will never work (except for the usual miraculous exceptions). It is essential that clients and content creators start to sit down together at the table again, but for the stated objective of producing better communication not merely for financial reasons.

Like it or not, the collective imagination is nourished more by advertising communication than art. Bill Bernbach already realised this some decades ago when he said

"All of us who professionally use the mass media are the shapers of society. We can vulgarize that society. We can brutalize it. Or we can help lift it onto a higher level."
The progressive disappearance of ethics in the advertising industry's professional dynamics, salaries, and employee relations has had an inevitable impact on the quality of on-air and online content for far too long.
And this is how an "advertising system" that shuns ethics becomes an issue of social importance. This is how a delicate job, due to its implicit moral and social responsibilities, risks being no longer either a trade or a toolbox of techniques and expertise. Reduced to the improvisation of those who live by the sword of improvisation, which is merely a form of irrefutable cognitive pollution, the worst kind of food for collective thought.
So when it came to drafting the ADCI *Ethical Manifesto*, Annamaria Testa and Pasquale Barbella were my natural choice as co-authors.
In my opinion, the sole requisite for ADCI membership should be the commitment to uphold and defend the principles and the appeals of our Manifesto, regardless of the candidate's professional role. In my opinion, it is necessary to open up the Club if we want to be the only association truly capable of pursuing the vision of ethical communication in its truest sense. There are other forms of intelligent life in our universe, in that galaxy we call "client", in that we define as "supplier" and in that we should know best, the galaxy of the "user". We might not be alone. We might shine even more brightly.

And, fighting for better communication, doing our job, might even help us to create a better society.

translated by Susan Wallwork

[1] http://goo.gl/b3AyW

27

Ethical Manifesto of the Art Directors Club Italiano

We the members of ADCI are aware of the fact that commercial communications spread ways of being, languages, metaphors, and hierarchies of values that become a part of the collective imagination: the shared and powerful structure, typical of mass cultures, which settles in the memory of all the individuals belonging to a community, and orients opinions, convictions, attitudes, and everyday behaviour.

Our profession is to recount the offers of our clients through efficacious narration. Irony, humour, and paradox belong to the historical patrimony of the best in advertising language. Among the many distinctive traits of advertising, these are perhaps among the most popular and appreciated, if and when they are used with competence, accuracy and moderation.

This is why we believe, as professionals and responsible individuals, that we have a duty to adopt, share, and promote a set of principles that serve as a positive factor in the ethical orientation and awareness of those who, every day, create and disseminate languages and symbols. We are inspired not by any censorious intention, which is alien to us, but by the desire to make a positive contribution to the growth, not only material but also cultural, of this country.

It is in this spirit that we endorse eight simple appeals we hope will be welcomed and shared even outside the Art Directors Club Italiano. Not only by the other colleagues who work – in various ways – in communications, but also by the bodies and businesses for which we work and by anybody who has the occasion, as well as the responsibility, of conveying messages through the media.

In general, the principles that motivate us are already safeguarded by other organisations and, in the most suspicious cases of violation, by the law. With this appeal, our intention is to make a contribution to modifying modalities of communication that, while formally legitimate, can nonetheless encourage the consolidation of negative stereotypes and the deterioration of our collective culture.

• Honesty

Trust is one of the pillars on which every civil society rests. Betraying the trust of other human beings is a form of moral pollution that makes everyone more vulnerable. This is why the members of ADCI are committed to avoiding rhetorical expedients aimed at creating expectations that the product or service advertised will never be able to satisfy. Misleading the public we address weakens our own work.

• Beauty

The members of ADCI are committed to struggle every day against shabbiness, inaccuracy, negligence, and vulgarity, viruses whose diffusion are detrimental to beauty. «All of us who professionally use the mass media are the shapers of society. We can vulgarize that society. We can brutalize it. Or we can help lift it onto a higher level.» (Bill Bernbach)

• Appropriateness

Every time we create a message, we members of ADCI wonder whether it is appropriate. Our messages enter the homes and the lives of other people: we must al-

ways ask ourselves if what strikes us as appropriate will make the same impression on others. Real creativity does not lie in offensive transgression just for the sake of it, but in reinventing the norm, opening it to new and fertile prospects.

• Respect
We ADCI members are aware that our messages must never offend the rights and merits of others. Not even when our clients push us in this direction, because satisfying them would be harmful to the entire system. If advertising does not respect human beings in their individuality and difference, they will cease to respect advertising. This is already happening.

• Decency
We ADCI members refuse to encourage with our work gratuitous portrayals of violence, in all its forms: physical, verbal, psychological, symbolic, and moral.
We are against promoting directly or indirectly any kind of discrimination, insofar as this itself is a form of violence.

• Stereotypes
A certain amount of stereotypes is necessary in advertising, as in all forms of mass communication. But the abuse of stereotypes and clichés regarding ethnic groups, religions, social classes, roles and genres encourages the consolidation of prejudices and fossilizes social development, anchoring it to schemata that are culturally backward and hence deleterious. And so it is necessary to use stereotypes with attention and aware-

ness, always wondering whether an alternative solution might not be possible – and better.

• Intelligence
The fact that advertising must be clear, direct, and understandable to all does not imply that it must be stupid, or that it must treat the public as if it were stupid. We ADCI members condemn and combat the recourse to stupidity both as a rhetorical expedient and as a shortcut to facile approval. Defending the utility of this for communicational ends is a cynical and mediocre pretext, typical of those who look down on their fellows and who are unable to produce or recognize new ideas. To reduce the complex to the simple, without being simplistic and conserving all its richness, we need – as Bertrand Russell put it – the painful necessity of thought.

• Modesty
We consider sexuality free of conditioning to be of great value, for women and men alike. Nudity in itself cannot be offensive, as art itself has taught us through countless examples. But we consider it deeply improper to reduce the human body to a sex object to be matched to a product in an incongruous and specious way, with the sole aim of making that product desirable. This Pavlovian schema, as well as inefficacious in promoting the autonomous value of the product, is also immoral, because it demeans human identity and experience.

translated by Alastair McEwen

HALL OF FAME 2012
PHILIPPE DAVERIO
ANNAMARIA TESTA

Philippe Daverio
L'antropologo
dell'arte - di stupire

di Till Neuburg

Ci sono i Celebranti della Cultura con la C majestatis, scolpita in modo indelebile nel marmo della retorica (come in Chiesa, Chief Executive Officer, Costituzione, Centro Commerciale, Carabinieri, Champions League), e sull'atlante opposto abbiamo i complici, i *causeurs*, i capitani di ventura che ci guidano con il loro infallibile navigatore elementare nella rete sempre più intasata della cultura con la c caparbiamente piccina (come in conoscenza, curriculum, comunicazione, cazzata, calembour).

Un affabulatore che ama decifrare le lettere minuscole con le lenti molate da Spinoza, con gli occhialini rigorosamente tondi, con la messa a fuoco del minimalismo e della *grandeur*, decisamente non può avere la vista a miccia corta. E così, a chi piace scrutare il mondo dell'arte dal buco della struttura, un'audioguida visiva è sempre maledettamente comoda e seducente. Essere presi per mano, e qualche volta anche per i fondelli, da uno che sa "di tutto di più", fa parte del Grand Tour che tutti quanti sognavamo, comodamente spaparanzati sulle poltrone-sofà della Feltrinelli o dell'ennesimo vernissage.

Se poi un moderno erede di Marco Polo, di Bruce Chatwin o di Arthur C. Clarke, oltre all'opulenta diversificazione tematica ci regala anche il *divertissement*, allora si può tranquillamente sostenere che il petting tra informazione e formazione ha felicemente generato un nuovo dandismo meneghino che dopo Caravaggio, Marinetti e Arbasino dalle nostre parti non s'era più letto né sentito, e men che meno condiviso.

Secondo Gillo Dorfles, "La persona veramente elegante è sempre un po' *démodé*". Coco Chanel è ancora più *tranchant*: "La moda passa, lo stile resta." E così il *demi-monde* rivoltato delle *griffes* (dove l'etichetta ha perentoriamente sostituito l'*étiquette*), la moda servile dei timer sopra il polsino, i completi all black da ignoranze funebri, le basette potate come le siepi di bosso di Versailles, le cravattone formato spinnaker firmate Prosciutto di Prada... tutta questa mascherata *nouveau riche* fa inorridire chi veste rigorosamente *second hand* oppure su misura. Per colmo dello scandalo, il nostro *épateur* indossa allegramente l'intera gamma Pantone, puntualmente valorizzata da un leggiadro papillon.

Vestire in modo comodo, fantasioso e personale non solo diverte di più, ma non è trendy (quindi *passé*) e soprattutto, come diceva la pubblicità dell'allegro aperitivo rosso in bottiglietta: "C'est plus facile."

Da anni ormai in Italia i curiosoni dell'antico, del vintage, del nuovo e del futuro che notoriamente non è più quello di una volta, sono abituati — nel senso di habitué, di fedelissimi, di ultrà — alle seduzioni mediatiche di un sempre più popolare immigrato del nord. In realtà il nostro Filippo di Francia detto il Bello, forse meglio co-

IL CAPITALE

Philippe Daverio conduce *Il Capitale*, un programma televisivo in onda su Rai 3. Ogni puntata è monotematica e trae spunto dal patrimonio culturale, dalla storia, dalle notizie di cronaca e dalle mostre in corso.

Philippe Daverio hosts *Il Capitale*, a television programme broadcast by Rai 3. Every show is based on a single theme and takes its cue from the cultural heritage, history, news, and exhibitions currently underway.

Milano, Teatro alla Scala, novembre 2008. Daverio nel suo camerino, dopo aver interpretato il ruolo – per voce recitante – del cancelliere Njegus in *Die lustige Witwe* (La vedova allegra) di Franz Lehár. In vista di uno sciopero annunciato dagli orchestrali e della conseguente cancellazione delle ultime repliche, Daverio si prese la libertà di innescare – nei suoi monologhi – espliciti e provocatori riferimenti alla situazione, suscitando l'ilarità del pubblico e una serie di polemiche.

Milan, La Scala, November 2008. Daverio in his dressing room after having played the role – for spoken voice – of the Embassy Secretary Njegus in *Die lustige Witwe* (The Merry Widow) by Franz Lehár. In view of a strike called by the orchestral musicians, and of the consequent cancellation of the final performances, Daverio took the liberty of inserting into his monologues some explicit and provocative references to the situation, arousing the hilarity of the audience and a series of disputes.

nosciuto come citoyen Philippe Daverio (senza l'accento finale alla francese come in Platini oppure in Jean-Baptiste Lully aka Giovanni Battista Lulli), è nato dalle parti dei fratelli Goncourt, di Gustave Doré, di Alfred Dreyfus, di Albert Schweitzer, ma anche di Tomi Ungerer, di Marcel Marceau e di Jean Arp. Erano tutti, ça va sans dire, dei Galli combattenti in un pollaio di confine la cui linea di demarcazione non si sapeva mai se si trovasse al di qua o al di là del Reno.

Senza scomodare troppe metafore, con la sua sterile Linea Maginot una volta l'Alsazia fu il simbolo della disunione, mentre oggi ospita addirittura la capitale amministrativa del continente. Eppure – a parte i *bretzel*, la birra e i crauti alias choucroute – l'Elsass francofono aveva già attratto dalla riva opposta nientemeno che il futuro inventore della stampa a caratteri mobili: per ben diciotto anni il protestante Gutenberg bulinò in una bottega d'incisione presso la cattolicissima Cathédrale de Notre-Dame de Strasbourg.

Quasi mezzo millennio dopo, a soli 20 chilometri dalla capitale renana, a Molsheim, la regione adottò un altro genio della mobilità: il più "veloce" designer milanese dell'epoca. A una recente asta Sotheby's, un suo capolavoro catalogato con il perentorio titolo Bugatti Royale è stato battuto a quasi cinque milioni di euro – più o meno il prezzo di una scultura di Brâncuși, Giacometti o Henry Moore.

In tema di quotazioni, Daverio la sa parecchio più lunga e più in profondità di tanti artisti e collezionisti che si trastullano nelle P.R. sotterranee e nei caveau. Dalle parti dell'Hudson River e dei Navigli, ha inaugurato e gestito ben quattro gallerie, una libreria d'arte e una casa editrice. A Milano ha rilanciato il Palazzo Reale, collaborato energicamente al recupero del Piccolo e del Teatro dell'Arte alla Triennale, alla genesi del progetto Ansaldo e infine alla nascita dell'Arcimboldi di Vittorio Gregotti.

Gli architetti moderni che hanno marcato alcuni angoli di Milano, Daverio li vede e li vive come preziosi conniventi. Da quando l'egemonia napoleonica fallì nel tentativo di spezzare lo sviluppo urbanistico circolare dei bastioni e dei navigli (Corso Sempione non ce l'ha mai fatta a riproporre la *grandeur* degli Champs-Élysées), la città si è rannicchiata in sé stessa. Eppure, prima di Gregotti, Zanuso, Gardella, Aulenti, Aldo Rossi, a Milano avevano lasciato i loro segni non solo i titani Terragni, Lingeri, Ponti, il gruppo BBPR e Portaluppi, ma anche i vari Asnago, Boito, Borgato, Latis, Moretti, Muzio, Vender. Proprio questi ultimi si "ritrovarono" nella magnifica sede della Fondazione Piero Portaluppi quando Daverio presentò una mostra del visualizer "raziometafisico" Marco Petrus. Un paradosso che Daverio commentò con dovizia/malizia inarrivabile attraverso un ininterrotto *excursus* storicourbanistico di un'ora: che di tale levatura, prima di allora, avevo sentito solo da gente come Umberto Eco, Jacques Le Goff, Edward Tufte, Federico Zeri.

Se per la storia dell'arte proprio Zeri è stato – per scelta, sventura e vanità – il più celebrato degli anti-italiani (nella sua casa a Mentana, saputo che ero di origine straniera, mi rassicurò secco: "Amo l'Italia e odio gli italiani"), Daverio invece assomma in sé tutte le qualità del playmaker che gioca sempre per la squadra – ovvero, in ultima analisi, per noi. A seconda della stagione, dell'arena e di chi lo insegue, Daverio è, di volta in volta, regista - souffleur - navigatore - cultural trainer - cicerone - guest lecturer - traduttore - lucciola - maestro - conducente - esegeta - precettore… Ma qualche volta – quanno ce vo' – semplicemente sfidante e agitatore il quale, come clava più micidiale, agita di preferenza lo sfottò.

In un paese che, secondo le statistiche dell'UNESCO, detiene ben 47 dei 725 siti del World Heritage culturale, la storia dell'arte diventa *eo ipso* la storia *tout court*. A cominciare dal Vasari, i più acuti estensori delle nostre mappe politiche, militari, economiche, scientifiche e persino gossippare sono stati spesso gli storici dell'arte. Adolfo e Lionello Venturi, Roberto Longhi, Carlo Ludovico Ragghianti… senza dimenticare il léttone naturalizzato WASP Bernard Berenson, che per i suoi "ultimi" sessant'anni scelse saggiamente di acquietarsi sopra le colline di Firenze.

Il contesto nel quale Daverio mantiene, appunto, acceso quel cerino, è quello che va sotto il motto aristocratico

di non-specializzazione. Chi cerca di capire cosa diavolo bolle nel pentolone che – nel menu fisso dei convenevoli e dei convegni – si usa circoscrivere con la parola "comunicazione", non si orienta certo sui libri di testo, sulle notizie ANSA e sui telegiornali. Saper leggere tra le righe della storia sottaciuta, dei simboli a volte criptici e persino della più smagliante inattualità, è un mix che attraverso gli sguardi e il labiale di Daverio in noi si trasforma subito in complicità, in vivida passione, in adolescenziale verve.

Il suo potere seduttivo è semplicemente sconcertante. Con lui, gli addetti si trasformano inesorabilmente in addicted. Se lo conosci, non lo eviti.

Come succede dappertutto, anche in Italia ci sono cronisti e cantori indissolubilmente legati a luoghi, moduli e modelli: parlando, per esempio, di paradossi sublimi, non puoi che pensare ad Altan; se citi Washington D.C. ti riferisci per forza agli spaccati antropologici di Vittorio Zucconi; il mondo incompreso e complesso della non-violenza nazionale è indissolubilmente legato a Danilo Dolci; se parli in modo appassionato del Tour de France, Gianni Mura è il tuo uomo; se scruti i cieli per oscurare l'astrologia, consideri automaticamente Margherita Hack; se cerchi la compagnia di un giocoliere delle parole, non puoi che inciampare in Stefano Bartezzaghi… E così, se vuoi incocciare in un Harry Potter che conosce ogni soffitta, nascondiglio e spiraglio dell'arte dove soffia la brezza della curiosità, allora il tuo *Gentil Organisateur* è colui che ha in tasca la chiave per aprirti qualsiasi spioncino e portone: per un intero decennio, *Passepartout* non è stato affatto un badge né un rito divinatorio e tanto meno una password misteriosa… ma una cosa molto più semplice – e più articolata. Nel mondo dei media, abbiamo avuto dei "formati" (formati come in formato famiglia, tascabile, oversize, A4, extrasmall, Adobe… perché Daverio detesta i "format" tanto cari ai palinsestanti della tivvù), dove l'accessibilità, la modestia, lo stile dialogante sono sempre stati i valori vincenti: *Non è mai troppo tardi*, *Il Circolo Pickwick*, *Viaggio lungo la Valle del Po*, *Chiamate Roma 3131*, *Sottotraccia*, *Quark*, *Per un pugno di libri*, *Il fatto*, *Le storie*, *Report*, *Che tempo che fa*, *L'infedele*, ma anche *Rischiatutto*, *Bandiera gialla*, *Tutto il calcio minuto per minuto*, *Specchio segreto*, *Quelli della notte*, *L'ottavo nano*. Programmi diventati tutti popolari *malgré eux*. Senza indici, sopraccigli e crocifissi alzati; i toni sempre distesi; scatarrare ex cathedra, tabù.

Però: tutti questi formati di successo sono stati – e sono – pensati, presentati e commentati da due, da alcune o da una moltitudine di persone. *Passepartout*, invece, è sempre stato tassativamente un one-man show. È stato un reiterato salto nel buio, lontano dai colpi di sole dell'Auditel, che è riuscito a pochi. Qualcuno, come il sindaco di Salemi, provando a compiere un'arrampicata solitaria sulla parete nord di Saxa Rubra ci ha rimesso le penne – non solo quelle all'arrabbiata egoriferite, ma anche quelle che servono a firmare i contratti con le emittenti TV. Per motivi giuriburodemenziali, alla fine dell'anno scorso, *Passepartout* è stato discretamente sfilato dal portachiavi di mamma RAI. Ma siccome i voli di Daverio non si erano mai svolti a livello di basso impero, i suoi vecchi *looping* in alta quota vengono continuamente riproposti alla TV deliziando chi ama le giravolte dell'intrattenimento e dello share.

Più o meno un anno prima s'era concluso un ciclo tematico per viandanti immaginari, sempre ideato e firmato Daverio. Su RAI 5, il nostro cicerone ci accompagnò in una dozzina di luoghi ameni: di quelli che il Guide Michelin di qualche tempo fa avrebbe sicuramente corredato con il classico uccellino e la civettuola precisazione «Vale una deviazione». Insieme a Siena, Mantova, Ferrara, Orvieto e Bologna, Daverio ci faceva scoprire i tesori gelosamente seminascosti di Bassano del Grappa, Conegliano, Busseto e Aosta nonché alcune aree particolarmente popolari come i laghi lombardi, il Biellese e il Tirolo; luoghi che credevamo di conoscere bene, se non addirittura come le nostre tasche. E invece no: in quelle dodici saccocce virtuali dei nostri jeans andarono a infilarsi, a nostra colpevole insaputa, capolavori e monili che non ci saremmo aspettati di possedere nemmeno dopo una scorreria nei più ricchi musei.

Ma per fortuna, nostra e della RAI, a partire dall'8 gen-

naio di quest'anno Daverio è nuovamente presente sul terzo canale, questa volta con un programma dal titolo provocatoriamente proto e post marxista: *Il Capitale*. Il ciclo approfondisce, fin dentro le viscere della socialità, il metabolismo della ricchezza reale: non i soldi ma l'inventiva, l'immaginazione, la fantasia – tutto quanto nel gergo gazzettaro, modaiolo e reclamista è shakerato con la ten-letter word, "creatività".

Il contorno scenografico della trasmissione è già di per sé un programma. Alle sue spalle appaiono banconote di tutto il mondo: i volti che vi sono raffigurati, come sappiamo, appartengono spesso a personaggi storici della cultura e della scienza – non certo ai maestri del denaro come i vari Medici, Fugger, Rothschild, Keynes, Carli, Galbraith, Friedman, Thyssen, Vanderbilt, Rockefeller, Getty o Agnelli. Quella galleria è lì a segnalarci un autentico *trompe l'œil* del potere: un facebook della finanza Potëmkin, un dolciastro identikit millefoglie che a ogni sfregamento tra indice e polpastrello ripropone la favola del do ut des, dei bilanci certificati, della legge del mercato, di quella Cultura, in questo caso persino con la doppia C maiuscola (come in Conto Corrente), che si tramuta sempre più spesso in Cash, in Capital gain, nell'onnivora, ubiqua e devastante Crisi che aumenta in modo esponenziale i chicchiricchi nelle risaie dei super ricchi.

Fu proprio un'altra crisi quella che, nel lontano 1993, un solo anno dopo Tangentopoli, portò Daverio a esercitare non più solo l'autorevolezza culturale, ma anche quella politica e amministrativa. Il primo e unico sindaco leghista di Milano, Marco Formentini, lo imbarcò nel suo governo cittadino perché il precedente assessore alla cultura, nelle amministrazioni di Pillitteri e Borghini, aveva lasciato nient'altro che qualche sbiadita impronta da yeti, subito cancellata. Per Daverio furono quattro anni belli, difficili, intensi. Eppure, a differenza di ciò che avvenne alla maggioranza dei colleghi, per quanto riguarda i suoi bilanci personali quell'esperienza finì persino per danneggiarlo. Il suo proverbiale attivismo professionale fu quasi completamente assorbito dall'agenda delle iniziative e degli eventi pubblici.

Ma, non appena rientrato nella "normalità", Daverio non ci ha fatto mancare niente: libri, lezioni, mostre, docenze, prefazioni, documentari, presentazioni, dibattiti, collane, interviste, sono tornati a riempire ogni più remoto spazio della sua agenda. Oltre ai nomi già citati (ed escludendo le centinaia di persone e siti coinvolti per *Passepartout*), ecco una piccola selezione random dei complici viventi e degli eventi che Daverio ha fisicamente toccato e coinvolto in questi anni: *Amadeus*, *Art'è*, Alessandro Bergonzoni, Biennale di Venezia, Achille Bonito Oliva, BonOmnia, Mario Botta, Classica, Festival del Racconto di Carpi, "Il Corriere Musicale", "Corriere della Sera", Fabio Fazio, Feltrinelli, Festival della Creatività, Massimiliano Fuksas, Giunti, IULM, Milano Film Festival, Notti Cangianti Roma, Palazzo Fava Bologna, Facoltà Architettura Palermo, "Panorama", Pierlombardo, Politecnico Milano, Pomeriggi Musicali, Fondazione Portaluppi, Enrico Rava, "Repubblica", Rizzoli, Salone del Mobile, Casa Saraceni, Saturno, Scala di Milano, Skira, Toni Servillo, "Il Sole 24 Ore", Claudio Strinati, Collezione Tagliavini, Spazio Thetis, "Vogue"…

È un elenco ridicolmente incompleto, ma l'abbiamo compilato lo stesso, tanto pe' cantà l'inno della non specializzazione, che con Daverio tocca forse le note più alte del repertorio del *divertissement*, popolare, dialogante, colto.

In tema di inni, contrappunti, liriche e pentagrammi, non possiamo fare a meno di scatenare una standing ovation per la bacchetta magica che Piero Maranghi, del canale Classica, gli ha affidato per dirigere *Music Book Gallery*, una collana di libri corredati ciascuno da 2 CD, dedicata ai capolavori più elevati della lirica, della concertistica, della letteratura, della ricerca in ambito musicale. Il repertorio spazia da Händel a Boulez; gli interpreti comprendono, tra tanti altri, Karajan, Barenboim, Zubin Mehta e Riccardo Muti. Sono già usciti sedici titoli. Chiedere il bis di quel repertorio tanto ben concepito ed eseguito, è un puro dovere e piacere.

Tra i tanti libri e cataloghi non legati alla musica, che Daverio ha pubblicato in questi anni (sono ormai oltre la cinquantina) per vari editori, ci piace soffermarci sull'ultimo, uscito alla fine del 2011 da Rizzoli.

Il museo immaginato non s'ispira alla ricerca *Proust's Ima-*

ginary Museum di Gabrielle Townsend, né tanto meno al citatissimo Musée Imaginaire inaugurato esattamente mezzo secolo fa a Le Havre dallo scrittore maudit e ministro gollista della cultura ancora più malignato, André Malraux. Il museo di Daverio non è un *excursus* "museale", ma una scorreria, un'incursione irrispettosa nel bon ton accademico – per rubacchiare, combinare, mettere insieme una collezione del tutto personale.

Per attuare al meglio il suo raid, Daverio procede per esclusione: 1) sistemare i quadri in ordine alfabetico, sarebbe da idioti; 2) seguire una sequela cronologica, saprebbe tanto di statistica, o peggio, di database; 3) separare e organizzare le opere per scuole, stili, correnti, ricorderebbe in modo atroce i quiz da circolare ministeriale, da primo della classe o, peggio, da vecchio prof tendenzialmente bollito. Pertanto, non rimane che organizzare la refurtiva per ambienti (entrata, salone, studio, cucina, camere, scale, corridoi) e rapportare le opere – affettuosamente e arbitrariamente – tra loro. Per temi, per oggetti, per circostanze, per persone, per relazioni. Chi "vive" in un museo così non intende dimostrare nulla. Non segue percorsi obbligati. Ma soprattutto – e questo sarebbe il valore in assoluto più prezioso – non ha fretta. Per capire un quadro, lo devi guardare. Studiare. A lungo. Non avere premura per capire l'arte sembra un'inquietante ovvietà, eppure percorrendo, comme d'habitude, i musei, non facciamo altro che praticare un'infinita e stancante successione di sveltine. Gli yankee dicono: "Time is money". Anche per Daverio il tempo è prezioso, ma i malebenedetti bucks, i verdoni, i bigliettoni con sopra i loro Presidenti, non a caso, lui li ha messi alle sue spalle – come metafora nel suo *Il Capitale*, concretamente perché da parecchi anni abbiamo già dato. E ricevuto.

Merci, mon cher Philippe.

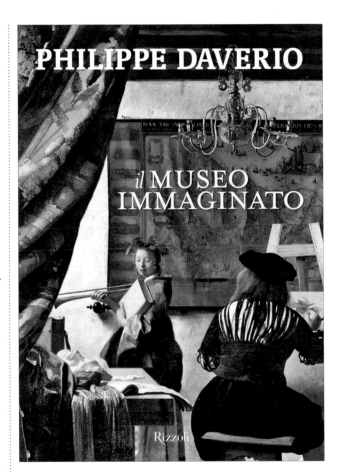

Nel *Museo immaginato* (Rizzoli, 2011), Philippe Daverio inventa la sua collezione ideale di opere d'arte rileggendo e raccontando – in modo insolito e accattivante – una serie di capolavori di tutti i tempi. "La nostra visione della storia dell'arte", dice, "è ancora ottocentesca. Io mi diverto a cambiare i punti di vista. Sono i giochi di uno che guarda al passato per capire il presente."

In *Il museo immaginato* (Rizzoli, 2011), Philippe Daverio invents his ideal collection of art works reinterpreting and recounting – in an unusual, appealing way – a series of masterpieces from all epochs. "Our view of the history of art", he says, "is still a nineteenth-century one. I have fun by changing the points of view. These are the games of a person who looks at the past to understand the present."

Annamaria Testa
L'incantatrice ribelle
prestata alla pubblicità

di Till Neuburg

Annamaria Testa

Per ottimismo, coerenza e rispetto, questa laudatio inizia dando i numeri. A partire dal 1990, l'Art Directors Club Italiano ha eletto 48 persone nella sua Hall of Fame. 37 erano designer, musicisti, registi, conduttori televisivi, direttori della fotografia, autori di cartoon, artisti, industriali, scrittori, saggisti, sportivi, illustratori, linguisti, ingegneri. 11 erano soci ADCI.
Bilancio totale tra uomini e donne: 47 a 1.
Viene spontaneo citare Roberto Benigni: "A me mi hanno rovinato le donne: troppo poche". Nemmeno tra i politici, gli arbitri di calcio e i capi dei capi si celano sproporzioni di questa portata.
Siccome in questi anni in Italia non sono certo mancate

le donne che hanno segnato in modo indelebile la comunicazione spigliata ed efficace, evidentemente avevamo omesso di fare l'upgrade al nostro sistema corporativo. Intanto Camilla Cederna, Suso Cecchi D'Amico e Alda Merini ce le siamo fatte scappare per sempre; ma per mitigare, almeno in parte, la nostra leggerezza, forse non è stato un caso se, per far eleggere Fernanda Pivano nella nostra Hall of Fame, quell'anno avevamo una presidente donna.
Questo incipit numerico non è off topic. Come diceva lo storico slogan per una nota marca di lavatrici, ci riferiamo solo a "Fatti, non parole". Eppure, non è il caso di invocare quote rosa o azzurrine. Chiedere che la metà dei nuovi cac-

cia militari F-35 sia pilotata da donne oppure che il 50% di chi diagnostica le vaginiti debba per forza essere composto da ginecologi maschi, non mi sembra il tema del giorno.

Il tema di questi primi anni del terzo millennio è la nostra inadeguatezza a capire cosa diavolo sta succedendo intorno e dentro di noi. Fino a pochi pixel, tweet ed euro fa, i creativi pubblicitari sono stati una sorta di comunità di arancioni che vestivano rigorosamente dark. Ci chiamavamo fuori dal conformismo, mentre il vero conformismo eravamo noi: sempre attentamente trasandati, tiratardi a tutte le ore AM, vagamente trendy e à la page e, nondimeno, inevitabilmente progressisti e femministi. Così la parte maschiettistica di noi non s'era nemmeno accorta che eravamo rimasti la minoranza rumorosa di chi non deve chiedere mai – alla tata, alle amanti e matrone dei film di Fellini, alla preside del liceo, a mamma RAI e a quell'esemplare di Mamma italiana di cui inevitabilmente ce n'è una sola.

Oggi le cose non stanno cambiando: si stanno letteralmente rovesciando. Mentre nel *Global Gender Gap Index 2011* pubblicato dal World Economic Forum, dietro il Lesotho, il Costa Rica e il Madagascar, l'Italia si trastulla beatamente al 74° posto, nella nazione che occupa invece la prima posizione, l'Islanda, il management delle due banche che avevano fatto fallire la nazione, la Landsbanki e la Glitnir, è stato affidato a due donne e per guidare il governo del paese è stata eletta Jóhanna Sigurðardóttir, un'attraente settantenne dichiaratamente gay.

Parlo con una certa insistenza di queste mutazioni sociali e culturali perché oggi festeggiamo la prima donna che nella nostra bacheca terrà compagnia alla grande, unica "Nanda" Pivano. Nel mio modesto ruolo di suggeritore di questi plot, nel lontano 1999 l'appassionata ambasciatrice della gioventù bruciata negli USA fu la mia prima "musica ribelle".

Dopo che la presidente ADCI di allora, Milka Pogliani, l'ebbe intervistata a Roma, scrissi il pezzo e poi ne diventai persino amico. Una sera ci incontrammo a cena, in compagnia di Enzo Baldoni. All'inizio parlava solo lei. Poi, pian piano, i ruoli s'invertirono. Mentre ascoltava rapita i racconti da Cuba, dalla Colombia, da Timor Est, la Pivano lo puntava come si fa con i cuccioli trovatelli – che poi, inevitabilmente ci portiamo a casa.

Quando nei media si parla della sua nuova collega nella Hall of Fame, puntualmente si leggono due cose. Una giusta, un'altra mezza giusta.

Quella giusta è che Annamaria non è legata in nessun modo al suo omonimo torinese, Armando Testa, esatta-

mente come non è parente di Gianmaria Testa o di Chicco Testa. Quella mezza giusta si riferisce invece a una simpatica ed efficace campagna di molti anni fa che giocava in modo scanzonato sull'aspetto mutevole di una nota top model del Cinquecento di nome Monna Lisa e di qualche altro collega di un casting virtuale come Napoleone, Garibaldi, Babbo Natale, Adamo ed Eva, la Venere di Milo, Marilyn Monroe. A seconda di chi ne parla oggi, quel bicchiere è sempre mezzo pieno di commenti all'acqua di rose oppure mezzo vuoto e incrostato dal calcare di troppe "letture" ed esegesi personali.

Se si parla ancora, ovunque e comunque, di quella bizzarra trasfigurazione, il motivo sta in una curiosa mistura tra informazione, straniamento e ironia, che nella comunicazione moderna viene definito con la gaia tautologia "remix".

Andy Warhol, David Byrne, Jim Jarmusch, Muhammad Ali e, in tempi più recenti, gente come David LaChapelle, Fatboy Slim, David Copperfield e Valentino Rossi si sono – e ci hanno – divertiti, con una messa in scena che non voleva più tranciare di netto il palcoscenico dalla platea, la pista dalla tribuna, i prodotti dalla vita.

Nei media, nell'entertainment e nella pubblicità, i tempi e la tempistica si trovarono di colpo scombussolati. Visionari come McLuhan, Godard, Bernbach o Mary Quant avevano allegramente destrutturato il QWERTY, il 3 per 2, l'American Dream, i coupon, gli Happy End… con il peso specifico della leggerezza, della pillola, degli spinelli e del rock.

I nostri teenager, i figli dei fiori e di Barbapapà, tutta la Fonzie generation, non erano più solo la meglio tribù di consumatori in dolce attesa di diventare ossequienti carrellisti sui set di Cologno Monzese o dell'Esselunga: i guidatori delle traballanti Renault4 e delle Citroën 2C si trasformarono repentinamente in campioni di una formula un-due-tre consumistica sempre più veloce, più agile, più combattiva – dentro una corsia dove non vigeva più l'obbligo di tenere d'occhio unicamente lo specchietto retrovisore.

Non solo: le cose da mettere, da leggere e da mandar giù non venivano più decise dai padri eterni e da mammà; dopo appena un decennio dalla crisi universitaria, energetica e d'identità, gli under 30 erano improvvisamente diventati un target, un obiettivo, un modello d'uso e di costume nonché di consumo, praticamente illimitato.

Subito dopo aver brindato con quel garbato perlage, sempre nello stesso 1981, Annamaria Testa si spinse addirittura a imbastire un petting neo-Dada con una genera-

zione che aveva appena assistito alle doglie del primo governo non guidato dalla DC, all'esordio del terrorismo farma-catto-mediatico dell'AIDS, al botto affaristico/politico della loggia massonica P2 e al battesimo in tutti i sensi stupefacente di un canale televisivo, MTV, completamente asservito alle big label del rock/pop non-stop. Mentre quell'anno, dall'estero, i tenebrosi *La casa, 1997: Fuga da New York, Toro scatenato* e *The Elephant Man* ci svelavano ignoti codici di lontane tribù, in Italia il movimento Memphis di Sottsass aveva appena spodestato il calvinismo nordico del design; con il suo Emporio di fragranze, accessori e jeans l'impero di Armani aveva colpito ancora, ancora e ancora; e, attraverso la neolingua italo/partenopea di *Ricomincio da tre*, Massimo Troisi ci aveva affettuosamente propinato un idioma che consentiva di farfugliare in presa diretta sia con San Francesco, *'a femmena 'nammurata,* che con *nisciuno.*

Era venuto il momento che finalmente la nostra pubblicità scavalcasse gli steccati del suo giovanilismo becero e polveroso. Molti titoli, slogan e payoff dell'epoca pescavano dal piccolo mondo dell'avanspettacolo, delle filastrocche, della satira hahahaha. L'ironia, l'*understatement* e il *fairplay* non potevano far parte di un linguaggio che fino a pochi anni prima era ancora segnato dall'ignoranza e dalla povertà. Eppure, qualcuno ci provava.

A differenza dei concorrenti che sparlavano ossessivamente di gusto, alito, benessere e freschezza (tutti belati che nel gergo markettaro rientrano puntualmente nell'ovile della *Unique selling proposition*, del *Consumer benefit* e della *Reason why*), la campagna per la caramella Golia Bianca pigiava invece sull'unico tasto sensato che un consumo di quel tipo cela dentro di sé: la simpatia – la quale, se usata con buonsenso e semplicità, può subito far rima con empatia. La forza del linguaggio spontaneamente condiviso tra marca, buon uso e cittadino ha sempre funzionato a meraviglia anche in campagne dal respiro media ben più ponderoso: Hamlet Cigars, Volkswagen, Levi's, Absolut, Adidas, i meta-orologi Swatch e, in modo più articolato, persino le campagne per la Mini e la Smart, si sono tutte affermate soprattutto grazie a un coerente codice di complicità: poche ciance tecniche o sui plus; bandite le parole su carisma, prestigio, snob appeal; rarissimi gli accenni al packaging, a testimonial o al prezzo. Scrivere, sotto facce normalissime che fanno le facce, locuzioni onomatopoetiche come "Golia Bianca sfrizzola il velopendulo", "titilla la papilla" o "galvanizza l'ugola", è una sfida che rifiuti o accetti. Non ce n'è. Sia per l'autrice sia per i lettori, quel

salto vitale nella nostra lingua fu un autentico soprassalto di qualità. Quelle parole non erano solo un vettore per trasmettere un messaggio, ma il messaggio stava proprio lì… nel gioco, nel ritmo, nei fonemi. McLuhan aveva imparato a parlare nel nostro idioma – non quello di Dante, del Manzoni o della televisione pubblica RAI, ma l'altro, reale, del nostro sempre più sincopato day by day. Lei stessa racconta divertita che a casa sua la réclame era un ultracorpo che si trastullava al massimo nei Caroselli e forse dalle parti di Totò. Ma, sin da piccola, Annamaria era una curiosona che amava scarabocchiare e scrivere e, soprattutto, porre continuamente delle domande – agli altri e a sé stessa. All'università dove, per circostanze casuali, smette di dedicarsi anima e corpo all'ecologia (la sua prima grande passione, a quei tempi ancora una selva oscura da perlustrare al massimo nei convegni degli extraparlamentari) per passare alla letteratura, presto si dà da fare per essere – anche materialmente – indipendente. Lavora per due anni in una piccola agenzia dove scrive e disegna i suoi primi lavori. La parola copywriter non era ancora una qualifica trendy. Alla richiesta di adeguare la sua busta paga alle ore e al talento investiti, la risposta fu un secco no. Allora, per rabbia, intuito e la solita curiosità, Annamaria si organizza per incontrare Emanuele Pirella. Nel colloquio lui non chiede di vedere i suoi lavori, ma chi sono gli scrittori più amati. Appena assunta, la buttano subito nel liquido amniotico e avvolgente della creatività. Nuota da subito in staffetta con celebrati ed esperti art director, tra i quali lo stesso Michael Göttsche. Sono anni duri e felici che la consegnano sempre più nelle fauci di clienti prestigiosi ed esigenti… tra i quali forse anche qualcuno incapace di decifrare compiutamente la creatività. Bompiani, Bormioli, Fiat, Henkel, Ilford, Isolabella, Malerba, Marazzi, Parlamento Europeo, Philips, SEAT Pagine Gialle, Sella&Mosca sono quelli che ricorda con più piacere.

È lì che Annamaria incontra il futuro socio nella TPR, l'art director Paolo Rossetti, con il quale in sette anni costruisce una sigla talmente solida e apprezzata che nel 1990 riesce a concretizzare – che più concreto non si può – il motto del suo primo maestro, Pirella: "Lo scopo della pubblicità creativa non è vendere il prodotto, ma farsi comprare".

È esattamente questo che succede quando il gruppo americano Bozell le propone di acquisire la sua agenzia – ovviamente lei compresa, come direttore creativo e presidente – nella storica sigla di Corso Europa a Milano, subentrando in una cabina di regia che in precedenza

1988. The authoritative linguist Tullio De Mauro (ADCI Hall of Fame 2006) presents the book *La parola immaginata* (The Imagined Word) by Annamaria Testa.

Illy caffé, 1994. Ag. Bozell Testa Pella Rossetti. Untranslatable wordplay whose sense is, more or less, "Sometimes out of tune. Never out of mind."

Illy caffé, 1994. Ag. Bozell Testa Pella Rossetti. "100% fake dalmatian. 100% genuine Arabica."

Golia Bianca, 1982. Ag. Michele Rizzi & Associati. "Golia Bianca titillates your papilla."

Fiat 126, 1976. Ag. Italia BBDO. "We've been working on it since 1936."

era già stata occupata da altre tre Hall of Fame ADCI: Giancarlo Livraghi, Luigi Montaini Anelli, Pasquale Barbella (tutti creative director in una lunga staffetta di sigle top… da CPV a Kenyon & Eckhardt, BJKE, Bozell).

Erano anni di piccoli passi e grandi passioni che non si esaurivano nei briefing e nelle campagne. Per dirla con un paradosso, superare la routine era una pratica quotidiana, voluta e dovuta.

Quando l'ente continentale per la promozione del cinema, Media Salles, chiese di promuovere i suoi sforzi nelle stesse sale per le quali istituzionalmente si dava da fare, Annamaria si rese subito conto che la collaudata accoppiata strategia/creatività non bastava. Ci voleva un *magic touch* che superasse un'idea vincente e convincente. Coinvolgere un giovane sperimentatore (impropriamente denominato illustratore/animatore) di nome Gianluigi Toccafondo fu una mossa spontanea, piacevole, giusta. L'agenzia e il cliente ne furono ampiamente ripagati. Successivamente, lo stile inconsueto e poetico di quell'artista avrebbe convinto persino Ridley Scott ad affidargli la sigla della sua Scott Free Films. In Italia, attraverso i trailer della production company Fandango di Domenico Procacci, incocciamo spesso nella sua magnifica arte.

Come regista e produttore, anch'io ho avuto modo di sperimentare l'occhio veloce e la tosta semplicità di Annamaria. Nei briefing, nei PPM e sui set, parlava poco. Badava soprattutto ad ascoltare. Quando, per una serie di spot per la BTicino, il mitico regista Bob Brooks propose due cambiamenti di script, le sue risposte furono secche: "Perché no?" e "Assolutamente no". Nel primo caso il divo angloamericano l'aveva convinta, nel secondo no. L'anziano Bob mi avrebbe poi confessato che in Italia era la prima volta che un direttore creativo non gli aveva parlato con le solite frasi da account.

Dei suoi tredici anni dedicati alla TPR e alla Bozell, i nomi più belli che ricorda sono Airone, BTicino, Cassina, Cesame, il settimanale "Cuore", Gazzoni, Illy, Inda, La Rinascente, Plasmon, "Il Secolo XIX", Ermenegildo Zegna. A differenza di molti (forse troppi) colleghi di altre agenzie, tra meeting, ricerche, presentazioni e viaggi di lavoro, la sua direzione creativa non le ha mai impedito di esercitare i mestieri che in fondo le piacevano di più: produrre lei stessa delle belle campagne, insegnare nei master e nelle università, dedicarsi alla scrittura di titoli e testi che non sarebbero necessariamente finiti solo sui settimanali, sui muri o alla TV.

A dire il vero, a questo elenco di passioni mai sopite dovremmo aggiungere una quarta – decisamente la più creativa: fare un figlio e accompagnarlo con amore e fermezza fino alla più difficile e più appagante – maggiore – età. È una via dei canti tuttora in percorso, ma le cartoline di questo viaggio, giustamente e gelosamente, Annamaria le trattiene tutte per sé.

Il suo angolo ludico-educativo emerse anche quando al Cinema Excelsior, in pieno centro milanese, organizzò per i colleghi e gli amici la proiezione di un filmone cinese a metà strada tra il blockbuster virtuosistico e il kitsch. All'epoca, gli action movie di John Woo e i kolossal epici di Zhang Yimou non erano ancora apparsi nei nostri mirini snob. Dopo quell'inattesa aurora stilistica dell'avvenir, uscimmo tutti increduli e spiazzati. Forse l'unica a sorridere di gusto era lei.

In ambito spiccatamente formativo già da qualche anno, all'ateneo Ca' Foscari a Venezia, Annamaria aveva iniziato a dialogare con chi mirava seriamente ad accedere alla modernità. A partire dal 1996, alla Sapienza di Roma, all'Università degli Studi di Torino, nella sua gemella milanese e, sempre nella stessa città, all'Istituto Universitario di Lingue Moderne meglio conosciuto come IULM e, per ultimo, nell'ateneo dove insegna tuttora – la Bocconi, con un corso di linguaggi e tecniche della comunicazione al Dipartimento di Marketing – Annamaria ha prestato e presta docenze il cui nobile *must* è la trasmissione dei migliori possibili contagi.

Scrivere e inventare nella tribuna pubblica più stimolante a disposizione dei cittadini è stato forse lo scambio più fertile e appagante che Annamaria abbia praticato per alcuni anni: nella storica terza rete della RAI, allora diretta dall'amico e collega Angelo Guglielmi. Puntando esclusivamente sulla qualità, da un impercettibile share del 2% sarebbe poi cresciuta fino a raggiungere il 10% del totale di tutte le emittenti.

In ambito pubblico e collettivo, appena prima che incombesse la bufala del "Millennium Bug", Annamaria si cimenta in una sfida ancora più ponderosa: su incarico dell'allora potentissimo C.E.O. Franco Tatò, in cordiale combutta professionale con il team del più grande linguista italiano Tullio De Mauro, l'istituto di ricerche demoscopiche Eurisko e il designer Paolo Rossetti, Annamaria Testa ripensa, riorganizza, ridisegna completamente la bolletta dell'ENEL. La veste grafica non è la base del progetto, ma il risultato. Fattori legali, ergonomici, meccanografici, fiscali, di lettura e, in primis, di facile compilazione, dovevano vicendevolmente incastrarsi. Il risultato finale si rivela talmente agevole e coerente da indurre altri enti e servizi pubblici ad applicare lo stesso modello.

Gruppo Hera (management of environment, water, and energy services), 2010. Ag. Progetti Nuovi. "Water. Light. Waste products. Heat. Everyone needs Hera."

Non toglierti il golfino che sei sudato, dì buongiorno alla signora Cecilia, corri subito a lavarti le mani, non metterti le dita nel naso, non fare rumore che il papà è stanco, li hai già fatti i compiti?, non mangiarti le unghie, non attraversare la strada, possibile che non sai stare fermo un minuto?, stai attento a non sporcarti, non stare cosí vicino al televisore, tieni i gomiti giù dalla tavola, chi ti ha insegnato a dire le parolacce?, non bere l'aranciata gelata, piantala di masticare la cicca americana, non giocare con le barchette nella vasca da bagno, perché sei sempre lì a leggere fumetti?

Ciocorì Motta, 1976. Ag. Italia BBDO. "Don't take off your jersey because you're sweating, say good morning to signora Cecilia, run and wash your hands right away, don't stick your fingers up your nose, don't make a noise because dad is tired, have you already done your homework?, don't bite your nails, don't cross the road, can't you keep still for just one minute?, take care not to get dirty, don't sit so close to the television, keep your elbows off the table, who taught you to say swearwords?, don't drink ice-cold orangeade, stop chewing on that gum, don't play with boats in the bath, why are you always reading comics?" Topic: "Sometimes let your kid decide."

Bompiani Editore, 1977. Ag. Italia BBDO. "On a level of awareness… that is to the extent to which a certain kind of discourse is carried on upstream… that is, at the very most, from the perspective of a precise alternative, *that is…*" Base-line: "Tascabili Bompiani, 16 alternatives to that is." (A parody of the linguistic clichés of the engagé youth counterculture of the Seventies).

Ferrarelle mineral water, 1982. Ag. Michele Rizzi & Associati. "Still? Bubbly? Or Ferrarelle?"

Come autrice pura e giornalista della carta stampata (è iscritta all'albo professionale sin dal 1988), Annamaria Testa ha collaborato per sei anni con *Smemoranda*, tre con "Il Giudizio Universale", a lungo con "Nuovo", forse il magazine pubblicitario più bello mai uscito in Italia, e scritto centinaia di articoli, commenti, prefazioni, saggi, critiche e interviste, praticamente per tutti gli importanti quotidiani e periodici che potessero conciliarsi con le sue ferme idee sulla democrazia e il dialogo con le minoranze.

C'è invece una maggioranza per la quale Annamaria si è sempre schierata in modo netto e deciso: le battaglie delle donne – per sé stesse e contro qualsiasi forma di discriminazione tra i sessi – lei le aveva già iniziate da bambina. Prima ancora che contro la malafede, la sua è sempre stata una lotta contro la stupidità. Per fortuna (di tutti gli umani), non sempre la dannazione misogina è contrastata solo dalle donne. Per un'immaginaria campagna contro l'idiozia sessista, Voltaire aveva coniato, ante litteram, una fantastica headline: "Le streghe hanno smesso di esistere quando abbiamo smesso di bruciarle." Chissà se possiamo illuderci che, per una creativa che ama i paradossi almeno quanto me, il botto del filosofo francese non possa diventare l'incipit del suo ottavo libro.

A parte una decina di racconti pubblicati qua e là, il primo libro tutto suo Annamaria lo pubblica nel 1988. Il saggio s'intitola *La parola immaginata*. Da allora di saggi ne ha scritti altri sei, tutti intrisi di profonda conoscenza e passione verso il suo essere contemporaneamente creativa, docente e donna fiera e ribelle.

In mezzo, nel 1993, pubblica *Leggere e amare*, una raccolta di ventun storie su altrettante sorelle, colleghe, amiche, madri, complici, ma anche donne lontane da lei. Angelo Guglielmi le commenta così: "Qualcosa in più e in meno dobbiamo aggiungere a questa Calvino al femminile: un minor accanimento per il giuoco formale, una maggiore arrendevolezza alla passione. Meno lucida e infallibile, più calda e terrestre". È una raccolta che piace molto anche allo scrittore e saggista Beniamino Placido, a Tullio De Mauro, alla giornalista militante Luce D'Eramo... e tantissime italiane.

Il suo amore totale per i libri è spesso ricambiato non solo dai colleghi ma dal mondo letterario ed editoriale *tout court*: nel 2011 è stata invitata a far parte della giuria del Premio Campiello.

L'ultimo suo libro, uscito poco più di un anno fa, si presenta mimetizzato da incantesimo: *La trama lucente*. Trama come intreccio, tessuto, plot... lucente come chiaro, nitido, illuminante. In quasi mezzo migliaio di pagine, Annamaria Testa racconta, spiega, svela, documenta, cerca e trova cosa diavolo sia quella strana pozione percepita comunemente come "creatività": "Dopo millenni che ne parliamo non abbiamo nemmeno capito bene che cos'è, per esempio, l'amore. Questo, per fortuna, non ci impedisce di continuare a innamorarci, a desiderare di essere innamorati e a pensarci su piuttosto spesso. Con la creatività è la stessa cosa".

Ma, dicendo così, l'autrice non si perde in teoremi, voli, fantasie, giri e rigiri, anzi: scava, scruta, scopre, scova, tira su l'essenza che sull'argomento ci trasmettono gli scienziati. I più citati sono proprio loro – dallo psicologo Howard Gardner al fisico Richard Feynman, dallo psicoanalista James Hillman alla ricercatrice sui meccanismi del cervello Teresa Amabile, dallo psicologo Dean Keith Simonton al neuroscienziato Alberto Oliverio. I diciotto capitoli del libro si articolano attraverso tre grandi temi: 1) Che cosa è la creatività, 2) Perché la creatività ci appartiene, 3) Come funziona la creatività, e come cresce. Chiunque abbia a cuore – e in testa – la comunicazione, la biologia, l'arte, la genetica, la fantasia, la psicologia, la medicina, l'economia, gli spettacoli, la ricerca, l'educazione, la tecnologia, il sense of humour... insomma la cultura come *never ending story* dell'umanità, non può che innamorarsi di questo magnifico compendio.

A chi osserva da vicino il pianeta scoppiettante della pubblicità, il fatto che un'opera omnia editoriale che ruota intorno alla creatività dedichi all'advertising solo qualche riga può sembrare curioso. Il fatto realmente curioso è però che solo trent'anni dopo la morte del padre della moderna creatività pubblicitaria, Bill Bernbach, e la nascita del termine "internet", forse anche in Italia i clienti e le istituzioni iniziano finalmente a rendersi conto che pubblicità non è un sinonimo automatico di creatività.

Ormai, gli spifferi attraverso i quali la comunicazione soffia con crescente impeto e frequenza non si contano più solo con le cinque dita nodose della tradizionale pubblicità (stampa, televisione, radio, affissione, below the line). Uno dei venti più freschi che spostano le idee e le decisioni oggi spira persino nel mondo della telefonia mobile che, a partire dalla cornetta indipendente con display numerico, si è via via tramutata in workstation tascabile multitask, con schermo dinamico, HD, touch screen. È stata una ventata che, per conto di uno dei grandi operatori del settore, Annamaria Testa aveva preconizzato con larghissimo anticipo, sia tecnico che comunicazionale: il marchio Wind è stato, ed è tuttora,

Cesame, 1987. Ag. Testa Pella Rossetti. "The bathroom as a complex area."

Airone, the nature and culture monthly, 1984. Ag. Testa Pella Rossetti. "Leggi di natura" plays on the double meaning of the word "leggi" (hence laws of nature or read about nature).

un botto di naming che è equivalso a una sorta di ora legale, per aver messo in avanti le lancette di un intero decennio.

Qualche altro lustro prima, persino in politica si poteva ancora sperare di dialogare con gruppi o leader non ancora completamente invalidati dall'imminente mediocrità: per sigle politiche di assoluta garanzia democratica (Verdi e DS), Annamaria Testa elaborò straordinari e innovativi contributi per impostare nuove strategie nell'area della pedagogia, della formazione, della cultura. Quando l'Ulivo faticosamente coltivato da Romano Prodi stava per proporsi all'elettorato con un'identità più robusta e unificante, Annamaria propose la parola/emblema "L'Unione", che nelle amministrative del 2005 le avrebbe fatto conquistare 12 regioni su 14 mentre nelle politiche dell'anno successivo l'avrebbe addirittura portata a conquistare Palazzo Chigi, la sede del governo. Oggi un impegno di questa forza e passione sarebbe interpretato al massimo come un segnale seducente ma sostanzialmente secondario, il canto inascoltato di una sirena.

Dove le parole di Annamaria non furono solo attentamente lette e capite, ma addirittura mirabilmente interpretate, fu in un album di Milva, musa del regista e anima del mitico Piccolo Teatro di Milano, Giorgio Strehler, nel lontano 1983. Oggi il più ricco "album" di Annamaria Testa lo possiamo sfogliare ogni settimana, ben due volte, lunedì e giovedì, sul web: sin dal dicembre 2008, il suo sito continuamente aggiornato *Nuovo e utile* è, in assoluto, una delle più preziose risorse culturali nel nostro paese.

Il nome deriva dal luminoso pensiero del matematico, fisico, astronomo francese Henri Poincaré. Nel suo grande libro sulla creatività, Annamaria Testa lo cita così: "Poincaré non parla solo di mettere insieme elementi in una frenesia combinatoria che piacerebbe sì a uno scrittore visionario come Borges, e però ci scaraventerebbe tutti a perderci nella Biblioteca di Babele. Parla di combinazioni nuove *che siano utili*. E aggiunge che il criterio intuitivo per riconoscere l'utilità della combinazione è la sua bellezza."

È una congiunzione potente che irradia energia in ogni direzione. *Nuovo e utile* è un mirabile archivio, continuamente aggiornato, di "teorie e pratiche della creatività". Ma è anche molto di più: ci sono centinaia e centinaia di link (forse migliaia) che portano ovunque ci sia un dato, un pensiero, una scuola, una tecnica, un personaggio, un riferimento storico, un dibattito, una novità, che possa incoraggiare chiunque si muova col pensiero, con le mani, con la tastiera nell'universo della fantasia, del dialogo, dell'istruzione. Per chi lavora, impara, insegna, si diverte o si nutre nel mondo della comunicazione italiana, *Nuovo e utile* è un ristorante di lusso con un menu di piatti sempre freschi, genuini, al dente. Il servizio è ottimo - e si mangia pure gratis. Viene spontaneo parafrasare un vecchio augurio:

"L'appetito viene leggendo".

47

"Nuovo e utile" (New and useful) is Annamaria Testa's site for the divulgation of the theory and practice of creativity. http://www.nuovoeutile.it/

Annamaria Testa has published essays on communication, short stories (*Leggere e amare*, 1993) and a study on creativity in every sense of the term (*La trama lucente*, 2010).

Philippe Daverio
The anthropologist of art - the art of amazing

by Till Neuburg

There are the Celebrants of Culture with a capital C, engraved indelibly in the marble of rhetoric (as in Church, Chief Executive Officer, Constitution, Carabinieri, Champions League) and on the opposite side there are confederates, *causeurs*, pacesetters who guide us infallibly through the increasingly congested web of culture with a stubbornly small c (as in classical, creativity, crossover, *calembour*, curriculum, communication, cock-up, civilization).

A narrator who loves to decipher lower-case letters, wearing strictly round glasses, with the focus ranging from minimalism to grandeur, definitely can't be short-sighted. And so, to those who like to examine the world of art through the keyhole of historiography, an audio-visual guide is always damned handy and seductive. To be led by the hand, and sometimes by the nose, too, by someone who knows it all and more, is part of the Grand Tour we all dreamed of, comfortably sprawled on the sofa in the Feltrinelli bookshop and literary café or at the umpteenth vernissage.

And if a modern heir to Marco Polo, Bruce Chatwin, or Arthur C. Clarke regales us with amusement as well as opulent thematic diversification, then we can tranquilly maintain that the petting between information and education has happily engendered a new Milanese dandyism that after Caravaggio, Marinetti, and Arbasino has no longer been read or heard in these parts, far less subscribed to.

According to Gillo Dorfles, "The truly elegant person is always a little *démodé*." Coco Chanel is even more tranchant: "Fashion fades, only style remains the same". And so the inverted demimonde of designer labels (where the label is far more important than the gar-

ment), the servile fad for wristwatches worn over the cuff à la Giovanni Agnelli, the black suits of obsequious obsequies, sideburns pruned like the box-tree hedges at Versailles, ties the size of spinnakers… all this nouveau riche masquerading appals those who dress strictly second hand or made to measure. The scandal of scandals is that our *épateur* cheerfully wears the entire Pantone range, invariably set off by an elegant bow tie.

Dressing in a comfortable, imaginative and personal way is not only more amusing, but it also has the advantage of not being trendy (and hence passé); above all, it's easier. For years now in Italy those who are curious about the antique, the vintage, or the new and the future, which notoriously is not the way it used to be, have become accustomed – in the sense of habitués, the true faithful, fans – to the mediatic seductions of an ever more popular immigrant from the north. In reality, our Philip of France, known as the Fair, perhaps better known as *citoyen* Philippe Daverio (without the French-style emphasis on the final vowel as in Platini or in Jean-Baptiste Lully, alias Giovanni Battista Lulli), was born in the same area as the Goncourt brothers, Gustave Doré, Alfred Dreyfus, Albert Schweitzer, but also of Tomi Ungerer, Marcel Marceau, and Jean Arp. All of them were, *ça va sans dire*, French fighting cocks in the same frontier coop whose line of demarcation left one forever uncertain as to which side of the Rhine it lay.

Without disturbing too many metaphors, with its sterile Maginot Line, Alsace was once the symbol of disunity, whereas today it is home to the administrative capital of the continent. Yet – apart from the pretzels, the beer and the sauerkraut, alias *choucroute* – Francophone Alsace had already attracted from the opposite shore

no less than the future inventor of movable type printing: for a good eighteen years the protestant Gutenberg chiselled in an engraving workshop close to the most Catholic Cathédrale de Notre-Dame in Strasbourg.

Almost five hundred years later, a mere twenty kilometres from the Rhenish capital, in Molsheim, the region adopted another genius of mobility: the "fastest" Milanese designer of the period. At a recent Sotheby's auction, a masterpiece of his catalogued under the peremptory title Bugatti Royale was knocked down for almost five million euros – more or less the price of a sculpture by Brâncuși, Giacometti, or Henry Moore. When it comes to quotations, Daverio knows far more and in more depth than many artists and collectors who fool around in underground P.R.s and in vaults. From the Hudson river to Milan's canal district, he has inaugurated and run a good four galleries, an art bookshop and a publishing house. In Milan he breathed new life into the Palazzo Reale, collaborated energetically in the revival of the Teatro Piccolo and the Teatro dell'Arte at the Triennale, in the genesis of the Ansaldo project, and finally in the birth of Vittorio Gregotti's Arcimboldi Theatre.

Daverio sees the modern architects who have left their mark on some corners of Milan as valuable accomplices. Since Napoleon's town planning scheme failed in the attempt to break the circular development of the ring road and the canals (Corso Sempione never managed to reproduce the grandeur of the Champs-Elysées), the city has curled up on itself. Yet, before Gregotti, Zanuso, Gardella, Aulenti, and Aldo Rossi, not only did titans such as Terragni, Lingeri, Ponti, the BBPR group and Portaluppi leave their mark on the city, but also Asnago, Boito, Borgato, Latis, Moretti, Muzio, and Vender.

Precisely these last were "reunited" in the magnificent headquarters of the Fondazione Piero Portaluppi when Daverio presented an exhibition of the "ratio-metaphysical" visualizer, Marco Petrus. A paradox that Daverio commented on with matchless richness/artfulness in the course of an uninterrupted excursus on history and town planning lasting one hour: before then, I had heard only discourses of such calibre from the likes of Umberto Eco, Jacques Le Goff, Edward Tufte, and Federico Zeri.

While for the history of art Zeri was – by choice, misfortune, and vanity – the most celebrated of the antiItalians (in his house in Mentana, when he found out I was of foreign origins, he reassured me dryly: «I love Italy and hate Italians»), Daverio combines in himself all the qualities of the playmaker who always plays for the team – in other words, in the final analysis, for us. According to the season, the arena and those who follow him, Daverio is, from time to time, director - prompter - navigator - cultural trainer - guide - guest lecturer - translator - maestro - presenter - exegete - tutor… But sometimes – when it's necessary – simply a challenger and agitator whose preferred lethal weapon is mockery. In a country, according to UNESCO statistics, that boasts a good 47 of the 725 sites denominated as a cultural World Heritage, the history of art itself becomes history tout court. Starting from Vasari, the most acute redactors of the maps of our politics, military matters, economics, science, and even gossip have often been art historians. Adolfo and Lionello Venturi, Roberto Longhi, Carlo Ludovico Ragghianti… not to forget the Lithuanian-born and later naturalized WASP Bernard Berenson, who for his "last" sixty years wisely chose to settle down in the hills above Florence.

The context in which Daverio keeps that tradition alive is the one that goes by the aristocratic watchword of non-specialization. Those who try to understand what's really happening in the world of "communication" - perhaps the favourite buzzword in whatever blah-blah menu - certainly do not opt for text books, news agency reports, and the TV news. Knowing how to read between the lines of suppressed history, symbols that are sometimes cryptic and even dazzlingly outdated, is a blend that thanks to Daverio's looks and words instantly arouses our complicity, lively
enthusiasm, and adolescent verve.

His seductive power is simply disconcerting. With him, adepts inexorably become the addicted. If you know him, you don't avoid him.

As happens everywhere, Italy, too, has its reporters and poets indissolubly linked to places, modules, and models: speaking, for example, of sublime paradoxes, you cannot but think of the cartoonist Altan; if you cite Washington D.C. you refer perforce to Vittorio Zucconi's daily anthropological cross-sections for the readership of the Italian daily la Repubblica; the misunderstood and complex world of national non-violence is inevitably bound up with Danilo Dolci; if you talk enthusiastically about the Tour de France, Gianni Mura is your man; if you scan the sky to obscure astrology, you automatically think of Margherita Hack; if you seek the company of a juggler with words, you can only come across Stefano Bartezzaghi… And so, if you want to

49

bump into a Harry Potter who knows every attic, hiding place, and chink of art through which the breeze of curiosity blows, then your *Gentil Organisateur* is he who has in his pocket the key that will open any peephole and door: for an entire decade, the TV programme *Passepartout* was absolutely not a badge or a divinatory rite, far less a mysterious password… but a far simpler thing – and a more articulated one.

Daverio detests the "formats" beloved of television programme schedulers: not only their contents but even the abuse of the word "format" itself, often a sneaky attempt to ennoble triviality. For him accessibility, modesty, and the discursive style have always been worthier than any predetermined formulas: the discursive style has always been a winning value: *Non è mai troppo tardi*, *Il Circolo Pickwick*, *Viaggio lungo la Valle del Po*, *Chiamate Roma 3131*, *Sottotraccia*, *Quark*, *Per un pugno di libri*, *Il fatto*, *Le storie*, *Report*, *Che tempo che fa*, *L'infedele*, but also *Rischiatutto*, *Bandiera gialla*, *Tutto il calcio minuto per minuto*, *Specchio segreto*, *Quelli della notte* and *L'ottavo nano*. All programmes that became popular despite themselves. Without wagging fingers, raised eyebrows and crucifixes; always in calm tones, while pontificating ex cathedra is taboo.

Yet all these successful formats have been – and are – conceived, presented and commented on by two, some, or a multitude of people. *Passepartout*, instead, has always been a strictly one-man show. It was a repeated leap in the dark, far from the highlights of the ratings, something few have managed to do. For lunatic-juridical-bureaucratic reasons, at the end of last year, *Passepartout* was discreetly dropped by RAI, the state television network. But since Daverio has never made low-level flights, his old circling at great height is constantly repeated on TV to the delight of those who love the swings of entertainment and share.

More or less a year before, there ended a thematic cycle for imaginary travellers, again conceived by Daverio. On RAI 5, our escort accompanied us to a dozen pleasant places: the kind that a few years ago the Michelin Guide would have certainly awarded the classic little bird and the coquettish statement «Worth a detour». Together with Siena, Mantua, Ferrara, Orvieto and Bologna, Daverio introduced us to the jealously semi-hidden treasures of Bassano del Grappa, Conegliano, Busseto, and Aosta as well as some particularly popular areas such as the Lakes of Lombardy, the Biella region, and the Tyrol; places we thought we knew well, even

like the back of our hands. But no: into those twelve virtual pockets of our jeans, culpably unbeknown to us, he slipped masterpieces and jewels that we would not have dreamed of possessing even after an incursion into the most sumptuous of museums.

But for good fortune, ours and that of RAI television, as from January of this year Daverio is again present on channel 3, this time with the provocative protoand post-Marxist title: *Il Capitale*. The cycle probes, deep into the bowels of sociality, the metabolism of real wealth: not money, but inventiveness, imagination, fantasy – everything that in fashionista, adspeak, and tabloid jargon goes into the shaker with the ten-letter word: "creativity".

The set designed for the show is already a programme in itself. In the background we can see banknotes from all over the world: the faces shown on them, as we know, often belong to historic personalities from the worlds of culture and science – certainly not the masters of money such as the Medicis, Fuggers, Rothschilds, Keynes, Galbraiths, Friedmans, the Thyssens, Vanderbilts, Rockefellers, Gettys or the Agnellis. That gallery is there to draw our attention to an authentic trompe l'oeil of power: a facebook of a kind of financial Potemkin, a slick millefeuille identikit that, every time it is rubbed between thumb and fingertip provides a new rendering of the fairy tale *do ut des*, certified financial statements, the laws of the market, of that Culture, in this case even with a double capital C (as in Currency Conversion), ever more frequently transmuted into Cash, into Capital gains, and into the omnivorous, ubiquitous and devastating Crisis that causes an exponential increase in the crowing of those who are already on easy street.

It was another crisis, the one that occurred in far-off 1993, just one year after Italy's "Clean Hands" scandal, that led Daverio to exercise not only his cultural authoritativeness, but also his recognized political and administrative capacities. Milan's first and only Northern League mayor, Marco Formentini, took him on board his municipal administration because the previous councillor with responsibility for culture had let nothing else than a few faded Yeti footprints, immediately rubbed out.

For Daverio those were four good, difficult, intense years. Yet, unlike what happened with the majority of his colleagues, as far as concerns his personal income that experience even ended up harming him. His pro-

verbial professional activism was almost wholly absorbed by the agenda of initiatives and public events. But, as soon as he returned to "normality", Daverio made sure we lacked nothing: books, lessons, exhibitions, lectures, prefaces, documentaries, presentations, debates, book series, and interviews all returned to fill up his diary completely. As well as the names already cited (and excluding the hundreds of people and sites involved in *Passepartout*), here is a small random selection of the associates and events that Daverio has had an active hand in over recent years:

Amadeus magazine, the TV programme *Art'è*, comedian and writer Alessandro Bergonzoni, the Venice Biennale, the guru of the transavant-garde Achille Bonito Oliva, BonOmnia, the Swiss architect Mario Botta, *Classica*, Festival del Racconto di Carpi, *Il Corriere Musicale*, *Corriere della Sera*, TV host Fabio Fazio, the Feltrinelli megastore, the Festival della Creatività, the architect Massimiliano Fuksas, the Giunti publishing group, the IULM university, Milano Film Festival, the Notti Cangianti Roma event, the Palazzo Fava Bologna foundation, the Faculty of Architecture in Palermo, the weekly magazine *Panorama*, Pierlombardo, Politecnico Milano, Pomeriggi Musicali, Fondazione Portaluppi, the jazz virtuoso Enrico Rava, the daily newspaper *la Repubblica*, the Rizzoli publishing house, the Salone del Mobile, Casa Saraceni, the weekly magazine *Saturno*, La Scala theatre, Milan, art publisher Skira, the theatre and film actor Toni Servillo, *Il Sole 24 Ore*, the art historian Claudio Strinati, the Collezione Tagliavini, Spazio Thetis, and *Vogue* magazine…

This is a ridiculously incomplete list, but we have compiled it all the same, just to sing a hymn in praise of non-specialization, which in Daverio's case perhaps touches the highest notes in the repertoire of amusement: popular, open to dialogue, and cultured.

On the subject of hymns of praise, counterpoint, opera, and staves, we cannot do less than trigger off a standing ovation for the magic wand that Piero Maranghi, of the Classica channel, handed to Daverio so that he could direct *Music Book Gallery*, a book series in which each volume comes complete with 2 CDs, devoted to the finest masterpieces of opera, concert music, literature, and research in the field of music. The repertoire ranges from Haendel to Boulez; the interpreters include, among many others, Karajan, Barenboim, Zubin Mehta and Riccardo Muti. Sixteen titles have already been published. To call for an encore for such a well conceived and well performed repertoire is a pure pleasure and a duty. Among the many books not connected with music written over the years by Daverio (who has racked up more than fifty publications by now) for a variety of publishers, we would like to linger a moment over the last, published by Rizzoli at the end of 2011.

Il museo immaginato does not take its cue from the work *Proust's Imaginary Museum* by Gabrielle Townsend, far less from the frequently quoted Musée Imaginaire inaugurated exactly half a century ago in Le Havre by the *maudit* writer and Gaullist Minister of Culture who is maligned to this day, André Malraux. Daverio's museum is not an excursus on "museums", but a foray, a disrespectful incursion into academic bon ton – to pilfer, combine, and put together an entirely personal collection. The better to carry out his raid, Daverio proceeds by exclusion: 1) to arrange the paintings in alphabetical order would be idiotic; 2) to follow a chronological sequence would smack heavily of statistics, or worse, of databases; 3) to separate and organize the works by schools, styles, or currents would be atrociously reminiscent of those quizzes that are ministerial circulars, by classroom know-alls or, worse, by aging teachers potentially well past their best buy date. So, nothing remains but to organize the loot by place (entry, hall, study, kitchen, rooms, stairs, corridors) and relate the works – affectionately and arbitrarily – to one another. By theme, by subject, by circumstances, by person, by relationship.

Those who "live" in such a museum have no intention of demonstrating anything. They follow no obligatory route. But above all – and this is absolutely the most precious value – they are in no hurry. To understand a picture, you have to look at it. Study. For a long time. Being in no hurry to understand art seems disquietingly obvious, yet on running through museums, as we are wont to do, we do nothing else but launch into an endless and wearying succession of quickies.

The Americans say: "Time is money". For Daverio, too, time is precious but, not by chance, he has left the big bucks – the greenbacks, the large denomination banknotes with their Presidents on them – behind him, where they serve as a metaphor in his *Il Capitale*. Because for several years we have already given. And received.

Merci, mon cher Philippe.

translated by Alastair McEwen

51

Annamaria Testa
Advertising's unconventional enchantress

by Till Neuburg

Out of consistency, respect, and the desire to shun all rhetoric, this encomium begins with some numbers.

Since 1990, the Art Directors Club Italiano has admitted 48 people to its Hall of Fame. 37 of the inductees were designers, musicians, directors, authors and comperes of TV shows, directors of photography, cartoonists, artists, industrialists, writers, essayists, sportspeople, illustrators, linguists, and engineers. 11 were ADCI members.

The ratio between men and women: 47 to 1.

It comes spontaneously to quote the Italian comedian Roberto Benigni: "Women have been my ruin: too few of them." Not even among politicians, football referees, and bosses of bosses conceal disproportions of this size. Since in these years in Italy there has certainly been no lack of women who have made an indelible mark on lively, efficacious communication, evidently we have omitted to upgrade our corporative system. In the meantime, some unforgettable ladies slipped through our fingers forever: we missed prominent columnists such as Camilla Cederna, screenplay writers such as Suso Cecchi d'Amico, poets such as Alda Merini, to name a few. Just to make up — at least in part — for so many errors, we had the sense to capture Fernanda Pivano[1] and bring her into our hitherto all-male Hall of Fame before it was too late. But perhaps it is no accident that when this happened, our club was chaired by a woman.

These numerical opening words are not off-topic. It's a matter of "facts, not words", to quote an old advertising campaign claim still remembered in a country where words often take up more space than facts. Yet, there is no need to call for gender quotas. Discrimination is obviously a bad thing, but I'm afraid you can't stop it by simply imposing any kind of quota by law.

One of the unresolved issues of these first years of the third millennium is our inability to understand what the devil is going on around us and inside us. Until a few pixels, tweets, and euros ago, advertising creatives were a kind of Hare Krishna community that dressed strictly Goth. We considered ourselves outside conformism, while we were the real conformists: always painstakingly scruffy, night owls to the smallest of small hours, vaguely trendy and à la page and, that notwithstanding, inevitably progressives and feminists. So our most boorish male chauvinist side didn't even realize that we had remained attached to the skirts of the nanny, the mistresses and matrons of Fellini's films, to that exemplar of the Italian mother of whom, ineluctably, there is only one, or to mamma RAI (the Italian relative of Auntie BBC).

Today things aren't changing: they are literally turning upside down. In the *Global Gender Gap Index 2011*

published by the World Economic Forum, Italy beatifically languishes in the 74th place, behind Lesotho, Costa Rica, and Madagascar, while in the nation that occupies 1st place, Iceland, the management of the two banks that had bankrupted the nation, the Landsbanki and the Glitnir, has been put in the hands of two women and the country has elected as prime minister Jóhanna Sigurðardóttir, an attractive seventy-year-old who is an openly-professed lesbian.

I talk with a certain insistence about these social and cultural changes because today we are celebrating the first woman to keep company on our roll of honour with the great, one and only "Nanda" Pivano – the passionate ambassador of America's beat literature in Italy. In my modest role as instigator in the Hall of Fame nominations, I felt especially proud when her nomination was unanimously approved, in 1999; she had been the hydrogen jukebox, Route 66, and much more for me and millions of Italian readers. After the ADCI president of those days, Milka Pogliani, interviewed her in Rome, I wrote the article and then I also became her friend. One evening we had dinner together, in the company of Enzo Baldoni[2]. At first she was the only one to talk. Then, little by little, the roles were reversed. As she listened to his accounts of Cuba, Colombia, and East Timor, Fernanda homed in on him the way we do with foundling puppies – which, then, we inevitably take home.

When we read in the media about her new colleague in the Hall of Fame, we regularly read two things: one right, the other half right.

The right one is that Annamaria Testa has absolutely no connection with other famous Testas, all rigorously male: Armando the adman, Gianmaria the singer, or Chicco the politician. The half-right part refers instead to an engaging and efficacious mineral water campaign of many years ago that played mischievously on the changeable aspect of a 16th-century top model (Mona Lisa) and a few other colleagues in a virtual casting including Napoleon, Garibaldi, Santa Claus, Adam and Eve, the Venus de Milo, and Marilyn Monroe. Depending on who talks about this today, that glass is always half full of rosewater or half-empty and encrusted with the scale of too many personal "interpretations" and exegeses.

If we still talk, anywhere and everywhere, about that bizarre transfiguration, the reason lies in a curious blend of information, alienation, and irony, which in modern communication is defined with the cheerful tautology, "remix". Andy Warhol, David Byrne, Jim Jarmusch, Muhammad Ali and, in more recent times, people such as David LaChapelle, Fatboy Slim, David Copperfield, and Valentino Rossi have amused themselves – and us – with a mise-en-scène that was no longer intended to make a clean cut through the stage and the audience, the track and the stands, or products and life.

In the media, entertainment, and advertising, tempo and timing suddenly found themselves disrupted. Visionaries such as McLuhan, Godard, Bernbach, and Mary Quant had cheerfully deconstructed the QWERTY, the three for two, the American dream, coupons, and happy endings... with the specific weight of lightness, the pill, joints, and rock music.

Our teenagers, the flower children and those of Barbapapa, the entire Fonzie generation, were no longer merely a tribe of second-class consumers passively waiting for mum's decisions or diktats handed down by television. The drivers of ramshackle Renault 4s and Citroën 2 CVs, they rapidly became samples of a consumerist one-two-three formula that grew faster and faster, more agile, more competitive – in a lane where there was no longer any obligation to keep your eye solely on the rear-view mirror.

Not only that, the things to wear, to read, and to swallow were no longer decided by mum and dad: barely one decade after the various crises afflicting universities, energy, and identity, the under thirties suddenly became a target, an objective, a practically unlimited model of uses and customs as well as consumption.

Immediately after toasting with the genial perlage of her Mona Lisa sparkling water campaign, still in 1981, Annamaria Testa went as far as to outline a neo-Dadaist flirtation with a generation that had just witnessed the birth pangs of the first Italian government not led by the long-dominant Christian Democratic party, the debut of the pharma-Catho-mediatic terrorism of AIDS, the profiteering/political explosion of the P2 Masonic lodge, and the stunning – in all senses – baptism of a TV channel, MTV, a complete slave to the big labels on non-stop rock/pop.

While that year, from abroad, dark movies such as *The Evil Dead*, *Escape from New York*, *Raging Bull* and *The Elephant Man* introduced us to unknown codes from distant tribes, in Italy, Ettore Sottsass's Memphis movement had just ousted the long-dominant tradition of Italian design, so deeply under the austere influence of Nordic Calvinism. With his Emporium of perfumes, accessories and jeans the Armani empire struck again and again and again.

The time had finally come for our advertising to overcome the barriers of its vulgar and threadbare attempts to appear young. Many titles, slogans, and selling lines of the period fished in the little world of variety shows, nursery rhymes, and decidedly unfunny satire. Irony, understatement, and fair play could not be part of a language that until a few years before was still characterized by ignorance and poverty. Yet some people were giving it a try.

Unlike competitors who obsessively blethered on about taste, breath, wellbeing and freshness (all bleating that in marketing blah blah invariably filed into the sheepfold of the *Unique Selling Proposition*, *Consumer Benefit*, and the *Reason Why*), the campaign for Golia Bianca mints instead pressed on the only logical button that a product of that kind conceals within itself: likeability. The power of the language spontaneously shared between the brand, user-friendly products and the citizen has always worked wonderfully well even in campaigns that were far weightier on the average: Hamlet Cigars, Volkswagen, Levi's, Absolut, Adidas, Swatch meta-watches and the campaigns for the Mini and the Smart. All these brands enjoyed success above all thanks to a coherent code of complicity: little prattle about technical aspects or plus points; a ban on concepts such as charisma, prestige, snob appeal; extremely few references to packaging, testimonials, or the price. To write, beneath absolutely ordinary faces making funny faces, onomatopoeic statements such as "Golia Bianca sfrizzola il velopendulo" (something like "Golia Bianca tickles your palate"), or "titilla la papilla" ("thrills the papilla"), or "galvanizza l'ugola" ("galvanises your uvula") is a challenge you either accept or reject. No other way around it. Both for the author and for the readers, that vital leap in our language was a genuine step forward in quality. Those words were not just a vehicle with which to convey a message, but the message was right there... in the play, the rhythm, and the phonemes. McLuhan had learned to speak in our idiom – not in that of Dante, Manzoni, or Italian state television, but in the other, real, idiom of our steadily more syncopated everyday lives.

Annamaria herself likes to recount with amusement how, in her house, advertising was considered an alien entity, a short version of Italian slapstick comedy known as "Carosello".[3] But, since childhood, Annamaria was a very curious girl who loved to doodle, write, and above all, to ask questions constantly – to others and to herself. At university where, out of fortuitous circumstances, she stopped devoting herself body and soul to ecology (her first great passion, and in those days still a dark forest to be explored at most in extra-parliamentary meetings) to move on to literature, she soon got busy to become – also materially – independent. She worked for two years in a small agency where she wrote and drew her first jobs. The word copywriter was not yet a trendy qualification. On her request for a pay packet more in line with the hours and talent invested, the answer was a flat no. Then, out of anger, intuition, and her usual curiosity, Annamaria organized a meeting with one of the gurus of creative advertising, Emanuele Pirella. During the interview he didn't ask her to see the work she had done, but who her favourite writers were. As soon as she was hired, they immediately threw her into the amniotic and all-enveloping liquid of creativity. Right from the start, she swam in the same Olympic pool as the creative stars of the agency, teaming up with expert art directors including Michael Göttsche, the number one. Those were tough but happy years that saw her consigned more and more often into the clutches of prestigious and demanding clients... some of whom were perhaps unable to decipher creativity completely. Bompiani, Bormioli, Fiat, Henkel, Ilford, Isolabella, Malerba, Marazzi, the European Parliament, Philips, SEAT Pagine Gialle, Sella&Mosca are the ones she remembers with most pleasure.

It was there that Annamaria met her future partner in TPR, the art director Paolo Rossetti, with whom over seven years she built up a name that was so solid and appreciated that in 1990 she succeeded in rendering concrete – and you can't get any more concrete than this – the motto of her first master, Pirella: "The goal of creative advertising is not to sell the product, but to have someone buy you up."

This is exactly what happened when the American group Bozell offered to buy her own agency – herself included obviously, as creative director and president – in the historic office located in Milan's Corso Europa, taking over in a control room previously occupied by another three members of ADCI's Hall of Fame: Giancarlo Livraghi, Luigi Montaini Anelli, and Pasquale Barbella (all creative directors in a long relay of top-flight agencies... from CPV, to Kenyon & Eckhardt, BJKE, and Bozell).

Those were years of small steps and great passions that went further than briefings and campaigns. To put it with a paradox, going beyond routine was an everyday practice, both desired and necessary.

When the continental body for the promotion of the cinema, Media Salles, asked her to foster its efforts for the same cinemas for which it institutionally worked for, Annamaria immediately realized that the tried and tested pairing of strategy/creativity was not going to be enough. What was needed was a magic touch that was something more than a convincing, winning idea. Bringing in a young experimenter (improperly designated an illustrator/animator) by the name of Gianluigi Toccafondo was a spontaneous, pleasing, right move. The agency and the client were amply repaid. Subsequently the unusual, poetic style of that same artist was to persuade even Ridley Scott to entrust him with the animated logo of his Scott Free Films. In Italy, through the trailers of Domenico Procacci's Fandango production company, we often come across his magnificent art. As a director and producer, I too have had occasion to appreciate Annamaria's quick eye and no-frills simplicity. In briefings, in pre-production meetings, and on the sets, she didn't say much. Above all she took care to listen. When, for a series of TV commercials for BTicino, the legendary director Bob Brooks proposed two changes to the script, her answers were short: "Why not?" and "Absolutely not" In the first case the Anglo-American star had convinced her, but not in the second. Later, Bob was to confess to me that in Italy it had been the first time that a creative director had not spoken to him with the stock phrases of an account director.

During her thirteen years dedicated to TPR and Bozell, the finest names she recalls are *Airone*, BTicino, Cassina, Cesame, the weekly *Cuore*, Gazzoni, Illy, Inda, La Rinascente, Plasmon, *Il Secolo XIX*, and Ermenegildo Zegna. Unlike many (perhaps too many) colleagues with other agencies, what with meetings, research, presentations, and business trips, her creative direction never prevented her from playing the trade she liked best: producing her own beautiful campaigns, teaching masters courses and in universities, devoting herself to writing titles and texts that would not necessarily have ended up only in weeklies, on walls, or on the television.

To tell the truth, to this list of forever undiminished enthusiasms we ought to add a fourth – decidedly the most creative: to have a child and accompany him with firmness and love all the way to the hardest and most satisfying age of all – adulthood. This intense and fortunate experience is still underway. But, rightly and jealously, Annamaria keeps the postcards of this journey all to herself.

Her playful-educational side also emerged when the

Cinema Excelsior, in the heart of Milan, organized for colleagues and friends the projection of a Chinese film halfway between a virtuouso blockbuster and kitsch. At the time, the action movies of John Woo and Zhang Yimou's colossal epics were still to appear in our snobbish sights. After that unexpected stylistic dawn of the future, we all came out incredulous and caught on the wrong foot. Perhaps Annamaria was the only one wearing a broad smile.

Within a markedly educational area for some years now, at the Ca' Foscari university in Venice, Annamaria began to create a dialogue with those who were seriously aiming to gain access to modernity. Starting from 1996, at Rome's La Sapienza university, at the universities of Turin and Milan and, in that same city, at the Istituto Universitario di Lingue Moderne, better known as the IULM and, last but not least, in the institution where she is still lecturing – the Bocconi, with a course in languages and communication techniques in the Marketing Department – Annamaria continues to convey teachings whose noble duty is the transmission of the best possible form of fecundation.

Writing and inventing in the most stimulating public tribune available to the citizens was perhaps the most fertile and satisfying exchange that Annamaria engaged in for several years: on the historic third channel of Italian state television, RAI 3, then directed by her friend and colleague Angelo Guglielmi. Aiming exclusively at quality, from an imperceptible share of 2% it then grew to reach 10% of the total of all broadcasters.

In the public and collective sphere, just before the canard of the "Millennium Bug" began to loom over us, Annamaria tackled an even more momentous challenge: commissioned by the then extremely powerful CEO, Franco Tatò, cordially in professional league with the team of Italy's greatest linguist, Tullio De Mauro, the public-opinion pollsters Eurisko, and the designer Paolo Rossetti, Annamaria Testa rethought, reorganized, and completely redesigned the format of the bill issued by the power company, ENEL. The graphic layout was not the basis of the project, but the result. Factors involving the law, ergonomics, data-processing, taxation, and readability and, first of all, ease of compilation all had to fit into place with one another. The final result proved to be so flexible and logical as to persuade other public services and bodies to apply the same model.

As an author in her own right and a newspaper journalist (she has been a member of the professional register

since 1988) Annamaria Testa collaborated for six years with *Smemoranda*[4], three with "Il Giudizio Universale"[5], for a long time with "Nuovo", perhaps the finest advertising magazine ever produced in Italy, and has written hundreds of articles, commentaries, prefaces, essays, critiques, and interviews, for practically all the important dailies and periodicals that might be compatible with her firm ideas on democracy and dialogue with minorities.

There is instead a majority for which Annamaria has always taken a very clear, determined stance: the struggle for women's rights – for themselves and against any form of gender discrimination. She had already begun this fight as a girl. Her struggle has always been first and foremost against stupidity, even before bad faith. Luckily (for all of us) the curse of misogyny has not always been opposed by women alone. For an imaginary campaign against sexist idiocy, Voltaire had coined, *ante litteram*, a fantastic headline: "Witches stopped existing when we stopped burning them."

Who knows if we can flatter ourselves, for a creative who loves paradox at least as much as I do, that the French philosopher's bombshell may not become the beginning of her eighth book.

Apart from a dozen or so short stories published here and there, Annamaria published her first book in 1988. It was entitled *La parola immaginata* ("The Imagined Word"). Since then she has written another six essays, all full of a profound awareness of her being simultaneously a creative, a teacher, and a proud, unconventional woman.

In the middle of all this, in 1993, she published *Leggere e amare*[6] - a collection of twenty-one stories about the same number of sisters, colleagues, friends, mothers, accomplices, but also women far from her. Angelo Guglielmi commented on her this way: "We must add something more and something less to this female version of Calvino: a less tenacious approach to formality, a greater surrender to passion. Less lucid and infallible, warmer and earthier." It was an anthology liked very much by the writer and essayist Beniamino Placido, Tullio De Mauro, the militant journalist Luce D'Eramo... and very many Italian women.

Her total love of books has often been returned not only by her colleagues but by the literary and publishing world tout court: in 2011 she was invited to become a member of the judging panel of the Premio Campiello. Her latest book, which came out a little over a year ago,

is camouflaged by enchantment: *La trama lucente*. Trama in the sense of plot... *lucente* in the sense of clear, nitid, illuminating. In almost five hundred pages, Annamaria Testa recounts, explains, reveals, documents, looks for and finds what the devil is that strange potion commonly perceived as "creativity": "After talking about it for thousands of years we still haven't even understood what love is, for example. This, luckily, doesn't prevent us from falling in love, desiring to be loved, and thinking about it rather often. It's the same thing with creativity." But, in saying this, the author does not get lost in theories, flights of fancy, fantasies, or beating about the bush, quite the contrary: she delves, examines, discovers, unearths, brings out the essence of the argument transmitted to us by scientists. The ones she quotes most are these last – from the psychologist Howard Gardner to the physicist Richard Feynman, from the psychoanalyst James Hillman to the researcher on the workings of the brain Teresa Amabile, from the psychologist Dean Keith Simonton to the neuroscientist Alberto Oliverio. The eighteen chapters of the book are subdivided into three major topics: 1) What creativity is, 2) Why creativity belongs to us, 3) How creativity works, and how it grows. Anyone whose heart – and head – is in communication, biology, art, genetics, imagination, psychology, medicine, economics, show business, research, education, technology, and sense of humour... in short, culture as the never-ending story of humanity, cannot but fall in love with this magnificent compendium.

To those who observe the crackling world of advertising from close up, the fact that a compendium that pivots on creativity devotes only a few lines to advertising may seem curious. The really curious fact, though, is that only thirty years after the death of Bill Bernbach, and the birth of the term "Internet", perhaps even in Italy clients and institutions have finally begun to realize that advertising is not an automatic synonym for creativity.

By now, the draughts through which communication is blowing with growing impetus and frequency can no longer be counted on the five gnarled fingers of traditional advertising (press, television, radio, posters, below the line). One of the freshest winds that shift ideas and decisions today is blowing even in the world of mobile phones that, apart from the independent handset with a numeric display, have gradually been transformed into pocket-sized multitasking workstations, with a dynamic screen, HD, and touch screen. This was a gust of wind that, for one of the major players in the sector,

Annamaria Testa had predicted well ahead of the times, both in terms of technology and communication: the Wind brand was, and still is, an explosive example of naming that is equivalent to a kind of daylight saving time, for having moved forwards the hands of an entire decade.

Over ten years before, even in politics you could still hope to hold a dialogue with groups or leaders still not completely invalidated by imminent mediocrity: on behalf of two political groups offering absolute democratic guarantees, such as the Verdi and DS, Annamaria Testa worked out extraordinary and innovative contributions calculated to formulate new strategies in areas such as educational theory, training, and culture. When l'Ulivo[7] laboriously cultivated by Romano Prodi was about to propose itself to the electorate with a more robust and unifying identity, Annamaria suggested the word/emblem "L'Unione", which in the local-government elections of 2005 was to win 12 regions out of 14 while in the general election of the following year it was to go so far as to conquer Palazzo Chigi, the seat of Government. Today, a commitment of this strength and passion would be interpreted at most as a seductive but substantially secondary signal, a siren song that none would listen to. Where Annamaria's words were not only attentively read and understood, but also admirably performed, was in an album by the singer Milva, the muse of the director and soul of Milan's Piccolo Teatro, Giorgio Strehler, in far off 1983. Today we can leaf through Annamaria Testa's richest "album" twice a week on Mondays and Thursdays, on the web: since December 2008, her constantly updated site *Nuovo e utile* (New and Useful) is, absolutely, one of the most valuable cultural resources of our country.

The name derives from the brilliant thinking of the French mathematician, physicist, and astronomer Henri Poincaré. In her great book on creativity, Annamaria Testa cites him as follows: "Poincaré does not talk only about putting elements together in a combinatory frenzy that certainly would please a visionary writer such as Borges, and yet it would hurl us all into the Library of Babel, where we would get lost. He talks about new combinations *that are useful*. And he adds that the intuitive criterion for the recognition of the usefulness of the combination is its beauty."

It is a powerful conjunction that radiates energy in all directions. *Nuovo e utile* is a wonderful archive, constantly updated, on the "theory and practice of creativity". But it is also much more: there are hundreds and hundreds of links (maybe thousands) that take you wherever you can find a datum, a thought, a school, a technique, a personality, a historical reference, a debate, a novelty, which may encourage anyone who moves with thought, with their hands, or with the keyboard, in the universe of imagination, dialogue, and instruction. For those who work, learn, teach, have fun or draw nourishment from the world of Italian communication, *Nuovo e utile* is a de-luxe restaurant with a menu of dishes that are always fresh, genuine, al dente. The service is excellent – and you eat for nothing into the bargain. It comes spontaneously to paraphrase an old Italian adage on food: "Appetite comes with reading."

translated by Alastair McEwen

[1] The greatest and most impassioned translator, essayist, and ambassador of American culture to Italian readers. She translated and commented, among others, Herman Melville, Edgar Lee Masters, Jack London, Sherwood Anderson, Gertrude Stein, Alice Toklas, Francis Scott Fitzgerald, William Faulkner, Thornton Wilder, Henry Miller, Jack Kerouac, Lawrence Ferlinghetti, William Burroughs, Allen Ginsberg, Gregory Corso, Flannery O'Connor, Dorothy Parker, Gore Vidal, Raymond Carver, David Leavitt, Brett Easton Ellis, Don DeLillo, Philip Dick, and William Gibson, but especially Ernest Hemingway, whose close friend she was for her a lifetime.

[2] A well-known copywriter, as well as a freelance reporter on various international fronts, comic book translator, pioneer of the social use of the web, murdered in Iraq in 2004 in circumstances never officially explained.

[3] A television format present only in Italy, broadcast from 1957 to 1977. It consisted of exasperating and often ridiculous performances by show business personalities and time-worn old cartoons to which a "piggy back" advert was attached. It was intended primarily for children and a public that was still largely naïve and semi-illiterate.

[4] A decidedly progressive diary for school children created in 1978. Every so often a great number of journalists, artists, musicians, actors, essayists and cartoonists contributed to going deeper into a central theme.

[5] A literary journal that, frequently in sarcastic tones, comments on current affairs in the worlds of culture and politics. Favourite topics: books, cinema, theatre, music, and the media. It also publishes a series of printed books.

[6] This is an intriguing title with more than one possible interpretation. It can be read as two verbs (To Read and Love, or Reading and Loving) or as two adjectives (Light and Bitter).

[7] The Verdi (Greens) were an ecological movement. The Democratici di Sinistra (DS, or Democrats of the Left) represented a historic and political epoch; in the long march of the PCI (Italian Communist Party) to today's PD (Democratic Party), there were leaders such as Massimo D'Alema, Walter Veltroni, and Piero Fassino. The name and symbol of l'Ulivo (the Olive) was a progressive and reformist political coalition that from 1995 to 2007 led five governments headed by Romano Prodi, Massimo D'Alema, and Giuliano Amato.

COMUNICAZIONE
ALTERNATIVA
ALTERNATIVE
COMMUNICATION

Chi è Blu?
Chiedetelo ai muri della città

di Andrea Concato

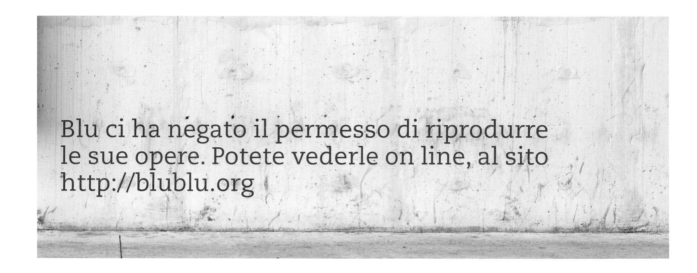

Blu ci ha negato il permesso di riprodurre le sue opere. Potete vederle on line, al sito http://blublu.org

Uno dei più importanti protagonisti dell'arte contemporanea è italiano.

Non tanto alto, secco e duro come un free climber, Blu avrà circa trent'anni e viene da Bologna. L'avarizia di notizie anagrafiche deriva dai suoi debutti artistici fra i writer, mondo in cui la protezione dell'identità è una scelta obbligata.

In pochi anni passa dalla bomboletta alla tempera, dal segno al disegno, dagli inseguimenti dei metronotte agli inseguimenti dei curatori dei musei. Nessuno sa il suo nome, pochissimi l'hanno visto in faccia. Ma è conosciuto in tutto il pianeta.

Dal 2005, letteralmente, parte e non si ferma più. Seguendo la rete che lega gli artisti in tutto il mondo, Blu passa da un continente all'altro a dipingere muri, case, palazzi. Ha tracciato opere in Italia, in Sud e Centro America, in Nord America, in Palestina, in Inghilterra, Spagna, Germania, Francia, Norvegia, est Europa. E non si è ancora fermato.

Già nei primi anni a Bologna, Blu inventa ed esperimenta una tecnica mai vista. Attraverso un enorme e paziente lavoro, Blu dipinge figure in sequenza, continuando a coprire i disegni precedenti con vernice bianca e riprendendo in video frame per frame. Il risultato è un'animazione che percorre muri, case, marciapiedi, ogni cosa. Numerosi sono i lavori che utilizzano questa tecnica, rintracciabili quasi tutti su YouTube. I più famosi sono *Muto*, *Combo*, creato insieme a David Ellis, *Morphing* e *Walking*.

Nel 2006 un giovane regista italiano, Lorenzo Fonda, grande ammiratore dell'arte di Blu, convince Luca Fanfani e Francesco Pistorio, i soci di una casa di produzione video di Milano, la Mercurio, a finanziare un progetto pazzesco. Un tour di tre mesi in America Latina a dipingere muri insieme agli artisti locali. Nasce così *Megunica* (Messico, Guatemala, Nicaragua, Costarica, Argentina), un meraviglioso video di 80 minuti che documenta i lavori fatti, le persone incontrate e mostra dal vero l'esistenza dell'internazionale degli artisti dei muri. Sia *Megunica* che *Muto* vengono invitati a festival in tutto il mondo, raccogliendo un numero enorme di premi.

Chi volesse approfondire le notizie su Blu, può iniziare dalla sua pagina su Wikipedia, per poi passare a blublu. org, il suo sito, e a megunica.org, il sito del video, in cui si può anche trovare il diario spedito periodicamente dalla troupe in viaggio.

Nell'estate del 2008 è stato invitato dalla Tate Gallery di

Blu ci ha negato il permesso di riprodurre
le sue opere. Potete vederle on line, al sito
http://blublu.org

Londra a dipingere alcuni muri esterni della galleria, insieme ai nomi più rilevanti della wall art: Faile, Sixeart, Os Gêmeos, Nunca. Nel 2009 è stato chiamato a fare la stessa cosa per i Deitch Studios di Long Island, New York. Nel 2011 un articolo dell'"Observer", uno dei massimi quotidiani inglesi, elenca una sua opera fra le dieci più importanti al mondo, insieme a quelle di artisti come Keith Haring, Whils (Alexandre Farto), Banksy e Sam3.

Le risposte che Blu dà intorno alla street art sono le più semplici e le più naturali che si potrebbe pensare di sentire. Proprio per questo sono molto probabilmente le più vere: «Perché la gente ha bisogno di esprimersi.» «Perché è il modo più facile di avvicinarsi all'arte.» Forse è proprio la chiave candida quella giusta per comprendere l'arte, ogni forma di arte?

Un altro talento, Joe Pytka, uno dei più grandi registi di pubblicità di sempre, dà una definizione di arte molto vicina a quella di Blu e quale non si riesce a trovare nei tomi più colti della storia e della critica da Argan a Zeri. Intorno al 2000 Joe Pytka gira due video per il MOCA, il Museum of Contemporary Art di Los Angeles. Mostrano semplicemente un uomo che annaffia il triste prato di una triste villetta a schiera decorata da pink flamingos di gesso, o una persona davanti alla tv che tiene in grembo un vassoio scaldato al microonde con la sua cena. Sopra queste scene un po' avvilenti si forma un titolo: "This is life. That's why there's art."

Blu ama solo l'arte, gli artisti, la gente, le terre e i muri. Ha risposto "no grazie" a offerte di lavoro che venivano dai più grandi marchi del mondo, dalle automobili alle scarpe sportive alle bevande e dalle più importanti agenzie di pubblicità internazionali. Per essere chiari, ha rifiutato proposte che l'avrebbero reso una persona molto ricca, non essendolo di suo. Persino i curatori delle gallerie d'arte e dei musei fanno fatica a parlare con lui. Triste effetto collaterale di questo distacco è che le sue opere e le sue tecniche sono state abbondantemente saccheggiate e imitate da molti.

Ma a lui sicuramente neanche di questo importa niente. Lui in questo momento è in un qualche paese, con qualche amico, a dipingere qualche muro.

Who is Blu?
Ask the city walls

by Andrea Concato

In accordance with Blu's wishes, none of his work is reproduced here, but you can check it out at his website: http://blublu.org

One of the most famous names of contemporary art is Italian.

Not too tall, as lean and hard as a free climber, Blu is about 30 and comes from Bologna. The scratchy information and news on Blu in the public domain can be attributed to his artistic debut as a street artist, a world in which concealing your identity is prerequisite.

In the span of a few years, Blu went from spray paint to tempera, from the sign to the design, from being chased by vigilantes to being pursued by museum curators. No one knows his real name; few have seen him in the flesh. But the whole planet knows about him.

He upped sticks in 2005 and has followed his nomadic spirit ever since. Blu travels from one continent to another on the circuit that connects artists across the world. Using walls, houses and buildings as his canvas, he has painted his way through Italy, South and Central America, North America, Palestine, England, Spain, Germany, France, Norway, and Eastern Europe. And he still keeps going.

Even when he started out in his hometown of Bologna, Blu was already inventing and experimenting with a technique never seen before. A huge work of patience where Blu paints figures in sequence, repeatedly white-washing over earlier designs and making videos, frame by frame. The result turns walls, houses, pavements, everything, into an animated mural.

A technique that Blu has used many times to create works, most of which can be seen on YouTube. The most famous are *Muto*, *Combo*, created with co-artist David Ellis, *Morphing* and *Walking*.

In 2006, a young Italian film director, Lorenzo Fonda, a great fan of Blu's art, persuaded Luca Fanfani and Francesco Pistorio, the owners of Mercurio, a film production company in Milan, to finance a wild project: a three-month "documentrip" in Latin America to immortalise the walls painted by Blu alongside local artists.

And so *Megunica* (an acronym derived from Mexico, Guatemala, Nicaragua, Costa Rica and Argentina) was born, a wonderful 80-minute video that documents the works done and the people encountered, and which attests to the truly international reach of the wall artists. Both *Megunica* and *Muto* were sent to film festivals the world over to great acclaim and an array of awards.

For the more curious, the latest news on Blu can be found on his Wikipedia page, his website at blublu.org and at megunica.org, the video website where the documentrip

In accordance with Blu's wishes, none of his work is reproduced here, but you can check it out at his website: http://blublu.org

crew's periodic travel diary is still streamed.

In summer 2008, London's Tate Gallery invited Blu to paint the building's external walls as part of a collective of wall art's most celebrated artists: Faile, Sixeart, Os Gêmeos, and Nunca. In 2009, he was invited to stage another street art performance for Deitch Studios, Long Island, New York. In 2011, an article in the *Observer*, a leading UK newspaper, ranked his work among the ten most important in the world, made by such iconic artists as Keith Haring, Whils (Alexandre Farto), Banksy, and Sam3.

When asked about street art, Blu responds in the simplest and most natural way you could dream of. And that is why his answers probably ring the truest: "Because people need to express themselves." "Because it's the easiest way to get close to art." Perhaps this is the forthright key needed to unlock an understanding of art, of every art form.

Another great talent, Joe Pytka, one of the greatest commercial film directors of all time, defines art in a very similar way to Blu, in a manner that cannot be found in even the most erudite books on history and criticism, from Argan to Zeri. Sometime around 2000, Joe Pytka shot two videos for MOCA, the Museum of Contemporary Art of Los Angeles. The first video simply shows a man watering the sad lawn of a sad terraced house chalked with pink flamingos, while the second simply shows a TV dinner straight out of the microwave balanced on the lap of a person sitting in front of the television. Running across these rather sorry scenes runs the title: "This is life. That's why there's art."

Blu's only loves are art, artists, people, land and walls. He has politely refused offers of work from the most powerful brand names in the world, from cars to sneakers to beverages, as well as turning away leading international advertising agencies. In other words, although he has no money of his own, he has said no to offers that could have made him very rich indeed. Even the museum and art gallery curators have a tough time tracking him down. Sadly, the rather lamentable side effect of this detachment is that his works and techniques have been plagiarised and imitated by many.

But I'm pretty sure he couldn't care less about that either. In fact, right now, he is probably in some other country, chilling with a friend or two or painting a wall somewhere.

translated by Susan Wallwork

ADCI 2011 AWARDS AND SHORTLIST

L'AUSTERITÀ CREATIVA
THE CREATIVE AUSTERITY

Monetine

di Pasquale Barbella

La pubblicità è un'attività a due facce. La prima è uno specchio che riflette, più o meno accuratamente, la società e i suoi mutamenti. La seconda è uno specchio simile al primo, ma invece di riflettere il mondo reale ci mostra qualcosa di astratto: un pianeta di pura invenzione, fatto di piccole felicità a volte costose e a volte a buon mercato; nulla di ciò che vi accade somiglia alle nostre esperienze, ai nostri pensieri, ai nostri problemi o ai nostri desideri. Entrambi gli specchi si prestano al consenso e alla critica, a seconda di ciò che ciascuno di noi si aspetta dai mass media o dalla vita.

I fautori del primo specchio, quello in cui si riconoscono scorci di esistenza concreta, sostengono che la pubblicità fatta in questo modo è più emozionante, più autentica, persino più intelligente e più sensibile ai valori etici. Non mancano tuttavia i detrattori. Essi pensano che la comunicazione commerciale debba porsi obiettivi elementari, sfrondati da qualsiasi ambizione più elevata; che la vita è già di per sé un problema, tanto che è meglio starne alla larga e concentrarsi su quel tanto di soddisfazione che si può ricavare da un bucato ben fatto e da un drink rinfrescante.

Il secondo specchio, che ai "realisti" appare falso e fuorviante, popolato com'è di stereotipi, intriso di banalità e di codici ripetuti fino allo sfinimento, sembra essere il preferito dalla maggior parte dei committenti; in special modo da operatori del marketing istintivamente sedotti dal semplicismo, che considerano un efficace *boarding pass* per raggiungere i propri obiettivi.

La convivenza di queste scuole di pensiero non produce gravi danni dove e quando il contesto economico e sociale sia sanissimo e presenti prospettive di benessere. La differenza si limita, in tal caso, al campo estetico e nessuno si offende per il cattivo gusto di una réclame: c'è spazio per tutti. Il problema sorge quando le cose non vanno troppo bene – cioè, a essere un po' pessimisti, quasi sempre, e specialmente adesso. Allora si vorrebbe vedere anche nella pubblicità un po' di quella immaginazione, creativa e consapevole, che ci aspettiamo dal mondo delle istituzioni e da chiunque abbia qualche influenza sulla nostra condizione.

Nel Grand Prix che l'Art Directors Club Italiano ha conferito a una campagna per la Citroën C3, si vede con simpatia un accenno – tra il pensoso e il divertito – a certi cambiamenti di vita che ci aspettano al varco e con i quali dovremo prima o poi fare i conti. Ne è protagonista un simbolico cane abbandonato: il miglior amico dell'uomo, ma costruito come una specie di Frankenstein, mediante assemblaggio di oggetti d'uso comune invecchiati o passati di moda, prima amatissimi dai rispettivi proprietari e poi gettati nella spazzatura. Una fulminea parabola sul destino degli oggetti nelle società opulente, in ossequio al culto di un consumismo ingordo e spavaldamente insensato; con l'allusione accorata a un futuro più austero ma anche più creativo, fatto di valori rispettati e durevoli. Il piccolo film è pensato per valorizzare la spaziosità di un'autovettura, una promessa non nuova nel settore; ma in questo caso l'uso dello spazio disponibile assume connotazioni più affettuose e attuali, come a suggerire un filo di speranza a chi teme il collasso del portafogli. Filo di speranza legato a scelte e acquisti più equilibrati.

In queste pagine si colgono altri esempi di comunicazione pervasa da intriganti sfumature di attualità. La stessa Citroën ha scelto un linguaggio "povero" e semiserio per raccomandare un modello con GPS incluso nel prezzo. L'ATM, Azienda Trasporti Milanesi, esibisce l'immagine di un puzzle come metafora della nuova popolazione della città, un melting pot non dissimile da quelli di Londra e Parigi per effetto delle recenti immigrazioni. È solo un primo accenno, quasi impercettibile, al rinnovato panorama demografico italiano – un tema dominante nell'*environment* quotidiano ma, per ragioni oscure, del tutto inesplorato dalla pubblicità (e in parte, purtroppo, dalla politica, che si occupa di immigrazione solo per lamentarsene e per promuovere provvedimenti contro). Nella pubblicità italiana non esistono badanti, muratori, operai, disoccupati: di nessuna nazionalità, a dire il vero; nemmeno italiani. I

Coins

by Pasquale Barbella

Advertising is a double-sided activity. The first side is a mirror that, more or less accurately, reflects society and its changes. The second is a mirror similar to the first, but instead of reflecting the real world it shows us something abstract: a planet of pure invention, made up of small pleasures, sometimes expensive and sometimes cheap; nothing of what happens on that planet bears a likeness to our own experiences, thoughts, desires or problems. Both mirrors are subject to consensus and criticism, depending on what each one of us expects from the mass media or from life. Advocates of the first mirror – the one in which we recognise glimpses of concrete existence – argue that advertising produced in this way is more exciting, more authentic, even more intelligent and more sensitive to ethical values. Of course, there are always disbelievers. They think that commercial communication should set basic objectives, pruned of every loftier goal; they think that life is already a problem, thus, it is better to distance oneself from it and focus on that crumb of satisfaction that you get from seeing your laundry well done or from sipping a refreshing drink.

The second mirror – which to the "realists" seems false and misleading as it is populated by stereotypes and saturated with clichés which are repeated to death – seems to be preferred by the majority of advertisers, especially by marketing operators who are instinctively seduced by simplicity and who consider it to be an effective ticket to goal achievement.

The coexistence of these two schools of thought does not generate serious damage when and where the economic and social context is very healthy and presents prospects of comfort and well-being. The only difference is from an aesthetic point of view and no one is offended by the bad taste of an ad; there is room for everyone. Problems arise when things are not going too well, meaning – to be somewhat pessimistic – almost always, and especially now. So, in advertising we would also like to see a bit of that creative and perceptive imagination that we expect from the world of institutions and anyone else who influences our lives.

In the Grand Prix that the Italian Art Directors Club awards to the Citroën C3 campaign, we perceive a hint – both contemplative and amusing – of certain life changes that are expected to break through and with which, sooner or later, we will have to reckon with. The protagonist of the commercial is a symbolic abandoned dog: man's best friend, but built as a kind of Frankenstein assembled from used or unwanted everyday objects, first beloved by their owners and then thrown in the rubbish. A dramatic and striking parable about the destiny of objects in our affluent societies, in deference to the cult of greedy and blind consumerism, it conveys heartfelt allusions to a more austere, but also more creative, future consisting of respected and enduring values. The short film is designed to promote the spaciousness of a car (not a new concept in this field), but in this case the use of the available space takes on more affectionate and more present-day connotations, like suggesting a glimmer of hope to those who fear the collapse of their shares. A thread of hope linked to more balanced choices and purchases.

In these pages you will note more examples of communication infiltrated with intriguing present-day nuances. Citroën has chosen the same "poor" and half-serious language to promote a model with a GPS included in the price. ATM, the Milanese transport company, uses an image of a puzzle as a metaphor of the new population configuration in the city, a melting pot not dissimilar to those of London and Paris, as a result of recent immigration. It is only the very first, almost imperceptible, hint of a renewed vision of the Italian population – a dominant theme in daily life but, for some obscure reason, totally unexplored by advertising (and to some extent, unfortunately, also ignored in politics, which deals with immigration only to complain about it and to introduce measures against it). There are no carers, builders, workers or unemployed persons of any nationality, not even Italian to be perfectly honest, in Italian advertising. The worst defect of our advertising

difetti peggiori della nostra pubblicità non consistono nelle cose che fa vedere, ma nelle cose che nasconde. Sistematicamente.

Se l'ATM "connette Milano", la Fiat 500 designed by Diesel promuove un social network alternativo a quelli on line: la strada, il più antico connettore del mondo. In piena Facebook-liturgia già se ne contesta l'abuso, con l'esortazione a riscoprire la familiarità del contatto di persona. La campagna auspica rapporti meno virtuali e più solidali, come quelli che hanno tenuto insieme i cittadini prima che il benessere li rendesse più soddisfatti di sé e meno aperti nei confronti del prossimo. Peccato che a firmarla, non senza ipocrisia, sia l'azienda più chiacchierata del momento per le sue intemperanze antisindacali e, sotto certi aspetti, anti-italiane. Ma la distanza (lo spread, si direbbe oggi) tra il comportamento delle aziende e i contenuti della loro comunicazione ci porterebbe troppo lontano; noi qui ci limitiamo a discorrere di pubblicità e design, di linguaggi e di forme, senza addentrarci nel merito delle policy aziendali – argomento spinosissimo, che lasciamo volentieri alla penna di osservatori più acuti di noi.

Prefigurano scenari poveri, ma sempre con pubblicitaria leggerezza e con una folata di ottimismo, i ragazzi che si sono inventati il "MakeMyDay Mag", rivista on line di consigli d'acquisto all'insegna del motto "Great life. Low budget." Del resto il risparmio, vissuto un tempo come necessità punitiva e frustrante, è da tempo assurto – in certi luoghi e in certe occasioni – a valore fighissimo, grazie alla comunicazione di aziende illuminate (IKEA docet) e alle opportunità offerte dai voli low cost. La pubblicità può insegnarci a spendere meno e a spendere meglio: l'importante è che trovi il linguaggio giusto e che ci aiuti a superare la paura da immiserimento che ci assale. E dunque ben vengano le buone intenzioni e le piccole gocce di saggezza come quelle di chi ha deciso di riciclare i pacchi natalizi invece di buttarli via (H-57 Creative Station). O di chi ha scelto di lavorare duro anche a Ferragosto (Toyota After Sale), cioè di rimboccarsi le maniche anche nel periodo in cui gli italiani sono abituati da mezzo secolo a togliersi le maniche di dosso per mettersi in costume da bagno. L'ironia e il paradosso sono la migliore piattaforma per sostenere il peso di un avvenire carico di incertezze e di ansie. Un piccolo annuncio per la Feltrinelli esibisce un lettering fatto a mano con monetine da un centesimo. Il libro pubblicizzato è *La crisi non è finita*, traduzione italiana di *Crisis Economics. A Crash Course in the Future of Finance* di Nouriel Roubini e Stephen Mihm. "Ciò che abbiamo appena vissuto è solo un assaggio di ciò che verrà. Le crisi faranno parte del nostro futuro", sostengono gli autori. A bilanciare la iella provvede la sinossi del volume: "Solo traendo i giusti insegnamenti dalle tante esperienze di crisi possiamo fronteggiare l'endemica instabilità dei sistemi finanziari e soprattutto riuscire a immaginare un futuro più stabile per l'economia mondiale." La pubblicità avrà un ruolo nell'auspicato processo di stabilizzazione economica? Se sì, quale? Che forma di allenamento mentale, quali nuove autostrade retoriche dovremo prendere in considerazione in questi incontri ravvicinati col mondo che verrà?

L'Art Directors Club Italiano è sensibilissimo alla questione. Non si limita a distribuire premi: il compito che si è prefisso è quello di monitorare la qualità pubblicitaria e soprattutto i suoi spostamenti progressivi nel cuore della contemporaneità. Lo fa con lo spirito critico che ci vuole, cercando di individuare e selezionare – con soave ma indispensabile cattiveria – il poco "nuovo" che affiora da un oceano di fuffa. La pubblicità italiana affonda, in massima parte, nello stesso mainstream propinato dai media nazionalpopolari; in questo non è dissimile, in linea generale, dalla comunicazione che si vede altrove, ma l'Italia ha più bisogno di emancipazione che mai, e ha il dovere e il diritto di ritrovare – anche nella pop culture, advertising compresa – quella dignità culturale e civile che fa parte della sua storia e della sua migliore reputazione.

doesn't consist in the things it sees, but in the things it hides. Systematically.

If the ATM transport company "connects Milan", then the Fiat 500 designed by Diesel promotes an alternative social network to the ones we find on-line: the road, the oldest connection in the world. In an era of full-on Facebook worship we already note delusion and the yearning to rediscover the familiarity of personal contact. The campaign calls for less virtual and more supportive relationships, like those which held citizens together a long time before wealth made them more self-satisfied and less open toward others. Too bad that, ironically, the company behind the ad is the most much-maligned company of the moment, known for its anti-union and, in some respects, anti-Italian behaviour. But to discuss the gap (or the spread, as we would say today) between companies' behavior and the content of their communication would take us too far away from the subject at hand; here we'll limit ourselves to discussing advertising and design, languages and forms, without entering into the merits of corporate policies – a prickly issue that we'll willingly leave to more acute observers than ourselves.

The youngsters who created the *MakeMyDay* mag – the online magazine with spending tips which adheres to the motto "Great Life. Low budget." – tend to forecast needy scenarios but always tinged with a tad of advertising jolliness and a gust of optimism. On the other hand money saving, which was once seen as a frustrating and punishing necessity, has now risen – in some places and on certain occasions – to a really cool status, thanks to communication from enlightened companies (IKEA docet) and from the mass of opportunities offered by low cost flights. Advertising can teach us to spend less and spend better: the important thing is that it has to hit upon the right language and has to help us overcome the fear of impoverishment that assails us. So we welcome all good intentions and pearls of wisdom with open arms like, for example, projects to recycle Christmas packaging rather than throw it away (H-57 Creative Station), or the decision taken by Toyota After-Sale to stay open even in the August holiday, rolling up their sleeves even in the period in which, for over half a century, Italians have traditionally swopped sleeves for swimsuits.

Irony and paradox are the best platforms to support the weight of a future full of uncertainties and anxieties. A small ad for Feltrinelli shows lettering done by hand with one-cent coins. The book advertised is the Italian translation of *Crisis Economics. A Crash Course in The Future of Finance* by Nouriel Roubini and Stephen Mihm. "What we have just experienced is just a taste of things to come. Crises will be part of our future," say the authors. The synopsis of the book suggests balancing the bad luck: "Only by drawing the right lessons from the experiences of the many crises can we face the endemic instability of the financial systems and, above all, be able to imagine a more stable future for the world economy." Will advertising have a role to play in the desired process of economic stabilisation? If so, what role? Which type of mental training, which new rhetoric highways will we have to take into account in these close encounters with the world to come?

The Italian Art Directors Club is extremely sensitive to the issue. It does not just dispense awards: it has set itself the task of monitoring advertising quality and, above all, its advances hand-in-hand with contemporaneity. It carries out this task with the critical strength that the job necessitates, aiming to pinpoint and select – with gentle but steely determination – the few "new" things that emerge from a lot of waffle. For the most part Italian advertising sinks into the same mainstream slot as the national popular media; in this is not unlike the communication that we generally see elsewhere. But Italy has more need than ever before of emancipation and it has a duty and the right to find – even in pop culture, including advertising – the cultural and civic dignity that is part of its history and its reputation.

translated by Maggie Corcoran

71

72

Client:
Citroën
**Communication
Managers:**
Jean-Marc Savigné
Sophie Jaguelin
Agency:
Euro RSCG Milano

**Global Creative
Director:**
Gilbert Scher
**Executive Creative
Director:**
Giovanni Porro
Creative Directors:
Luca Cinquepalmi
Marco Venturelli

Art Director:
Luca Cinquepalmi
Copywriter:
Marco Venturelli
Agency Producer:
Christopher Thiéry
Account Managers:
Perrine Ripert
Eric Britton

Film Company:
Wanda
**Film Company
Producer:**
Jérôme Denis
Film Director:
Sebastian Strasser

"Non abbandonare le cose che ami". Uno strano cane formato dall'assemblaggio di vecchi oggetti gettati via dalle automobili si aggira per la città in cerca di compagnia. Il suo girovagare è accompagnato da una canzoncina infantile, *Somebody come and play* ("Qualcuno venga a giocare con me"), tratta dalla serie televisiva *Sesame Street*. Il povero cane-spazzatura trova finalmente degli amici quando viene imbarcato nell'ampio bagagliaio di una C3 Picasso. Lo spot ha vinto un Leone d'Argento per l'animazione e uno di Bronzo nella sezione Cinema e TV all'International Advertising Festival di Cannes.

"Don't leave the things you love behind." A goofy, but cute, dog - assembled out of used objects thrown out of cars - roams the streets in search of company. His wanderings are accompanied by the children's song, *Somebody come and play*, from the *Sesame Street* TV series. The poor trash-dog finally finds new owners when he jumps into the spacious boot of a C3 Picasso. The ad won a Silver Film Craft Lion for animation and a Bronze Film Lion at Cannes International Advertising Festival.

73

74

Client:
Citroën
Communication Managers:
Jean-Marc Savigné
Sophie Jaguelin
Agency:
Euro RSCG Milano

Global Creative Director:
Gilbert Scher
Executive Creative Directors:
Gilbert Scher
Giovanni Porro

Creative Directors:
Luca Cinquepalmi
Marco Venturelli
Art Directors:
Luca Cinquepalmi
Isabella Musacchia

Copywriters:
Michele Picci
Marco Venturelli
Agency Producer:
Christopher Thiéry
Account Managers:
Perrine Ripert
Eric Britton

Film Company:
Hercule, Paris
Film Director:
Laurent Rodriguez
Director of Photography:
Laurent Rodriguez

Fuori campo, la voce di un navigatore satellitare fin troppo meticoloso impartisce istruzioni al centimetro per raggiungere la destinazione finale, su un lungomare deserto dove 100 metri in più o in meno non significano nulla. Con il prezzo sempre in evidenza sui piccoli movimenti avanti e indietro della vettura, il commercial tende a esaltare il rapporto tra l'alta qualità degli optional e la convenienza.

Off-screen the voice of a GPS gives almost too meticulous instructions, down to the last centimetre, on how to get to "destination reached" on a deserted waterfront, where a few 100 metres more or less of road is hardly a problem. With the price always clearly visible on the small back and forth movements of the car, the commercial aims to highlight the high quality/low price ratio of the product.

"Don't force us to do it. Due to cuts to the publishing industry imposed by the government *il manifesto* risks death. Take out a subscription; because only thanks to you can we carry on being what we are."

Client:
il manifesto
Communication Manager:
Giuliana Palombi

Agency:
The Name
Creative Directors:
Daniele Dionisi
Alessandro Izzillo

Art Director:
Alessandro Izzillo
Copywriter:
Daniele Dionisi

Account Manager:
Luca Micheletta
Photographer:
Stefano Pedretti

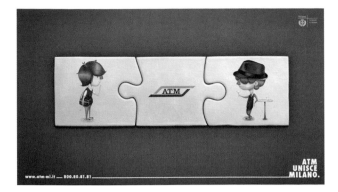
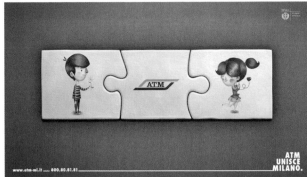

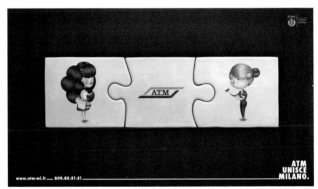

79

ATM connects Milan.

Client:
ATM Milano
Communication Managers:
Marco Ravanello
Valentina Rossi

Agency:
DDB
Executive Creative Directors:
Luca Albanese
Francesco Taddeucci

Creative Directors:
Luca Albanese
Francesco Taddeucci
Art Director:
Hugo Gallardo

Copywriter:
Elena Carella
Account Managers:
Jenny Evangelisti
Marzia Pinto
Davide Bergna

Illustrator:
Niniopiruuu
Post Production:
Artout

"Even advertising investments are decreasing. Handmade font created with one-cent coins and small pieces of paper."

Client:
Giangiacomo
Feltrinelli Editore
**Communication
Manager:**
Giulia Maldifassi

Agency:
Tita
**Executive Creative
Director:**
Giuseppe Mazza

Creative Directors:
Giuseppe Mazza
Emanuele Basso
Art Director:
Emanuele Basso

Copywriter:
Giuseppe Mazza
Account Manager:
Sonia Rocchi
Photographer:
Matteo Macchiavello

Ad agosto, a causa delle ferie estive, è molto difficile trovare aperti centri d'assistenza per la propria auto. Con la promozione Agosto Aperto, i centri After Sales Toyota rimangono aperti per tutta l'estate. Un banner, pianificato sui maggiori portali di viaggi e viabilità, ne chiude con una saracinesca l'intera homepage: "Non sai a chi rivolgerti durante le vacanze?" A destra della saracinesca compare il messaggio: "Anche d'estate, conta su di noi."

During the summer holidays in Italy it is difficult to find car assistance centres open for business. With the Open August promotion, the Toyota After Sale centres stay open all summer. A banner, placed on the main travel and road-traffic websites, closes the homepages with a lowering shutter: "You don't know where to go for car repairs during the summer holidays?" On the right of the shutter a message pops up: "Even during the Summer you can count on us."

Client:
Toyota Motor Italia
Communication Manager:
Andrea Ferrando
Agency:
Saatchi & Saatchi

Executive Creative Director:
Agostino Toscana
Creative Directors:
Agostino Toscana
Alessandro Orlandi
Manuel Musilli

Art Directors:
Massimo Guerci
David Denni
Copywriter:
Leonardo Cotti

Account Managers:
Enzo Apollonio
Mayna Frosi
Developer:
Silvia Caricati

SUPERARE
GLI STEREOTIPI
OVERCOMING
STEREOTYPES

ONLINE & DIGITAL MEDIA
Digital Integrated Campaigns, Product Website

ONLINE & DIGITAL MEDIA
Social Media

INTEGRATED MEDIA
Direct Marketing

90

Client:
Kimberly-Clark
Communication Manager:
Enrico Castellani
Agency:
RMG Connect

Executive Creative Director:
Daniela Radice
Creative Director:
Davide Boscacci
Art Director:
Giulio Nadotti

Copywriters:
Jack Blanga
Davide Boscacci
Web Designer:
Cesare Malescia
Account Manager:
Caterina Lavegas

Film Company:
Moviefarm
Film Directors:
Gaetano Vaudo
Cinzia Pedrizzetti
Content Manager:
Elisa Finocchiaro

Project Manager:
Alberto Conni
Strategic Planners:
Marco Bandini
Monica Botticelli
Developer:
Gianluca Cirone

ONLINE & DIGITAL MEDIA
Digital Integrated Campaigns, Social Media

INTEGRATED MEDIA
Social Media

Superare gli stereotipi
Overcoming stereotypes

ONLINE & DIGITAL MEDIA
Digital Integrated Campaigns, Viral and Viral Video

INTEGRATED MEDIA
Video and Viral Video

"Il primo show sulla maternità scritto dalle mamme". Campagna cross-media contro gli stereotipi pubblicitari più tenaci sulla maternità, per dare alla marca un posizionamento originale e una rapida notorietà. Mobilitate da 46 blogger, dal website della marca e da Facebook, le giovani madri italiane raccontano le gioie ma anche i disagi della loro esperienza. Le testimonianze, spesso divertenti, ispirano il Manifesto delle Mamme Imperfette e un evento teatrale messo in scena a Milano, animato da una brillante attrice e neomamma (Teresa Mannino). Filmato e suddiviso in dodici clip, lo show rimbalza sul web, totalizzando 600.000 visite in due mesi.

"The first show on motherhood written by real mums". A cross-media campaign parodying the most persistent stereotypes associated with motherhood, giving the brand unique positioning and rapid awareness. Motivated by 46 bloggers, together with the brand website and Facebook, the young Italian mothers shared their joys and despair, the ups and downs of their daily experiences. The outcome, often hilarious, was taken as inspiration for the Imperfect Mum's Manifesto and a theatrical event based on these experiences was staged in Milan; it was hosted by Teresa Mannino, a talented comedy actress and neo mum herself. Filmed and divided into 12 clips, the show was uploaded to the web, registering 600,000 visits in two months.

Client:
Coty
Communication Manager:
Valentina Biga
Agency:
JWT/Milan

Executive Creative Director:
Pietro Maestri
Creative Directors:
Bruno Bertelli
Cristiana Boccassini

Art Director:
Fabrizio Pozza
Copywriter:
Francesco Muzzopappa
Account Manager:
Sandra Dossi

Photographer:
FM Photographers
Post Production:
FM Photographers

Superare gli stereotipi
Overcoming stereotypes

Seneca
Radio 90"
Ciliegie

Voce femminile:

Quella notte me la ricordo bene.

Ho fatto la stessa strada di sempre, al buio, ma con più paura. In paese c'erano i nazisti e le storie sui rastrellamenti si moltiplicavano.

Ho tagliato per il boschetto, su per il sentiero sconnesso, e sono arrivata alla buca, un fosso sotto un roveto di more dove ogni tre giorni mi facevano trovare le munizioni fresche.

Ho raccolto tutto e sono tornata a casa.

Ho infilato la gonna, gli stivali e tutta una cintura di cuoio con sotto un intero caricatore per la mitraglietta. Poi ho preso le bombe a mano trovate nella buca. Ci ho riempito il paniere.

Le ho coperte con uno strato di ciliegie e sono partita per i monti.

Ho attraversato il paese. Arrivata al posto di blocco mi hanno fermato subito, sbarrandomi la strada col mitra.

Ma io sono stata calma, pronta. Ho preso un po' di ciliegie e le ho offerte ai tedeschi.

Mi hanno guardato storto per una lunga manciata di secondi, finché non hanno afferrato le ciliegie e mi hanno detto *danke*.

Io ho sorriso e ho detto *bitte*.

Mi hanno riaperto la strada e sono ripartita per i monti, a testa alta, fiera, con sette chili di bombe a mano dentro al cesto.

Speaker:

Per aiutare una persona anziana basta fare quello che hai appena fatto: ascoltarla. Diventa volontario Seneca, da dodici anni accanto agli anziani soli. Bastano due ore a settimana.

associazioneseneca.org

Client:
Seneca
Communication Manager:
Roberta Garbagnati

Agency:
JWT/Rome
Executive Creative Director:
Pietro Maestri

Creative Director:
Bruno Bertelli
Copywriter:
Francesco Muzzopappa

Account Manager:
Enrico Giraudi
Agency Producer:
Isabella Guazzone

Production Company:
Moviefarm
Company Producer:
José Bagnarelli

Seneca
Radio 90"
Cherries

Elderly female voice:
I remember that night well.
I took the same road as always, in the dark, but I was more afraid that time. There were Nazis in the village and more and more stories about the raids were going around.
I cut through the thicket, up the rough path, till I got to the hollow, a ditch under a blackberry bush where they left fresh supplies for me every three days.
I picked everything up and I went home.
I put on my skirt, my boots and a wide leather belt with a full cartridge magazine for the submachine gun. Then I took the hand grenades I'd found in the hollow and put them in the basket.
I covered everything with a layer of cherries and left for the mountains.
I cut through the village. When I arrived at the checkpoint they immediately stopped me, barring my way with a gun.
But I was calm, determined. I picked up a few cherries and offered them to the Germans.
They looked at me strangely for a few long seconds, then grabbed the cherries and said *danke*.
I smiled and said *bitte*.
They unblocked the road and I carried on for the mountains, holding my head high, proud of myself, with seven kilos of hand grenades in my basket.

Speaker:
To help an elderly person just do what you've been doing now: listen. Become a listening volunteer for Seneca.
We have been aiding the elderly living alone for over 12 years. It only takes two hours a week.
associazioneseneca.org

95

VALORI
ITALIANI
ITALIAN
VALUES

Pubblicità per noi stessi

di Marco Carnevale

Cominciamo da una banalità.

Lo spread fra come siamo e come vorremmo – e forse potremmo – essere e *sentirci* noi italiani ha raramente sfiorato i livelli record di questi ultimi anni. Alle nostre spalle c'è un ventennio che ha precipitato l'intero paese e la sua fragile autocoscienza nel cassonetto indifferenziato di un amoralismo senza quartiere – nonché senza pudore e senza qualità – che ha avuto agio di dilagare travolgendo pressoché ogni cosa, anche grazie a una resistenza tanto invocata e sbandierata quanto troppo spesso e troppo a lungo ridotta all'esercizio di un subalterno piagnisteo, più capace di produrre germi di inerte moralismo che anticorpi di nuova moralità; e perciò del tutto incapace di riaggregare davvero le energie disperse e sedimentarle in forma di una alternativa valoriale credibile, attraente e mobilitante.

I tratti salienti della subcultura che ha spadroneggiato per vent'anni sulla scena italiana – esportandone ahinoi alquanto clamorosamente a livello globale l'immagine circense, cialtrona e grottesca che sappiamo – hanno coinciso con le due categorie fondanti del berlusconismo: quella del *brutto* (brutte storie, brutti pensieri, brutte maniere, brutti ceffi, brutte parole, brutte messe in scena, brutte location, brutte canzoni, brutte barzellette, brutte figure) e quella del *falso* (falsa coscienza, falsa rispettabilità, falsa bonarietà, false capigliature, false poppe, false parentele, falsi in bilancio, false fatture, falsa TV-verità, falso revisionismo storico eccetera). La colpa del cedimento strutturale della nazione è stata attribuita via via alla cattiva politica, alla cattiva gestione economica, alla cattiva amministrazione, alla cattiva opposizione, al cattivo giornalismo, ai cattivi esempi dispensati a iosa dalle tante caste di privilegiati, ai cattivissimi animal spirits liberati dal nostro peculiare pseudo-liberismo in salsa para-criminale e così via.

Ma c'entra anche – eccome – la cattiva comunicazione. Già, perché la cattiva comunicazione ha assecondato e alimentato quella grettezza, chiusura in sé stessi e nei propri pregiudizi, apatia, diffidenza, tendenza all'isolamento e alla regressione che hanno costantemente ossigenato le contorsioni dell'Italia nemica di sé; almeno nella stessa misura in cui la buona comunicazione avrebbe potuto attivare invece quella curiosità, apertura mentale, reattività, integrazione, partecipazione, disponibilità al cambiamento che avrebbero potuto almeno arginare la deriva del Paese.

Questo discorso vale anche per la nostra pubblicità; e anche per la pubblicità che non gode della qualificazione di "sociale", quella prosaicamente ed esplicitamente commerciale. Anzi, proprio lo spettacolo di degrado contenutistico e sciatteria formale offerto dai nostri spazi commerciali (compresi quelli meno convenzionali) rende oggi più lecito che mai affermare che *tutta la pubblicità è pubblicità sociale*. Perché impatta sull'immaginario e sul sentire comune del Paese, interferisce con i suoi linguaggi e i suoi codici simbolici, ne modifica il panorama urbano e ne influenza la percezione di sé.

Senza contare il fatto che promuovendo l'adozione di certi prodotti o comportamenti a scapito di altri, la stessa pubblicità contribuisce non solo a riconfigurare lo scenario dell'azione economica ma anche a plasmare e a trasformare incessantemente le stesse modalità di svolgimento, fruizione, interpretazione e soprattutto *valorizzazione* di parecchie di quelle centinaia di azioni ciascuna in sé di piccola o media rilevanza che messe insieme fanno la nostra vita quotidiana, individuale e collettiva.

In questo senso alcuni dei lavori selezionati in questo annual valgono più di altri, magari più radicali nell'approccio o più sperimentali nel crafting: perché cercando il link decisivo per ogni buona pubblicità – quello fra ciò che l'oggetto della comunicazione offre o si candida a rappresentare e qualcosa che *prescinde da esso*; qualcosa di immateriale, profondo, significativo e comune a molti che scalpita o sonnecchia nelle pieghe della vita e della sensibilità contemporanee – lo trovano sul terreno dei valori sostanziali, dove i tanti italiani diversi possono riconoscersi come comunità senza necessariamente omologarsi come individui, e dove il bello e il vero possono finalmente prendersi la rivincita sul brutto e l'inautentico.

Perciò, non è forse sorprendente che questi lavori ab-

Advertising for ourselves

by Marco Carnevale

Let's start with a banality.

Rarely has the "spread" between how we are and how we would like to – and perhaps could – be and *feel* as Italians hit the record highs of recent years. Looking back over the past twenty years shows us how an entire country with its fragile self-awareness has been plunged into the non-recyclable trashcan of a boundless – not to mention shameless and quality-less – immorality that has been left to overflow freely and contaminate pretty much everything. Also thanks to a resistance that is as much invoked and flag-flying as it is too often and too long reduced to the act of a sniveling peon, better at producing germs in inert morality rather than antibodies of new morality. And, therefore, totally incapable of truly regrouping lost reserves of energy and channelling them into another kind of credible, attractive and rallying alternative value.

The key traits of a subculture that has dominated the Italian scenario for twenty years – alas for us, only too clamorously exporting the shabby, grotesque and circus-like image we know all too well to every corner of the planet – have coincided with the two founding categories of "Berlusconi-ism". That of the *ugly* (ugly stories, ugly thoughts, ugly manners, ugly faces, ugly words, ugly scenes, ugly locations, ugly songs, ugly jokes, ugly impressions) and that of the *false* (false conscience, false respectability, false bonhomie, false hair, false boobs, false family relations, false financial statements, false invoices, false reality TV, and false historical revisionism, ad infinitum).

The blame for this structural breakdown of the nation has been gradually attributed to bad politics, bad economic management, bad administration, bad opposition, bad journalism, to the bad examples galore flaunted by the privileged castes and to the evil animal spirits unleashed by our peculiar pseudo-liberalism garnished with quasi-criminality and so on.

But it is also the fault, and very much so, of bad communication.

Yes indeed, because bad communication has humoured and fuelled that petty narrow-mindedness and its personal prejudices, that apathy, diffidence and tendency to isolation and regression that has insidiously animated the contortions of an Italy that is its own worst enemy. At least as much as what good communication could have achieved by sparking, instead, that curiosity and open-mindedness, reactivity, integration, participation and desire for change that could have gone some way to shoring up the banks of a country adrift.

This argument is true also of Italian advertising. Including advertising that does not qualify as "social", that is prosaically and explicitly commercial. Indeed, it is precisely the spectacle of degraded content and formal sloppiness dished up by our commercial spaces (even the less conventional) that makes it justifiable now more than ever to say that *all advertising is social advertising*. Because it impacts on the collective imagery and on the general mood of the country, interfering with its languages and symbolic codes, altering the urban landscape and influencing our self-perception.

Without factoring in that by promoting the adoption of certain products or behaviours at the cost of others, advertising itself plays a role not only in reshaping the economic scene of action but also in shaping and continually transforming the same ways of doing, using, interpreting and, above all, *enhancing* many of those hundreds of actions – each in itself of small or medium relevance – that together form our individual and collective daily life.

In that sense, some of the works selected in this annual are worth more than others, possibly more radical in approach or more experimental in the crafting, because looking for the decisive link of each good advertisement – that between what the object of the communication offers or seeks to represent and something that is *distinct from this*; something intangible, profound, significant and common to many, which rustles or drowses in the folds of life and contemporary sensibilities – and finding it in the land of core values, where the many diverse Italians can recognise themselves as a commu-

biano come oggetto di speculazione creativa il food, il design, lo stile di vita italiano o la parte migliore e più vitale della nostra memoria identitaria; ma è giusto, oltre che inevitabile, che sia così.

Su questo terreno davvero "todo cambia" (come va ripetendo da qualche tempo con maliziosa levità Carlo Freccero, direttore di RAI 4 e ultimo Grande Vecchio della nostra TV); ed è qui che la rotta del *Titanic* magari, chissà, s'inverte e lascia l'iceberg a bocca asciutta.

Perciò è davvero una buona notizia, quella che ci portano questi lavori.

Quelli per Manaresi, Lavazza, Fratelli Rossi e Cassina testimoniano di una eccellenza possibile e praticabile anche nei tempi bui, rendendola visibile e condivisibile in forme già all'altezza di congiunture meno convulse e più concilianti di questa che abbiamo sotto gli occhi e sulle spalle.

Lo fanno con vestizioni, meccanismi e richiami anch'essi eccellenti, e soprattutto privi di compiacimenti retorici o manierismi consolatori.

Insomma, ci raccontano la nostra storia nello stesso momento in cui la spingono un po' più avanti, in direzione dell'uscita di sicurezza.

E poi c'è quel muro. Una lastra d'acciaio dedicata ai garibaldini partiti un secolo e mezzo fa da Quarto per una destinazione ancora non riportata dalle mappe: Italia, la penisola che non c'era.

Il Memoriale di Quarto è stato ideato e realizzato nello stesso arco di tempo in cui milioni di italiani hanno largamente e trasversalmente colto il pretesto celebrativo del 150° dell'Unità d'Italia per esporre la bandiera italiana al balcone e rivendicarla come *propria*; sperabilmente in sostituzione del cencio bianco con su scritto "Tengo famiglia" perfidamente suggeritogli a suo tempo – e non senza ragione, fin qui – dallo scrittore Leo Longanesi.

L'hanno fatto anche parecchi italiani che non avevano mai aderito prima ai mantra nazionalistici che sono variamente rimbalzati da un capo all'altro dello stivale, quasi sempre caratterizzati da un inconfondibile retrogusto postfascista. L'hanno fatto anche tanti ex e postsessantottini, reduci del movimento del '77, femministe, obiettori di coscienza e perfino moltissimi di quegli stessi cattolici ai quali la breccia di Porta Pia ha sottratto i vasti domini temporali della chiesa, relegando lo Stato del Papa Re in un angusto ritaglio di Borgo Pio.

Forse si è trattato soprattutto di uno scatto di orgoglio, simile a quello dell'immigrato toscano che nel film *Good morning Babilonia* di Paolo e Vittorio Taviani rispondeva a chi lo sbertucciava in quanto italiano: «Noi siamo i figli dei figli dei figli di Michelangelo e Leonardo: di chi sei figlio tu?».

Una reazione comprensibile, ma anche pericolosamente adagiata sul convincimento che una semplice rendita di posizione – quella derivante dall'essere eredi naturali di quel momento magico dell'arte e della cultura che fu il Rinascimento – possa da sola annullare la disperante mediocrità dell'agire concreto di ieri, di oggi, di domani.

Anche se così fosse, a tutti costoro (e anche a tutti noi) il Memoriale di Quarto, fisicamente intessuto di nomi e cognomi – quelli dei volontari che letteralmente diedero corpo all'impresa dei Mille – offre la salvifica compensazione di un soprassalto di consapevolezza riguardante la più grave delle patologie che hanno afflitto la nostra storia comune: l'egemonia della zona grigia, degli indifferenti, degli attendisti, degli imboscati.

Ci ricorda che quei 1089 italiani furono incredibilmente *pochi* rispetto agli oltre ventidue milioni di abitanti dell'Italia di allora; come lo furono del resto i poco più di 250.000 su quarantadue milioni che si opposero in prima persona al fascismo.

Ma ci dice anche che quei pochi contarono più dei molti rimasti alla finestra, visto ciò che furono capaci di innescare.

E attraverso quelle lunghe file di nomi in rilievo incide su un fianco d'Italia una smentita che vale per la nazione tutta intera: non è vero che "la storia siamo noi", quel *noi* indistinto e ingannevole composto in maggioranza da chi la storia si limita a scansarla o a subirla, come succede nella pur commovente canzone di Francesco De Gregori.

Macché: la storia sono loro, quei pochi o quei molti che la fanno accadere e che prendono su di sé la responsabilità di impugnarne il timone.

nity without necessarily standardising their individuality, and where beauty and truth can finally avenge the ugly and spurious.

So is it not surprising perhaps that the object of speculative creation of these works is food, design, the Italian style of life or the best and most vital part of our identifying memory. But it is right and inevitable that it is so. In such a landscape truly "todo cambia" ("everything changes", as Carlo Freccero, the head of RAI 4 and the last "Golden Oldie" of Italian TV, has been saying with a mischievous glint in his eyes for some time now). And who knows, maybe it is at this point that the *Titanic* does an about turn to leave the iceberg empty-handed. And so these works bring good news indeed.

Those for Manaresi, Lavazza, Fratelli Rossi and Cassina attest to an excellence that is both possible and practicable even in the darkest of times, making it visible and shareable in forms already worthy of less convulsive and more accommodating economic cycles than the one we have before our eyes and on our backs.

They do it with equally excellent clothing, mechanisms and references that, above all, are free of rhetorical smugness or consolatory mannerisms.

In a nutshell, they tell us our story in the same instant in which they push it a little further ahead, in the direction of the emergency exit.

And then there is that wall. A steel slab dedicated to the Garibaldi volunteers who departed a century ago from Quarto for a destination not yet marked on any map: Italy, the peninsula that never was.

The Quarto dei Mille Memorial was created and erected in the same arc of time in which millions of Italians widely and transversally used the 150th anniversary celebration of Italian Unification as a pretext to fly the Italian flag from their balconies, to truly claim the Tricolour as their *own*. Hopefully in place of the white rag daubed with "Tengo famiglia" (I have a family to keep), as suggested by the writer Leo Longanesi in his day and, to date, not without good reason.

An invitation to a flag-hoisting fest accepted and enjoyed by many Italians; Italians who, in the past, shunned the nationalistic mantras that variously bounced from one end of the Italian boot to the other, when most of them left an unmistakable post-Fascist aftertaste.

As well as many former and post-Sixty-Eighters, the survivors of the 1977 movement, feminists, conscientious objectors and even great numbers of those same Catholics from whose Church the breach of Porta Pia

took away vast temporal dominions, relegating the State of the Pope-King to a scrap of Borgo Pio.

Probably it was a flash of pride for the most part, like the Tuscan immigrant in Paolo and Vittorio Taviani's film *Good morning Babilonia* who responded to those who belittled him for being Italian: "We are the sons of the sons of the sons of Michelangelo and Leonardo, whose son are you?".

An understandable reaction but also dangerously propped up by the conviction that a simple annuity of position – that deriving from being the natural heirs of that magic moment of art and culture that was the Renaissance – can by itself wipe out the despairing mediocrity of the concrete action of yesterday, today and tomorrow.

And even if this was the case, the Quarto Memorial, boldly block-etched with the names and last names – those of the volunteers that literally gave body to the expedition of the Mille ("the thousand") – offers all of them (and all of us too) the saving grace of being struck by the realisation that the gravest sickness to afflict our common history is the hegemony of the grey zone, that domain of the indifferent, the fence-sitters and the shirkers.

It reminds us just how incredibly *few* those 1089 Italians were compared with the more than 22 million inhabitants of Italy at the time. Just like the little over 250,000 out of 42 million who openly spoke out against Fascism. Moreover it tells us that those few, seeing what they were able to unleash, counted for far more than those who sat on the fence.

And through those long lists of names in block relief is etched a denial on one of Italy's flanks that applies to the entire nation: no, it is not true that "history is us", that indistinct and misleading *us* made up mainly of those who limit themselves to eluding or succumbing to history, like in Francesco De Gregori's emotionally wrenching song.

No, of course not. History is them, those few or those many that make it happen, those who shoulder the responsibility and grab the helm.

translated by Susan Wallwork

Client:
The Presidency of the
Council of Ministers
**Communication
Manager:**
Paolo Peluffo

Agency:
Marimo
**Executive Creative
Directors:**
Paola Manfroni
Assunta Squitieri

Creative Directors:
Paola Manfroni
Assunta Squitieri
Graphic Designers:
Giampiero Quaini
Stefanie Laib

Agency Producer:
Fabrizio Guadagnoli
Account Manager:
Manuela Morpurgo

Architects:
Annalaura Spalla
Francesca Pierdominici
Luca Ricci

Per il 150° anniversario dell'Unità d'Italia, nasce a Quarto – luogo da cui partirono i Mille – un memoriale che perpetua il ricordo dei nomi degli eroi, com'era nel desiderio di Garibaldi. 1089 nomi incisi su una lastra d'acciaio di 35 metri, una texture materica da cui affiora – grazie a un gioco di pieni e vuoti – l'iscrizione di dimensioni monumentali, "I MILLE - 5 maggio 1860".

To mark the 150th anniversary of the Unification of Italy a memorial has been erected in Quarto, Liguria. In 1860, the Expedition of the Thousand (Garibaldi's military operation which led to the annexation of Sicily) set out from Quarto; this memorial intends to perpetuate the memory of these heroes, as Garibaldi himself wished. 1,089 names have been engraved on a 35 metre-long steel slab to create a tactile textured surface which – thanks to the play of solid and empty spaces – spells out the words "I MILLE - 5 maggio 1860" written in monumental proportions.

110

Client:
Manaresi
Communication Manager:
Donatella Agostoni

Agency:
Trelink
Executive Creative Director:
Manuel Dall'Olio

Creative Director:
Mirit Wissotzky
Art Director:
Mirit Wissotzky
Copywriter:
Mirit Wissotzky

Graphic Designer:
Mirit Wissotzky
Account Manager:
Manuel Dall'Olio
Photographer:
Gianluca Simoni

Le etichette sono dedicate a Paolo Manaresi, famoso pittore e incisore bolognese, nonno della attuale proprietara della cantina. I classici fronte-retro sono finalmente uniti in una sola etichetta che avvolge la bottiglia: tutti i commensali al tavolo possono quindi vederne il lato "giusto". L'etichetta forata diventa una cornice che inquadra il vino, inteso come opera d'arte.

The labels are dedicated to Paolo Manaresi, a famous painter and engraver from Bologna who was the current winery owner's grandfather. The classic front and back labels are joined in a single piece, wrapping around the bottle so that everyone sitting around the table can admire the "right" side. A window cut in the label frames the wine inside the bottle, viewed as a work of art.

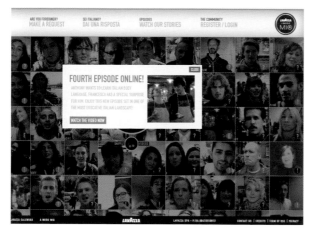

Client:
Lavazza
Communication Manager:
Maddalena Lembo
Agency:
Bright.ly

Executive Creative Director:
Marco Gianstefani
Creative Directors:
Marco Gianstefani
Miriam Bianchi
Agnese Ruta

Art Director:
Enrico Massone
Copywriter:
Valentina Petrosino
Account Manager:
Flavio Rossi
Illustrator:
Elisa Santoro

Film Company:
Bright.ly
Film Director:
Massimo Garavini
Technical Director:
Luca Bilotta
Content Manager:
Roberto Dalsant

Project Manager:
Manuela Gabbari
Music Composer:
Emilio Albertoni

"The Real Italian Espresso Experience" mira ad aggregare una community mondiale interessata alla cultura italiana. Un luogo dove utenti stranieri possono chiedere aiuto a tutor italiani per comprendere meglio il paese e i suoi valori. Street casting, eventi e un docu-reality per raccontare – dal cibo all'amore – lo stile di vita degli italiani.

"The Real Italian Espresso Experience" is a web idea designed to create a global community interested in Italian culture. A place where foreign users can be helped by Italian "tutors" for a better understanding of the country and its values. Based on a number of street-casting videos, the platform provides insider knowledge of the Italian lifestyle, from food to love.

Four images from the Cassina campaign entitled "Design first."

Client:
Cassina
Communication Managers:
Gianluca Armento
Valentina Amato
Agency:
Euro RSCG Milano

Executive Creative Director:
Giovanni Porro
Creative Director:
Giovanni Porro
Art Director:
Roberta Belloni

Copywriters:
Michele Picci
Marco Venturelli
Account Manager:
Nicoletta Reina
Post production:
Francesco Bertola

Photographer:
Maurizio Cigognetti
Set Designer:
Davide Cardillo

Come sovvertire le regole della tradizione senza tradirne lo spirito. Insolita la forma della bottiglia, moderno l'uso del lettering: eppure si capisce a colpo d'occhio che siamo nell'ambito degli oli italiani di qualità.

How to subvert the rules of tradition without betraying its spirit. Unusual the shape of the bottle, modern the use of lettering: yet we appreciate at a glance the trustworthy domain of high-quality Italian olive oils.

Client:
Azienda Agricola
F.lli Rossi
Agency:
Emmecidue

Copywriter:
Alessia Battisti
Graphic Designer:
Claudia Filograsso

Account Manager:
Nicola Albano

ARTE & MARKETING: LA STRANA COPPIA

ART & MARKETING: THE ODD COUPLE

Art selling

Pietro Gagliardi intervistato da Pasquale Barbella

Co-fondatore delle agenzie CGSS e BGS, Pietro Gagliardi ha smesso di occuparsi di pubblicità nel 2003 per aprire a Torino una galleria d'arte contemporanea, GAS (Gagliardi Art System). Sulle relazioni fra arte e comunicazione gli abbiamo rivolto qualche domanda.

PB - Mentre comincia la nostra conversazione, mi informano che a Milano rischia di saltare un'intera stagione di concerti di musica sinfonica e da camera per insufficienza di abbonamenti venduti. Mi domando se la crisi della cultura, in Italia, vada di pari passo con la crisi economica e i tagli ministeriali o se, tra le cause, dobbiamo iscrivere anche un diffuso disinteresse da parte dei cittadini.

PG - Il problema non è nuovo. In questi anni, tuttavia, abbiamo subìto un imbarbarimento senza precedenti, dovuto all'onnipresenza politica sui canali televisivi e al cinismo con cui i politici, dall'avvento di Forza Italia in poi (un partito nato proprio dalla TV e con la TV), hanno sfruttato questa opportunità. L'ingerenza dei politici nelle reti ne ha influenzato pesantemente i palinsesti, modellati in spregio all'intelligenza e alla cultura. Se cade lo stile del linguaggio, se vengono calpestati i principii etici e le regole di convivenza civile, se i ragazzi pensano ai "reality" più che alla realtà e i genitori di ragazze laureate in cerca di impiego invidiano i padri delle "olgettine", si ottiene un deficit del QI nazionale molto comodo a una classe di governanti senza scrupoli; e la cultura è tra i primi valori a farne le spese. Chi mai potrebbe commuoversi oggi, se non gli addetti e gli appassionati più tenaci, per la sottrazione di fondi alla cultura?

PB – Forbici per tagliare le gambe alla cultura e machete per tagliare la cultura *tout court*.

PG – Le attività culturali non si sono quasi mai sostenute con il solo contributo di abbonamenti o biglietti venduti. Rimuovere la cultura dall'elenco delle priorità politiche e negarle il sostegno economico è quindi la causa principale della catastrofe. Persino una città come Torino, nonostante i suoi sforzi e i suoi virtuosi progetti di riscatto dalla crisi industriale, è stata investita dalla barbarie. Per anni, la cultura è stata il perno delle sue strategie di sviluppo: non c'era altra strada dopo i pesanti ridimensionamenti della presenza Fiat (dalle 120.000 maestranze del 1961 si è passati progressivamente a meno di 10.000 unità). La prospettiva culturale poteva ridefinire e riossigenare un ambiente che andava perdendo il suo baricentro vitale. Si diceva che ogni euro investito in attività culturali avrebbe reso un *income* dieci volte superiore. La politica nazionale ha provveduto, con la sua volgarità e le sue sforbiciate, a deprimere tale visione. A pagare il prezzo più salato di questa miopia saranno i giovani, cioè la speranza più vera – e più trascurata – di cui disponiamo. Sono loro la nostra opportunità di crescita e di futuro. Ma la crescita diventa una chimera senza adeguati investimenti nell'istruzione, nella ricerca e nella cultura in generale.

PB - Che ruolo gioca la comunicazione in tutto questo?

PG – Un ruolo cruciale. Nel male e nel bene. Del male abbiamo appena detto: è stata la cattiva comunicazione, politica e televisiva, a ridurci così. Gli italiani sono stati diseducati in modo sistematico. Sono stati indotti a ignorare, o a sottovalutare, il fatto che la vera miniera del proprio paese è il suo patrimonio artistico, archeologico, architettonico. La cultura è il nostro petrolio. Ma lo lasciamo giacere dove giace, abbagliati da priorità imposte dalla finanza "liberista" internazionale nonostante l'epocale fallimento del suo modello economico. Subiamo passivamente questa crisi, annichiliti, senza la voglia o la capacità di immaginare alternative.

PB – E il bene dov'è?

PG - Naturalmente il mestiere di pubblicitario, che ho svolto fino al 2003, mi fa credere che una buona comunicazione possa favorire una maggiore sensibilizzazione alla cultura. Ma sto parlando di una comunicazione che, specularmente a quanto avvenuto attraverso l'uso di quella cattiva, dovrebbe utilizzare – per esprimersi al meglio – modalità e aree più autorevoli e persuasive della classica pubblicità commerciale. Faccio un esempio: Mario Monti (il nuovo presidente del Consiglio intervenuto a sedare le risse nella babele politica italiana

From hard sell to art sell

Pasquale Barbella chats to Pietro Gagliardi

Pietro Gagliardi, co-founder of the CGSS and BGS agencies, left the advertising arena in 2003 to open GAS (Gagliardi Art System), a contemporary art gallery in Turin. Pasquale Barbella chats to him about the link between art and advertising.

PB – Oh boy, we've only just started our conversation and I get news that an entire season of symphony and chamber music concerts risks being cancelled in Milan due to the lack of ticket subscription sales. I wonder if that means Italy's culture crisis is marching in step with the financial crisis and government cutbacks or, instead, if it is down to a widespread lack of citizen interest, among other things.

PG – This problem is nothing new. Nevertheless, in recent years we've suffered an unprecedented wave of barbarianism, a gift of the ubiquitous political presence on television and the cynical way, since the advent of Forza Italia (a party born from TV and with TV), the politicians have exploited this opportunity. The politicians' interference with the broadcasting networks has strongly influenced programme content, now modelled on contempt for intelligence and culture. If language loses its style, if ethical principles and the rules of civil society are trampled on, if the kids think more about the "reality" shows than real life itself, and the parents of job-seeking graduates envy the fathers of the "Olgettina babes" (*editor's note*: the girls of Rubygate fame, so called after the name of the street on which they lived), the result is a deficit in the national IQ that the unscrupulous ruling class finds very convenient indeed.

And culture is one of the first values to pay the price. Who, nowadays, apart from the people who work in culture and its most tenacious enthusiasts, would ever get excited about funding cutbacks in culture?

PB – Scissors to cut off the legs of culture and a machete to cut down culture completely.

PG – Cultural initiatives are almost never funded solely by seasonal subscriptions or ticket sales. Crossing culture off the list of political priorities and denying financial support is thus the main cause of the catastrophe.

Even a city like Turin, despite the efforts and the virtuous projects launched to save it from the industrial crisis, has been literally invested by barbaric deeds. Culture was the key driver of the city's growth strategies for years, there was no alternative after the crippling downsizing of Fiat (a slow decline from 120,000 workers in 1961 to the less than 10,000 at present). Cultural enterprise could have redefined and breathed life into a place that was losing its vital centre of gravity. They said that every euro invested in cultural initiatives would have generated an income ten times higher, a vision that has been darkly overshadowed by the nation's political stance with its vulgarity and cutbacks. Such short-sightedness will weigh heavily on the truest yet most neglected hope we have, the younger generations, who will pay the highest price. The kids are our growth opportunity and our future. But growth becomes a pipedream when inadequate investments are made in education, research and culture generally.

PB – What role does advertising play in all this?

PG – A crucial role, good and bad. In terms of bad, as we said a moment ago, bad communication, political and televised, can be blamed for reducing us to our current state. Italians have been miseducated, systematically. They have been gulled into ignoring, or underestimating, the fact that Italy's real buried treasure is its artistic, archaeological and architectural heritage. Culture is our crude oil but we leave it where it lies, blinded as we are by the headlights of the priorities imposed by international "liberalist" finance, despite the epic collapse of its economic model. We suffer this crisis submissively, crushed, without the will or the power to imagine alternatives.

PB – And where is the good?

PG – Naturally, my advertising experience leads me to believe that good communication can increase cultural awareness and sensibility. But in this case I think we need more authoritative and persuasive methods than classic advertising; one should use the same tactics and the same strength as bad propaganda to push good values and make a change. For example, despite shouldering

degli ultimi tre anni di berlusconismo), pur dovendosi far carico della soluzione di immani problemi economici e di tagli alle attività culturali, fornisce comunque un modello di educazione e di civismo che temevamo di aver perduto per sempre. Il suo linguaggio è più colto, più cauto, più etico di quello del suo predecessore e della sua compagine. La sua è una comunicazione pacata, immune da tentazioni populiste. Taglierà risorse anche lui, ma senza fomentare l'avversione popolare al libro, al teatro, al museo, ai quali – anzi – dedica le poche ore libere che ha. Un atteggiamento, questo, che non legittima più gli amministratori pubblici a far scivolare gli investimenti in cultura sempre in coda alla lista dei *must*. Almeno così spero. E spero anche di non dovermi ricredere, quando questa conversazione sarà stampata nero su bianco.

PB – Comunicare la cultura – mostre, musei, festival, concerti, cinema, teatro e altri modi d'impiegare il tempo libero – è come comunicare al quadrato, perché ciò che viene pubblicizzato è a sua volta comunicazione. È qualcosa che ci riporta alle origini più nobili della pubblicità moderna, quando artisti come Toulouse-Lautrec disegnavano manifesti per il Moulin Rouge e le Officine Grafiche Ricordi sfornavano *affiche* d'autore per la *Tosca* e la *Madama Butterfly*. La tradizione si è spenta, o ha preso altre strade? C'è ancora una relazione estetica fra il prodotto artistico e la sua promozione?

PG – A quei tempi i produttori di immagini erano gli artisti. Artisti che raramente posavano – o esternavano – uno sguardo critico su quanto gli avveniva intorno. Nella forma la loro arte era, come la committenza, borghese se non aristocratica; e potevano, senza turbe e senza vergognarsi di ricorrere alla retorica, enfatizzare il prodotto o lo spettacolo di turno. Anche per questo i loro lavori raggiungevano il cuore della gente ed eccitavano la fantasia.

Nel secolo scorso, dopo la prima guerra mondiale e soprattutto dopo la seconda, gli artisti hanno avuto un occhio più critico sulla società e i loro strumenti espressivi si sono allontanati dall'estetica iconica di cui si nutre la moderna pubblicità. Astrattismo, minimalismo, arte povera hanno ben poco a che fare con la réclame. Un po' per la crisi esistenziale degli artisti e un po' perché era segno dei tempi, siamo emersi e subentrati noi pubblicitari: non sempre attrezzati, in verità, a comunicare altre forme di espressione culturale. Ho l'impressione che una relazione estetica fra il prodotto artistico e la sua promozione si possa percepire forse solo nel cine-

ma e nella musica, settori le cui modalità di produzione, marketing e distribuzione sono più vicine alla sensibilità del pubblicitario medio. "Comunicare al quadrato", come dici tu, sembra essere difficile sugli altri media. Anche perché per anni i pubblicitari italiani hanno considerato poco appagante il cosiddetto "below the line", privilegiando i mass media e soprattutto la televisione; mentre io credo che i prodotti culturali, essendo spesso sostenuti da budget modesti, abbiano bisogno di molta creatività investita sui media alternativi. Non è trascurabile poi il fatto che registi, attori, musicisti, scrittori tendano a confondere il proprio ruolo di operatori culturali con quello di comunicatori, sovrastando con presunte competenze specifiche gli inermi pubblicitari. Ricordo, ad esempio, di essermi trovato in alcune occasioni in grande difficoltà con Aldo Trionfo (regista teatrale) e con Michelangelo Pistoletto (artista, promotore e sostenitore della Città delle Idee a Biella). Incapaci di ascolto com'erano, non potevi far altro che dargli ragione, anche se vedevi il precipizio verso cui correvano.

PB – In *Zone*, poesia d'apertura della raccolta *Alcools* (1913), Apollinaire loda l'insolita bellezza della pubblicità e dei media: «Tu lis les prospectus les catalogues les affiches qui chantent tout haut / Voilà la poésie ce matin et pour la prose il y a les journaux». Entusiasmo condiviso da Umberto Boccioni, in *Pittura Scultura Futuriste (Dinamismo plastico)*: «Le affiches gialle, rosse, verdi, le grandi lettere nere, bianche e bleu, le insegne sfacciate e grottesche dei negozi, dei bazar, delle LIQUIDAZIONI». E Depero: «L'arte dell'avvenire sarà potentemente pubblicitaria», in nome della velocità, della simultaneità e del culto del moderno. Ma, futuristi a parte, pensi che la pubblicità abbia influenzato artisti e movimenti successivi? Chi, quando, come, perché?

PG – Il futurismo è stato l'ultimo movimento a celebrare senza pudore, attraverso la fissazione iconica, il mondo circostante, facendone pubblicità. In seguito gli artisti, come già accennato, hanno scelto di essere iconoclasti e critici verso la società e le sue espressioni. Eccezion fatta per Andy Warhol e Roy Lichtenstein (e non per tutta la loro produzione), gli entusiasmi di Boccioni o la visione di Depero non han trovato seguaci. Anche se fortemente influenzati dalla pubblicità, sono rari gli artisti che celebrano la velocità, la simultaneità, il culto del moderno: non David Hockney né Ed Ruscha, che velano i loro paesaggi di critica nostalgia; non John Chamberlain, che mostra al mondo l'impossibilità di liberarsi di quanto produce; non Burri, che sutura le sue ferite con

the responsibility for resolving the country's dreadful economic problems and the cultural cutbacks, Mario Monti (the new Prime Minister brought in to quash the babel of political wrangling that blighted Italy during the last three years of Berlusconi-ism) gives us a role model of education and civility that we feared had been lost forever. Mr Monti's language is more cultured, more cautious, and more ethical than that of his predecessor and cronies; he communicates more calmly and is immune to populist temptations. He will slash resources too, but without fomenting popular aversion to the book, the theatre or the museum to which, on the other hand, he dedicates the few spare hours he has. This behaviour no longer allows the public administrators to let cultural investments slide to the bottom of the must-have list. At least I hope it won't. And I hope, too, that I don't find myself changing my mind by the time I see this conversation in print.

PB – Promoting culture – exhibitions, museums, festivals, concerts, cinema, theatre and other ways of spending your free time – is a sort of dual communication because what is publicised is in turn communication. It is something that takes us back to the noblest origins of modern publicity, when artists such as Toulouse-Lautrec designed posters for Moulin Rouge and the Officine Grafiche Ricordi rolled out art posters for *Tosca* and *Madame Butterfly*. Has the tradition died out or has it taken other paths? Is there still an aesthetic rapport between the artistic product and its promotion?

PG – In those days the image producers were artists. Artists who very rarely cast a critical eye or opined on what was happening around them. In form their art was like a commission, it was bourgeois if not aristocratic, and they could, without fuss and without shame, use rhetoric and emphasise the product or the show of the moment. This was also why their works touched people's hearts and sparked the imagination.

Last century, after WWI and especially WWII, artists looked more critically at society and used their expressive tools to put distance between the iconic beauty on which modern advertising feeds. Abstractionism, minimalism and *arte povera* have little to do with advertising. That was due in part to the existential crisis of the artists and in part to the fact that it was a sign of the times, then the advertising community emerged and took over, although, in truth it was not always equipped to promote other forms of cultural expression. I get the impression that an aesthetic relationship between artistic expression

and its promotion can be perceived only perhaps in cinema and music, industries whose production, marketing and distribution methods are closer to the sensibility of the average ad professional. "Dual communication", as you put it, seems to be difficult to do using other media. Also because the Italian creatives considered "below the line" unappealing for years, favouring the mass media and, above all, television. While I believe that cultural products, given their frequently small budgets, need to invest a lot of creativity in alternative media.

Neither should we underestimate the fact that the directors, actors, musicians and writers tend to confuse their role of cultural interfaces with that of communicators and override, claiming presumed specific skills, the defenceless advertising professionals. For example, I remember getting into serious trouble with Aldo Trionfo (theatre director) and with Michelangelo Pistoletto (artist, promoter and supporter of the Città delle Idee at Biella) a few times. They just refused to listen, leaving you no choice but to humour them, even though you could see the precipice they were running toward.

PB - In *Zone*, the opening poem of the *Alcools* (1913) collection, Apollinaire praises the unusual beauty of advertising and the media: "Tu lis les prospectus les catalogues les affiches qui chantent tout haut / Voilà la poésie ce matin et pour la prose il y a les journaux." An enthusiasm shared by Umberto Boccioni in *Pittura Scultura Futuriste (Dinamismo plastico)*: "The yellow, red and green posters with their big black, white and blue letters, the cheeky and grotesque signs of the shops, the bazaars, of the SALES." And Depero: "The art of the future will be all-powerful advertising", in the name of speed, simultaneity and the cult of the modern. But, Futurists aside, do you think that advertising influenced later artists and movements. Who, when, how, and why?

PG – Futurism was the last movement to unrestrainedly celebrate the world around us, using iconic fixation to advertise it. Afterwards, the artists, as we said above, chose to be iconoclastic and critical toward society and its expressions. With the exception of Andy Warhol and Roy Lichtenstein (but not all their output), Boccioni's enthusiasm and Depero's vision have failed to attract followers. Despite advertising's sway, it is rare to find an artist that celebrates speed, simultaneity and the cult of the modern: neither David Hockney nor Ed Ruscha, who veil their landscapes with nostalgic criticality; not John Chamberlain, who shows the world how impossible it is to liberate itself from what it produces; not Burri,

gli stracci; non Fontana, che navigava astrattamente nei suoi concetti spaziali mentre il mondo mandava l'uomo sulla luna; non Mimmo Rotella, che con i suoi décollage celebra esteticamente il rito funebre dell'affissione che noi pubblicitari sappiamo avvenire quindicinalmente, funerale che a quei tempi si poteva avvertire anche per l'avvento della TV. Non Bill Viola, infine – anche se l'elencazione potrebbe continuare all'infinito – che sul contrasto alla velocità e alla simultaneità ha costruito il suo linguaggio e il suo successo.

PB - È curioso che l'esaltazione – almeno a parole – della creatività e dei creativi sia esplosa proprio nel momento storico in cui la pubblicità diventava meno "artistica", cedendo il passo alla razionalità metodica del marketing, alle pratiche di hard selling, alle analisi di mercato, agli studi sul consumatore. Qual è il tuo pensiero in proposito?

PG - Gli artisti si sono trasferiti sull'Aventino e la pubblicità ha fatto ricorso ad altri protagonisti, i creativi, capaci di trasformare parole e immagini in emozioni o in messaggi metodicamente razionali e tuttavia ancora accattivanti. Il compito di produrre idee e immagini efficaci, pur nel rispetto rigoroso di regole di marketing, è un lavoro di magia che, come sai, i maestri fanno spesso istintivamente e i creativi disciplinati fanno lavorando sodo. È un'operazione che grazie al contributo di ricercatori, account, product manager, marketing director, presenta qualche difficoltà – spesso ci si rompe i marroni – e che solo per questo giustificherebbe l'esaltazione retorica della creatività e dei creativi.

PB - Fino alla seconda guerra mondiale, la pubblicità – specialmente quella europea – aveva a lungo flirtato con le arti figurative e con le avanguardie: con essa si erano cimentati pittori come Magritte, poeti come Majakovskij, le teste calde del futurismo, gli olandesi di De Stijl. La rivoluzione industriale non diede il via solo al culto delle macchine e della produzione, ma di tutto ciò che al grande teatro della merce si connetteva: dai padiglioni delle fiere e delle esposizioni universali, monumentali santuari della nuova era, alla pubblicità in tutte le sue forme. E alla pubblicità, al graphic design, alla tipografia, il Bauhaus dedicò autorevole attenzione, con una fioritura di straordinarie innovazioni. Pensi che arte e pubblicità possano avere ancora qualche punto d'incontro? Se sì, quando e a quali condizioni?

PG - L'hai già capito che sono scettico sulla possibilità di un ritrovato punto d'incontro fra arte e pubblicità. Naturalmente ci sono aziende che utilizzano l'arte come

bus per un posizionamento differenziante e per colpire un target medio-alto; ma non mi sembrano azioni paragonabili a quelle del passato, quando si chiedeva l'intervento dell'artista in quanto creativo e depositario della magia di un'immagine, di un segno o di parole che costituissero novità e, al tempo stesso, garanzia dell'importanza e della qualità della marca. Il Bauhaus ha operato nella grafica, nel design industriale, nella tipografia, trattandoli come derivati dell'architettura; certi oggetti di arredamento, spesso presenti nella pubblicità, essendo costituzionalmente forti imprimevano un forte segno agli annunci. Movimenti architettonici e di design come il costruttivismo o il minimalismo hanno pervaso la pubblicità, ma ciò non ha nulla a che fare con il coinvolgimento diretto degli artisti. Nell'ambito del design e di quanto ad esso è collegabile esistono realtà che, molto più direttamente di quanto non faccia la pubblicità, traggono ispirazione da movimenti artistici; ma siamo nel campo dell'arte applicata e la pubblicità mi sembra che sia rimasta estranea a questo contesto. Volendo essere visionari, oggi si potrebbe trovare tuttavia una convergenza fra "ex artisti" (a dar retta ai media sta incominciando a esistere e ad affollarsi la categoria) e pubblicità. Un esempio fra tutti: Cattelan. Smessi i panni dell'artista potrebbe essere un buon produttore di idee pubblicitarie ad alto contenuto provocatorio e artistico, se qualche CEO d'agenzia internazionale in astinenza di "guru" volesse cogliere il suggerimento…

PB - Quando ti occupavi di pubblicità, sei stato fra i primi e più decisi sostenitori della ricerca espressiva legata alle tecnologie informatiche e al web in generale. Una parete del mio studiolo è dominata dalla stampa di un'inquadratura tratta da un video di *organic art* di William Latham: opera che avevi scelto come regalo natalizio per i clienti della BGS, non senza suscitare qualche perplessità tra i colleghi e, forse, i destinatari del dono. Come prende corpo, dal punto di vista tecnologico, il lavoro di Latham e altri sperimentatori di quella corrente? Pensi che esperienze di questo tipo possano trovare applicazione nella pubblicità online?

PG - Latham era (forse è ancora) stipendiato da IBM per una ricerca di software mirata a sviluppare le potenzialità grafiche ed espressive del computer. Lo studio dei frattali è matematica pura; il lavoro di Latham e altri ricercatori ha dato notevoli impulsi all'evoluzione del computer inteso come generatore di nuovi linguaggi. Oggi, rispetto ad allora, c'è in più il 3D. E c'è lo studio dei flussi sulla rete: non pochi artisti/informatici stanno

who patches its wounds with rags; and not Fontana either, who wandered abstractedly around his spatial concepts while the world sent man to the moon. We can also rule out Mimmo Rotella, whose décollage aesthetically celebrates the funeral rite of the billboard, which we in advertising know happens every 15 days, a funeral that, in those days, one could sense also through the advent of TV, and, ultimately – even though the list could go on forever – Bill Viola, who created his own language and success by contrasting speed and simultaneity.

PB – It's funny that the apotheosis – at least in words – of creativity and creatives exploded right at that historical moment when advertising became less "artistic", when it surrendered to the methodical rationality of marketing, hardsell practices, market analyses and consumer surveys. What are your thoughts on that?

PG – The artists moved on and advertising hired other players: the creatives with the power to turn words and images into emotion or methodically rational messages that nevertheless retained their appeal. The job of producing efficacious ideas and images while keeping strictly to the marketing rules, is, as you know, a work of magic that the masters often do instinctively and the disciplined creatives do by working to the max. It's a job that, thanks to the contribution of researchers, account and product managers, and marketing directors, is not without its hurdles, it is often ball-breaking too and that alone would justify the rhetorical glorification of creativity and the creatives.

PB – Up to WWII, advertising, especially in Europe, had long been flirting with the figurative arts and the avant-gardes. Painters such as Magritte, poets such as Mayakovsky, the hotheads of Futurism, the Dutch of De Stijl had all meshed with advertising. The industrial revolution not only launched the cult of machines and production but also everything connected to the great theatre of merchandise: from the pavilions of the trade fairs and universal expos, monumental shrines to the new era, to advertising in all its forms. Bauhaus gave authoritative focus to advertising, graphic design and typography in a blossoming of extraordinary innovation. Do you think that art and advertising can still find meeting points? If yes, when and under what conditions?

PG – Well, you've probably realised how sceptical I am by now about the possibility of a newfound meeting point between art and advertising. Naturally, there are companies that use art like a bus to shift their positioning and lure the mid-high end target, but they don't seem

actions comparable to those of the past, when the artist was brought in because he was creative and the repository of the magic of an image, of a sign or of words that were brand new yet still assured the importance and quality of the brand. Bauhaus explored graphic design, industrial design and lettering by treating them as architectural derivatives; being strong in form, the specific furnishing objects often seen in advertising imprint a strong sign on the ads. Architectonic and design movements such as Constructivism and Minimalism have pervaded advertising but that has nothing to do with the direct involvement of the artists. In the design and related sphere, there are realities that, even more directly than advertising, take their inspiration from artistic movements, but this is the field of applied art and advertising seems to me to have remained aloof to this context. If we want to be visionary, we could nevertheless find a convergence today between advertising and the "former artists" (a category that, if we pay heed to the media, is not only coming into existence but also is becoming very crowded). One overarching example is Cattelan. If he stripped off his artist's guise, he could be a good generator of highly provocative and artistic advertising ideas if any international ad agency CEO short on gurus wanted to try the idea....

PB – When you were in advertising, you were one of the first and most decisive supporters of expressive research connected to information technology and the web generally. A wall of my study at home is dominated by the print of a frame taken from one of William Latham's organic art videos, a work you chose as a Christmas gift for BGS clients, not without triggering some perplexity among your colleagues and, perhaps, the recipients too. How does the work of Latham and other experimenters of that current take shape? Do you think that such experiences can find a place in online advertising?

PG - Latham was (and maybe still is) on IBM's payroll as a software researcher tasked with developing the graphic and expressive potential of the computer. The study of fractals is pure mathematics and the work of Latham and other researchers has given significant momentum to the development of the computer intended as a generator of new languages. Unlike then, today we have 3D. There is also the study of net flows. Many artists/ICT wizards are exploring the potential of machines to formally develop content deriving from research.

Like typography did with type design and lithography did with images. Now there's a new artist's palette, a

esplorando le potenzialità delle macchine per dare uno sviluppo formale ai contenuti derivanti dalla ricerca. Come ha fatto un tempo la tipografia con il carattere, la litografia con l'immagine. Ora c'è una nuova tavolozza, un nuovo strumento espressivo che è la rete con i suoi terminali: il computer e i suoi derivati tascabili. E non mancano gli sperimentatori capaci di piegare gli algoritmi alla sublimazione estetica. Davide Coltro, uno dei miei artisti, veronese, è l'inventore del "quadro elettronico". Lo colloca in casa di un collezionista e poi, da una postazione remota (il suo studio o qualsiasi altro punto del mondo in cui si trovi), dialoga, sviluppa, modifica l'opera come e quando ritiene opportuno. Ha fatto la stessa operazione anche all'ultima Biennale di Venezia, dove ha esposto un lavoro costituito da 96 quadri elettronici; li ha poi "trattati" uno per uno, per tutta la durata dell'esposizione, con dodici immagini di paesaggi italiani in lenta dissolvenza fra loro e gestiti, nelle transizioni, con un software che ogni quindici minuti li assemblava cromaticamente rivelando il Tricolore italiano. Ricorderai Limiteazero di Paolo Rigamonti e Silvio Mondino, con i quali abbiamo fatto un breve tratto di strada assieme agli albori del fenomeno web. Due visionari che, come altri artisti digitali in numero crescente, hanno indagato a fondo i flussi di comunicazione che passano in rete, addensandoli in immagini; hanno persino realizzato un'orchestra di lap-top. Altri hanno fatto concerti con i telefonini. La pubblicità online, se farà ricorso a quel tipo di sperimentazioni, potrà certamente trovare una sua forma espressiva più autonoma rispetto ai media tradizionali. Invece si sta già invadendo la rete secondo le vecchie modalità (vedi la TV con i suoi spot). L'utente più evoluto, che si guarda bene dall'aprire le migliaia di finestre pubblicitarie che lo adescano spesso in modo naïf, accoglierebbe forse volentieri un messaggio più stimolante e più in simbiosi col mezzo stesso.

PB - In generale, pensi che gli sviluppi tecnologici possano riavvicinare la pubblicità alla ricerca estetica? Come giudichi, per esempio, la manipolazione digitale delle immagini – una pratica diventata ormai di uso comune?

PG - Le opportunità per creativi e operatori qualificati di fare un uso interessante delle nuove risorse offerte dai computer, dalla rete e in definitiva dal digitale sono infinite e stimolanti. Naturalmente è un problema di livelli di qualità. Gli sviluppi tecnologici e le manipolazioni digitali rendono vita facile anche a un esercito di improvvisatori che poco possono contribuire a una ricerca estetica soddisfacente. Cito ancora Davide Coltro.

Nel suo lavoro, che è di natura fotografica, ha applicato una ricerca cromatica sull'immagine digitalizzata che lui definisce "medium color": dà una particolare luminosità alle immagini quando appaiono su uno strumento digitale, ma gli consente anche di ottenere la stessa luminosità quando esegue una stampa su altri supporti. La luminosità è tale che nove persone su dieci, osservando una stampa di Davide, pensano di trovarsi di fronte a un lightbox. Che oggi una ricerca sul digitale possa incidere in termini qualitativi anche sui media tradizionali lo trovo intrigante.

PB - La pubblicità è un'attività essenzialmente editoriale, dal momento che i media sono il suo principale campo d'azione. A volte ci lamentiamo di una certa mediocrità che sembra prevalere, fatte le dovute eccezioni, nella pubblicità italiana. Se questo è vero, che ruolo hanno i media in questo decorso verso la banalità? I media tradizionali – non dico solo la TV, ma anche i cartacei – si sono evoluti o involuti negli ultimi decenni?

PG - Quotidiani e periodici sono sotto stress. Un tempo avevano una funzione riconosciuta: dare notizie era il compito principale dei quotidiani, approfondirle o intrattenere con amenità i lettori quello dei periodici. Il compito del media planner era privo di sussulti creativi: auto e assicurazioni erano destinate a veicolare i propri messaggi sui quotidiani, profumi e moda sui periodici. Per il mass-market sarebbe arrivata la TV. Il proliferare dei canali TV e soprattutto internet hanno messo in discussione proprio la funzione primaria di quei media: le notizie le possiamo avere aggiornate all'ultimo secondo e in qualunque frammento di giornata e l'intrattenimento possiamo costruircelo come vogliamo. Sembra un paradosso ma non lo è. Un contributo fondamentale a questo nuovo assetto arriva proprio dagli editori di quotidiani e periodici, che hanno dilatato la loro offerta sui new media. La raccolta pubblicitaria, proprio per la funzione multitasking degli editori e per soddisfare le loro attese economiche, trova collocazione spesso a sproposito su altri media e i relativi planner sembrano non dolersene. La carta stampata, perse le sue prerogative di informazione o approfondimento delle notizie, esiste ormai solo in quanto catalogo di pubblicità; e ciò grazie al fatto che, a dispetto di tutti i possibili strumenti di controllo dell'effettiva esposizione della pubblicità su internet o sulle reti televisive scisse ora in reti generaliste e tematiche, l'inserzionista ha ancora bisogno del feticcio stampato a testimonianza della propria attività di comunicazione. Non so quanto possa durare questa

new expressive tool made up of the internet and its terminals: the computer and its pocket-sized derivatives. And there's no lack of experimenters adept at shaping the algorithms to aesthetic sublimation. One of my artists, Davide Coltro from Verona, is the inventor of the "electronic painting" which he installs in the home of a collector and then, from a remote workstation (his office or any other part of the world he finds himself in), sets up a dialogue and implements and modifies the work how and when he believes opportune. He did the same thing at the last Venice Biennale too, where he showed a work made up of 96 electronic paintings which he then "treated" one by one throughout the entire exhibition with 12 images of Italian landscapes that slowly dissolved into each other, directing their transitions with software that assembled them chromatically every 15 minutes to reveal the three colours of the Italian flag. You'll recall the Limiteazero (zero limits) project by Paolo Rigamonti and Silvio Mondino, with whom we travelled along the same stretch of road together at the dawn of the web phenomenon. Two visionaries who, like a growing number of other digital artists, made in-depth investigations of internet communication flows, condensing them into images. They even created an orchestra of laptops. While others have made concerts using mobile phones.

Online advertising, if it were to use such experimentations, could certainly find a more autonomous expressive form than the traditional media. Instead, the net is already being invaded using the old methods (like TV and its commercials). The more advanced user, who is hardly likely to open all those thousands of pop-up display ads that often appear so innocently, might be more inclined to open a more stimulating message, more in tune with the medium itself.

PB - Generally, do you think that technological advances can bring advertising closer to aesthetic research? How would you judge, for example, the digital manipulation of images, a practice that has now become commonplace?

PG – Creatives and skilled operators have an infinite array of exciting possibilities to harness the new resources offered by the computer, the net and, ultimately, digital technology in compelling ways. Of course, the problem is quality. Technological advances and digital manipulation make life easy also for an army of improvisers who can contribute little to a satisfying aesthetic research. Again let's take Davide Coltro as an example. His work, which is photographic in nature, consists of applying chromatic research to the digitised image that he defines as "medium color". This gives a particular luminosity to the images when they appear on a digital screen but also enables him to achieve the same luminosity when he makes a photographic print using other supports. The luminosity is so good that nine out of ten people think they are standing in front of a light box when they look at one of Davide's prints. I am very intrigued by how digital research could impact also on the traditional media in qualitative terms.

PB – Advertising is basically a publishing activity, given that the media are its main field of action. Sometimes we complain that Italian advertising suffers from the predominance of a certain mediocrity, although there are some worthy exceptions. If this is true, what role do the media play in this lapse into banality? Have the traditional media, and I'm not talking only about TV but also print, advanced or regressed in the past ten years?

PG – Newspapers and magazines are stressed out. Once they had a recognised purpose: the newspapers announced the news and the magazines glossily informed and entertained readers. The media planner's job was devoid of creative jolts: cars and insurance channelled their messages through newspapers, fragrances and fashion through magazines. Then TV arrived for the mass market. The proliferation of TV stations and, above all, the internet have sparked a debate that questions the primary function of those media. We can get the latest news updates at any time of the day, and we can create the entertainment we want. It might seem a paradox, but it's not. Indeed, the newspaper and magazine publishers have made a key contribution to this new framework by expanding their product spectrum to the new media. Advertisements, due to the multitasking function of the publishers and to satisfy their expectations of business value, are often disproportionately placed in other media and the relative planners do not seem to be hurting. The press has lost its prerogative of informing and investigating the news and now exists solely as an advertising catalogue, and that is thanks to the fact that, despite all the potential tools for controlling the effective exposure of advertising on the net or the TV networks now split into generalist and thematic channels, the advertiser still needs the fetish of print to attest to his communication activity. I have no idea how long this situation can endure. For sure, if the journalists, the actual producers of the news and of culture, also suffer from a drop in motivation levels due to this transformation of the news-

situazione. Certo che se anche i giornalisti, produttori di notizie o di cultura, soffrono di un calo di motivazione nei confronti di quotidiani e periodici così trasformati e si dedicano più ai blog e ai talk show che a scrivere articoli, la qualità del prodotto ovviamente non può che continuare a involvere.

PB - La tua galleria si occupa di arte contemporanea e dà ampio spazio ai giovani, italiani e non. Quali sono le tue strategie promozionali?

PG - Ho iniziato l'attività di gallerista subito dopo aver abbandonato quella di pubblicitario, nel 2003. Per ragioni anagrafiche ero consapevole di non avere davanti a me una prospettiva di trenta o quarant'anni per sviluppare l'attività. Decisi perciò di utilizzare la leva della pubblicità per far conoscere la galleria più in fretta, mettendo in primo piano, nella comunicazione, gli artisti e i curatori. L'iniziativa fu oggetto di critiche e considerata una cosa che non s'ha da fare. Capii di essermi cacciato in un mondo pieno di dogmi e preconcetti. Uno dei canali promozionali maggiori sono ora le fiere d'arte. Sono proliferate a tal punto che nell'agenda dei collezionisti e degli appassionati non c'è più neppure il tempo per un passaggio in galleria, se non, raramente, il giorno dell'inaugurazione di una mostra. La strategia promozionale consisterebbe quindi nello scegliere bene le fiere a cui partecipare. Peccato che, nei fatti, sia un'opzione totalmente illusoria. Alle fiere infatti devi essere ammesso e ad ammetterti è un comitato formato da altri galleristi. Come e più che in altri settori, le lobby imperano e se possono si difendono; a maggior ragione se sei un corpo estraneo, un alieno che tende a selezionare e a far crescere artisti propri, mentre chi è dentro il sistema procede acquisendo, da altre gallerie, artisti già affermati – coi quali, in definitiva, non ha relazioni né mezzi per contribuire alla loro evoluzione. Capita così che tu debba rivedere le tue scelte strategiche sulla base dei soli obiettivi che ti è consentito di raggiungere: quelli stabiliti da altri e poco affini alla tua visione. Ma, come sai, noi creativi siamo un po' masochisti e spesso troviamo stimolanti i molti impedimenti che si frappongono fra noi e i nostri traguardi.

PB - Che ci facevi a Mosca e a Miami, questo autunno?

PG - Partecipavo a due fiere di arte contemporanea. A Mosca sono andato a presentare i lavori dello scultore torinese Fabio Viale, uno che rende il marmo talmente malleabile da farlo sembrare un'altra cosa. Nei mesi precedenti alla fiera, Fabio aveva avuto una grossa personale nel tempio dell'arte contemporanea più "in" di

Mosca: Garage, lo spazio che Abramovič ha realizzato affidandone la cura a Dasha Zhukova. Mi è sembrato utile verificare, anche da un punto di vista commerciale, se l'evento avesse accresciuto la notorietà dell'artista. Era la nostra prima apparizione a Mosca e, sebbene quasi mai all'estero accade qualcosa di buono al primo tentativo, le cose sono andate in maniera incoraggiante. A Miami ho partecipato a una delle venti fiere d'arte contemporanea che nella prima settimana di dicembre invadono la città, facendola diventare una vera galleria di gallerie (circa 2000!), nonché una meta obbligata per artisti, collezionisti, curatori, direttori di musei. Una tale concentrazione non la trovi in nessun'altra parte del mondo e lo spettacolo, per un appassionato, può essere anche più stimolante della Biennale di Venezia, anche se gli obiettivi sono diversi: più commerciali a Miami, rituali e ortodossi a Venezia. A Miami ho portato, oltre alle sculture in marmo di Viale, i lavori di Glaser/Kunz: artisti svizzeri che realizzano videosculture tanto impattanti quanto poetiche, esplorando mondi come quello degli *street poets* o degli homeless newyorkesi. E poi Daniele D'Acquisto, un giovane tarantino che lavora con stratificazioni di carta e polveri di alluminio o con plexiglas a strati dipinto di acrilico bianco. Ho anche portato, per verificare il grado di attenzione che potevano raccogliere a livello internazionale, due nuovi artisti che in realtà sono due coppie: i J&PEG di Milano (uno di loro, Antonio Managò, fece tempo addietro del lavoro di fotografia per BGS Milano, se ricordo bene per IKEA). Per Miami i J&PEG hanno preparato un dittico fotografico che rappresenta George Washington e Obama, a testimonianza dell'inizio – e della probabile fine – del sogno americano. L'altra *new entry*: I Santissimi, artisti sardi che realizzano sculture iperrealiste. Ricordi Ron Mueck, cui dedicammo un ampio servizio in "Creative Uprising", il nostro magazine annuale curato per il network D'Arcy? Bene, il loro è un lavoro analogo ma su scala ridotta. Annegano in resina le loro sculture, ottenendo l'effetto di una collezione di reperti scientifici. I visitatori provvisti di iPad o iPhone catturavano le immagini del loro lavoro, ma anche del lavoro di Viale e di Glaser/Kunz, inviandole ad amici che correvano a visitare il nostro stand con l'iPad o l'iPhone e catturavano… In quei momenti, può suonarti irriverente, ti sembra di essere al circo, ma non è una brutta sensazione sentirsi un domatore. Dopotutto anche il direttore creativo di un'agenzia di pubblicità, ogni tanto, è costretto a fare il domatore.

papers and magazines and focus more on blogs and talk shows than writing articles, product quality is bound to continue its decline.

PB – Your gallery focuses on contemporary art and widely embraces young artists, both Italian and non-Italian. What promotional strategies do you employ?

PG – I set up as an art gallery immediately after leaving the advertising industry in 2003. I was old enough to realise that I didn't have 30 or 40 years ahead of me to grow the business and so used advertising to get the gallery known more quickly, spotlighting the artists and the curators in the communication. The initiative was criticised as something that just isn't done. And I realised that I had entered a terrain riddled with dogma and preconceived notions.

The art fairs are one of the biggest promotional channels today. Indeed, they have swollen to such an extent that the diaries of the collectors and enthusiasts are so full they no longer have time, or only rarely, to browse the galleries on the day a show opens. The strategic approach is therefore to be selective about which fairs to showcase the artists at. It's a shame then that this option is a complete illusion. In fact, to exhibit at the fairs you need to gain admittance and admitting you is the job of a panel made up of other gallery owners. In this more than any other sector, the lobbies run the game, defending themselves whenever they can, even more so if you are a "foreign body"; an alien who tends to select and grow his own artists while the system insiders get ahead by acquiring already established artists from other galleries, artists for whom, ultimately, you have neither the contacts nor the means to help grow. So you have to review your strategic choices based on the only objectives the system allows you to achieve: those established by others and which stray far from your vision.

But, as you know, we creatives are all a little masochistic and often the many hurdles that come between us and our goals only act as a catalyst.

PB – What were you up to in Moscow and Miami this past autumn?

PG – I was attending two contemporary art fairs. In Moscow I was presenting the works of a sculptor from Turin, Fabio Viale, who makes marble so malleable it seems something else entirely. In the months leading up to the fair, Fabio had a major solo in Moscow's most "in" contemporary art temple, Garage, the space created by Abramovich who made Dasha Zhukova curator. I thought it would be useful to see whether the event had increased the artist's fame, also from the commercial viewpoint. It was our first show in Moscow and, even though nothing good almost ever happens abroad the first time round, the result was encouraging. In Miami I was showing at one of the 20 contemporary art fairs that flood the city in the first week of December, turning it into a city of art galleries (roughly 2000!), as well as an obligatory destination for artists, collectors, curators, and museum directors. Nowhere else in the world offers such a concentration and for an enthusiast the show can be even more exciting than the Venice Biennale, although the aims are different, Miami being more commercial, Venice being more ritual and orthodox. At Miami, in addition to Viale's sculptures, I showed the works of Glaser/Kunz, two Swiss artists that make video-sculptures as impactful as they are poetic, exploring worlds such as that of the street poets or the New York homeless. I also took Daniele D'Acquisto's work, a young guy from Taranto who works with strata of paper and aluminium powder or with layers of Plexiglas painted with white acrylic, and, to gauge the level of international interest, the work of two new artists, who are actually two couples: J&PEG of Milan (one of whom, Antonio Managò, did some photographic work for BGS Milan a while back, I think it was for IKEA). For Miami, J&PEG prepared a photographic diptych of George Washington and Obama to attest to the beginning – and the probable end – of the American dream. The other new entry is I Santissimi, a group of artists from Sardinia who create hyper-realistic sculptures. Do you remember Ron Mueck, who we featured in a big spread in *Creative Uprising*, the annual magazine we edited for the D'Arcy network? Good, their work is similar but on a smaller scale. They drown their sculptures in resin to obtain the effect of a collection of scientific findings. Visitors equipped with iPads or iPhones were snapping away at their and Viale's and Glaser/Kunz's work, sending the images to friends who then came running over to visit our stand with their own iPads or iPhones to take pictures too…

At the risk of sounding irreverent, times like those make you feel like you're at the circus, although being the lion tamer is not such a bad feeling. At the end of the day, even the creative director of an ad agency sometimes has to don his lion tamer's costume.

translated by Susan Wallwork

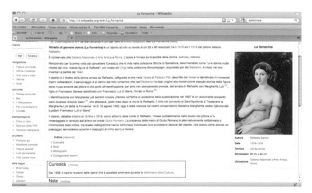

Client:
MiBAC - Ministero
per i Beni e le
Attività Culturali
**Communication
Manager:**
Mario Andrea Ettorre
Agency:
Saatchi & Saatchi

**Executive Creative
Director:**
Agostino Toscana
Creative Directors:
Agostino Toscana
Alessandro Orlandi
Manuel Musilli
Art Director:
Manuel Musilli

Copywriter:
Leonardo Cotti
Account Manager:
Raffaella Rosati

Promossa dal Ministero per i beni e le attività culturali, la Settimana della Cultura è un evento annuale durante il quale è possibile visitare tutti i musei e le aree culturali gratuitamente. L'iniziativa è stata divulgata nel luogo in cui la cultura è da sempre accessibile e gratis per tutti, Wikipedia.

The Week of Culture is an annual event, promoted by the Ministry of cultural heritage and environmental conservation, during which it is possible to visit all museums and cultural sites free of charge. The initiative has been promoted by Wikipedia: the place where culture has always been free and accessible to all.

PUBLIC SERVICE ADVERTISING
Integrated Campaigns

PUBLIC SERVICE ADVERTISING
*Integrated Media: Magazine and
Newspaper Advertising*

PUBLIC SERVICE ADVERTISING
Integrated Media: Advertising Postcards

130

Client:
MiBAC - Ministero
per i Beni e
le Attività Culturali
**Communication
Manager:**
Mario Andrea Ettorre
Agency:
Saatchi & Saatchi

**Executive Creative
Director:**
Agostino Toscana
Creative Directors:
Agostino Toscana
Alessandro Orlandi
Art Director:
Luca Pannese
Copywriter:
Luca Lorenzini

Agency Producer:
Raffaella Scarpetti
Account Manager:
Raffaella Rosati
**Graphic Designer
(Postcards):**
Andrea Afeltra
Film Company:
Top Digital

Film Directors:
Luca Pannese
Luca Lorenzini
**Director of
Photography:**
Luca Pannese
Film Editor:
Luca Lorenzini
Post Production:
Animo

Music Composer:
Francesco Cerasi

Oltre il 50% del patrimonio artistico mondiale si trova in Italia. Ma c'è un popolo non particolarmente attratto da tutta questa bellezza: gli italiani. L'obiettivo di questa campagna integrata era di incoraggiarli a riscoprire le meraviglie del proprio paese. Occasione: l'annuale Settimana della Cultura, con accesso gratuito a tutti i musei e i siti archeologici del paese. Concetto: è raro godersi gratis qualcosa di così prezioso. Idea: confrontare le banalità che si svolgono gratis sotto i nostri occhi con la vista dei capolavori. In TV passano spot minimali, come quello dei piccioni ripresi su una piazza cittadina e commentati da una voce fuori campo che avverte: "Stai guardando gratis una scena qualsiasi. Allo stesso prezzo, puoi guardare un Caravaggio." Messaggi analoghi compaiono sui media tradizionali ("Stai guardando gratis un manifesto", "Stai guardando gratis un foglio di giornale") e alternativi ("Stai guardando gratis il pavimento", "un'auto che passa", "un cestino della spazzatura", "un segnalibro", "il tuo viso", rispettivamente sull'asfalto, sulle fiancate di autovetture allestite ad hoc, sui bidoni della spazzatura, su appositi se-gnalibri forniti alle librerie, sotto gli specchi dei bagni pubblici). Realizzati anche happening con pittori improvvi-sati sulle piazze metropolitane e relativi cartelli con l'avviso: "Stai guardando gratis un'opera scadente. Allo stesso prezzo puoi guardare un Botticelli". E alla radio: "Guarda la tua mano destra con il palmo rivolto verso l'alto. È un esperimento serio. Ecco. Stai guardando gratis la tua mano."

More than 50% of all the artistic heritage of the world is in Italy. However, there is a population that is not particu-larly attracted to all this beauty: the Italians. The objective of this integrated campaign was to encourage Italians to rediscover the artistic wonders of their own country. The occasion: the Italian Culture Week, a yearly initiative during which all public art sites can be visited for free. The concept: it's rare to get something so precious for free. The idea: compare viewing something ordinary to viewing a masterpiece. TV commercials were based on a minimalist approach, like the one showing pigeons walking around a piazza accompanied by a voiceover: "You're looking at a random scene for free. For the same price, you can look at a Caravaggio". Similar messages appeared on traditional and alternative media: "You're looking at a poster for free; you're looking at a newspaper page for free; you're looking at the floor; at a car passing by; at a dustbin; at a bookmark; at your face…". They were placed on pavements, on cars kitted out ad hoc, on city dustbin lids, on specially designed bookmarks distributed in book-shops, on the lower edge of mirrors in public toilets. Performances with amateur painters took place in the city piazzas; placards were placed next to them stating: "You're looking at an ugly painting for free. For the same price, you can look at a Botticelli." And on the radio there were instructions such as: "Look at your right hand with the palm facing upwards. It's a serious experiment. Right. You're looking at your hand for free."

ONLINE & DIGITAL MEDIA
Digital Integrated Campaigns

ONLINE & DIGITAL MEDIA
Social Media

ONLINE & DIGITAL MEDIA
Product Websites

Client:
Toyota Motor Italia
Communication Managers:
Alessia Poggi
Giordano Righetti
Agency:
Saatchi & Saatchi

Executive Creative Director:
Agostino Toscana
Creative Directors:
Agostino Toscana
Alessandro Orlandi
Manuel Musilli

Art Director:
David Denni
Copywriters:
Antonio Di Battista
Leonardo Cotti
Laura Sordi
Web Designer:
David Denni

Account Managers:
Enzo Apollonio
Mayna Frosi
Project Managers:
Silvio Coco
Fabrizio Nahum

Developers:
Francesco Pandolfi
Daniela Conti
Silvia Caricati

Da "auto intelligente", la nuova Toyota iQ promuove un uso intelligente del tempo libero consigliando – attraverso un sito dedicato e molteplici iniziative online – i migliori eventi, concerti e party della città.

Being a "clever car", the new Toyota iQ can help you to make the most of your leisure time. It suggests the best events, concerts and parties in town, all by means of a dedicated website and multiple online initiatives.

Entr'Acte, *Il Lago dei Cigni*, *I Corni della Scala*, *Il Carnevale degli Animali*, *Il Coro di Voci Bianche*: cinque guide all'ascolto per ragazzi commissionate dal Teatro alla Scala per diffondere la cultura della musica fra le nuove generazioni. Stampati in grandi dimensioni, questi folder didattici sono stati illustrati da giovani artisti.

Entr'Acte, *Swan Lake*, *French Horns of La Scala*, *The Carnival of the Animals* and *The Children's Choir*: five listening guides for children commissioned by the La Scala theatre to broaden interest in the culture of music amongst new generations. These large-format educational folders have been illustrated by young artists.

Client:
Teatro alla Scala
Agency:
Tita
Executive Creative Director:
Giuseppe Mazza

Creative Directors:
Giuseppe Mazza
Emanuele Basso
Art Directors:
Emanuele Basso
Gabriele Ruscelli

Copywriters:
Marino Mora
Luigi Di Fronzo
Giuseppe Mazza
Beatrice Masini
Account Manager:
Sonia Rocchi

Illustrators:
Camilla Falsini
Mammafotogramma
Elena Xausa
Emanuele Basso
Bombo

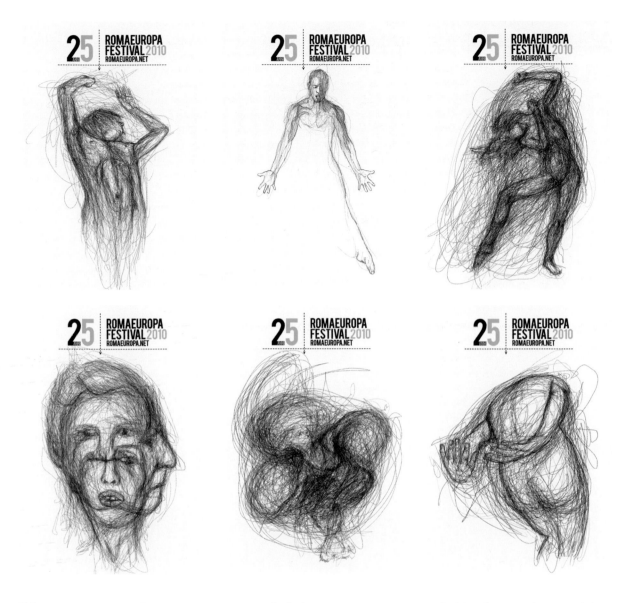

Il Romaeuropa Festival, rassegna internazionale di danza, musica, teatro e arti visive, ha compiuto venticinque anni nel 2010. Per l'occasione è stata creata una campagna, "Vieni a vedere come si muove il futuro", corredata da una serie di illustrazioni. Le immagini sembrano intercettare su carta energia cinetica, evocando corpi in movimento.

Romaeuropa, the international festival of dance, music, theatre and visual arts celebrated its 25th anniversary in 2010. The illustrations for the related campaign, "Come and see how the future is moving", succeed in capturing kinetic energy by evoking bodies in motion.

Client:
Romaeuropa
Fondazione
Agency:
D'Adda, Lorenzini,
Vigorelli, BBDO

Creative Directors:
Stefania Siani
Federico Pepe
Art Director:
Federico Pepe

Copywriter:
Stefania Siani
Illustrator:
Federico Pepe

IL FUTURO DI IERI
THE FUTURE
OF YESTERDAY

Postmoderno, vintage, dintorni & contorni

di Ambrogio Borsani

Citare perché è comodo? Citare perché è di moda? Citare perché un'opera diventa materiale da riplasmare? Citare perché scarseggiano idee nuove?

Questo è il problema, se sia più nobile rischiare l'infamante accusa di riciclaggio o prendere le armi e combattere per idee inedite. Che poi verranno citate dai postmodernisti del futuro.

Il tema del Postmoderno viene riproposto da una recente mostra al Victoria and Albert Museum, "Postmodernism: Style and Subversion 1970 - 1990", che si è chiusa il 15 gennaio 2012. Ricompaiono i fantastici anni ottanta, quando si ballava sul vuoto ma si ballava. Ora che il palcoscenico ha ceduto e siamo precipitati nel sottoscala, possiamo rivedere al museo, con occhio staccato e un'ombra di insana nostalgia, l'insensata felicità di quella baldoria.

Il tema del Postmoderno è anche un problema. Almeno per i teorici che si affannano a cercare precursori. Umberto Eco (*Postille* a *Il nome della rosa*, Bompiani, 1980) è molto preciso: "Malauguratamente 'post-moderno' è un termine buono *à tout faire*. Ho l'impressione che si applichi a tutto ciò che piace a chi lo usa. D'altra parte sembra ci sia un tentativo di farlo slittare all'indietro: prima sembrava adattarsi ad alcuni scrittori o artisti operanti negli ultimi vent'anni, poi via via è arrivato sino a inizio secolo, poi più indietro, e la marcia continua, tra poco la categoria del Postmoderno arriverà a Omero".

Citare, prendere idee già create per fare una nuova creazione. Come in tutte le operazioni creative, dipende sempre da chi le fa, da come le fa. Dire il già detto, soprattutto se sopra si è depositata la polvere, diventa impossibile, quindi si utilizza il già detto mescolandolo con il non ancora detto. Il primo livello può essere quello di dichiarare la citazione. È ancora Eco a chiarirci:
"Penso all'atteggiamento post-moderno come a quello di chi ami una donna, molto colta, e che sappia che non può dirle 'ti amo disperatamente', perché lui sa che lei sa (e che lei sa che lui sa) che queste frasi le ha già scritte Liala. Tuttavia c'è una soluzione. Potrà dire: 'Come direbbe Liala, ti amo disperatamente.'"

Ma siamo solo al repêchage, alla citazione consapevole, al vintage ripreso per la coda, non al postmoderno, che presuppone di ridare vita al vintage con l'aggiunta di nuove invenzioni. La soluzione infatti dovrebbe essere citare superando creativamente la citazione.

Il postmoderno creativo porta sempre qualcosa di innovativo, non si limita a citare culture passate. Se c'era qualcosa di Depero nel design degli anni ottanta, era un futurismo totalmente nuovo, rivisitato, ricreato.

Qui non staremo a seguire Lyotard o Derrida o Vattimo sulla decostruzione o sull'indebolimento dell'essere.

Postmodernism, vintage & around the edges

by Ambrogio Borsani

Quando poi viene la sera
I ragazzi di Granada
Vanno in giro coi blue jeans
Modern day far far away
Post moderno
Night and way senza di lei
Ti fa bene
Modern day far far away
Post moderno…
Giuni Russo, *Post-moderno*

Cite because it is easy? Cite because it is fashionable? Cite because a previous work becomes substance to be remolded? Cite because of the scarcity of new ideas?
This is the problem, if it is nobler to risk the ignominious accusation of recycling or take up arms and fight for original ideas that will then be cited by the postmodernists of the future.
The theme of Postmodernism was presented again in a recent exhibition at the Victoria and Albert Museum, *Postmodernism: Style and Subversion 1970 - 1990*, which closed its doors on January 15th, 2012. The fabulous Eighties reappeared, the time when we danced on air but at least we danced. Now that the dance floor has collapsed in on us and we have crash-landed in the basement, we can relive the era in museums, musing over the crazy joy of all that revelry with detachment and a smidgen of senseless nostalgia.
The theme of Postmodernism is also a problem. At least for the theorists who jostle to find precursors. Umberto Eco (*Postmodernism, Irony, the Enjoyable, Reflections on The Name of the Rose*) is very clear:
"Unfortunately, 'postmodern' is a term *bon à tout faire*. I have the impression that it is applied today to anything the user of the term happens to like. Further, there seems to be an attempt to make it increasingly retroactive: first it was apparently applied to certain writers or artists active in the last twenty years, then gradually it reached the beginning of the century, then still further back. And this reverse procedure continues; soon the postmodern category will include Homer."
To cite, revisit ideas that have already been created to produce a new creation. As in every creative process it always depends on who does it and on how it's done. To say what has already been said, especially if the dust has settled on it, becomes impossible so we mix something already done and put it with something new. The first step would be to acknowledge the citation. Once again Eco clarifies this:
"I think of the postmodern attitude as that of a man who loves a very cultivated woman and knows he cannot say to her, 'I love you madly' because he knows that she knows (and that she knows that he knows) that these words have already been written by Barbara Cartland. Still, there is a solution. He can say, 'As Barbara Cartland would put it, I love you madly.'"
But we are merely at the repêchage stage, aware of the citation, at vintage grasped again by the tail, not at Postmodernism, which implies revamping something vintage with the addition of new inventions. In fact, the solution should be to cite creatively, surpassing the citation.
The creative postmodernist always adds something

Cercheremo di muoverci in un ambito che riguarda la pubblicità e di capire come sia arrivata questa ondata nuova negli anni ottanta, quali cambiamenti abbia portato nella comunicazione.

L'art direction negli anni sessanta e settanta si muoveva ancora su regole post-Bauhaus. *Mai un carattere in altro colore che non sia il nero*, ripetevano gli art director allora. Poi arrivò il Postmoderno e fu come una liberazione. In pubblicità si incameravano innovazioni di designer rivoluzionari. E io in quegli anni mi trovavo proprio a cavallo tra i due ambienti. Lavoravo allora con Ettore Sottsass, assieme avevamo messo in piedi una piccola agenzia di pubblicità. Sottsass rifiutava l'etichetta di postmoderno che critici e giornalisti gli appiccicavano. Si sa, i creativi producono opere, i critici producono etichette, altrimenti cosa dovrebbero fare? Andare in esubero? Provate voi a rottamare Bonito Oliva. È vero, Barnett Newman ci aveva già avvertito che la critica d'arte serve agli artisti quanto l'ornitologia serve agli uccelli a volare. Ma il loro spazio i critici lo trovano sempre. Passano gli anni, l'artista scompare e il critico fa la mostra e si prende le sue rivincite.

Memphis e Alchimia negli anni ottanta ci aiutarono a uscire dalla grafica Bauhaus e inserire nella pagina i primi titoli a colori. Gianfranco Marabelli mi raccontava che a una riunione di brief per una nuova campagna Renault il direttore marketing tirò fuori dalla cartella, invece del solito pacco di fogli, una cravatta Memphis, la mise sul tavolo riunioni e disse ai creativi: "Il brief è questo".

Comparvero in pubblicità strisciate di giallo e altri colori a fare da sfondo al titolo, barre rosse o blu a sottolineare le headline. Triangoli e dischi colorati scompaginavano l'impaginato. Poi arrivarono i salti di corpo nel carattere, citando, spesso male, il paroliberismo futurista.

Jean-Paul Goude incarnava più di ogni altro il concetto creativo di Postmoderno. Pop-punk-dada-surreal-dark... un mélange di movimenti ruotava dentro le invenzioni sorprendenti di Goude, basti ricordare gli spot di Orangina, Lee Cooper, Citroën. Riguardandoli oggi questi esempi ci mostrano come maneggiando linguaggi diversi in modo creativo si possa ottenere un linguaggio nuovo, personale.

Da molti anni si sente dire che tutto è stato fatto e inventare è sempre più difficile. Detto questo possiamo arrivare al dunque, la citazione, il vintage per un pubblicitario non solo è una possibilità, ma un dovere. Almeno uno dei doveri. Basta farlo in modo che possa sorprendere non per il pezzo recuperato, ma per l'uso creativo che se ne fa. E poi, diceva Lucrezio: "Nulla viene dal nulla" (*Ex nihilo nihil fit*, Latin in a postmodern interpretation).

Ci vuole il vintage, idee stagionate per fare citazioni. Ma il vintage è solo materia prima da lavorare per fabbricare altre idee. In attesa di una ripresa attiva del movimento che forse si chiamerà neopostmoderno o postpostmoderno.

E come diceva Voltaire: riciclate, riciclate, qualche cosa resterà.

new; he doesn't limit himself to citing past cultures. If there was something of Depero in Eighties design then it was a totally new Futurism, rehashed, recreated.

We are not going to delve into the philosophies of Lyotard or Derrida or Vattimo on the deconstruction or the weakening of Being. We will attempt to remain within an advertising context and try to understand how and why this new wave of the Eighties has arrived and what changes it has contributed to communication.

Art direction in the Sixties and Seventies still followed post-Bauhaus rules. Art directors of the time would constantly repeat "Never put a letter in any other colour except black." Then Postmodernism arrived on the scene and it was like liberation.

In the world of advertising we eagerly homed in on the innovations of revolutionary designers and I, in that period, found myself on the threshold of the two environments. At the time I worked with Ettore Sottsass, we had set up a small advertising agency together. Sottsass rejected the label of Postmodernist that critics and journalists wanted to stick on him. You know how it is, creatives produce creative works, critics make labels, what else have they got to do? Make themselves redundant? Just try to scrap an expert art critic such as Achille Bonito Oliva. It's true; Barnett Newman had already warned us that art critics are to artists as ornithology is to birds. However, the critics always get their own way. Slowly the years go by, the artist passes away and the critic puts on an exhibition of his work and gets his revenge.

In the Eighties, Memphis and Alchimia helped us to move away from the Bauhaus graphics and to introduce the first coloured headlines on a page. Gianfranco Marabelli told me that once, in a new campaign brief meeting for Renault, instead of the usual sheaf of papers, the marketing director pulled a patterned Memphis tie out of his folder; he put it on the table and said to the creatives "This is the brief."

Ads appeared with streaks of yellow and other colours as background to the titles, plus, red and blue blocks of colour to underline the headlines. Coloured triangles and circles made an audacious debut on page layouts. Then typefaces followed suit by adopting different sizes in the same context; "words in freedom" reminding Futurism or – more often – its trivialized version.

More than any other it was Jean-Paul Goude who embodied the creative concept of Postmodernism. Pop-punk-dada-surreal-dark… a mélange of art movements gyrated in Goude's stunning creations; it is enough to remember the Orangina, Lee Cooper and Citroën commercials. Looking back on these examples, they show us how we can invent a new personal style by handling different languages in a creative way.

For many years now we have heard people say that everything has already been done and that to invent something new is increasingly difficult. Having said this we can get to the point, the citation; vintage for anyone in advertising is not only an option but an obligation. Or at least one of the obligations. It just has to be done in a way that it amazes not because of the salvaged element but for the creative use of it. As Lucretius said: "Nothing comes from nothing" (*Ex nihilo nihil fit*: Latin in a postmodern interpretation).

We need vintage; we need fully-fledged ideas to make citations. But vintage is just the raw material to be processed in order to produce other ideas, pending a further revival of the movement that will, maybe, then be called neopostmodernism or post-postmodernism.

And as Voltaire said: recycle, recycle, something will come out of it.

translated by Maggie Corcoran

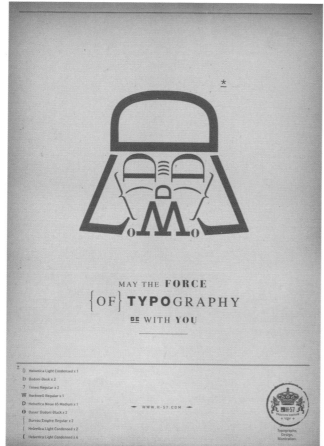

Poster promozionali realizzati come gadget da regalare ai clienti.

Promotional posters used as gifts to clients.

Client:
H-57
Creative Station

Agency:
H-57
Creative Station

Creative Directors:
Matteo Civaschi
Gianmarco Milesi

Copywriter:
Gianmarco Milesi
Graphic designer:
Matteo Civaschi

Account Manager:
Sabrina Di Gregorio

Coca-Cola è stata la prima azienda del mondo a promuoversi con la comunicazione integrata, e il suo merchandising storico – fatto di calendari, vassoi, sottopiatti, cartoline, locandine, arredi da bar – ha contribuito enormemente a far entrare il marchio nella cultura popolare americana. Questa "street campaign" è servita a connettere, per la prima volta, il ricco patrimonio d'immagine della marca con gli usi e costumi alimentari degli italiani. Una selezione di messaggi storici è stata rielaborata ad hoc, sostituendo le ricette d'America con quelle italiane e adeguando i testi di conseguenza. Il tutto in pieno open air, per stabilire un contatto vivo con i passanti, e a costi decisamente inferiori a quelli di una tradizionale campagna televisiva.

Coca-Cola was the first company in the world to promote itself through integrated communication; its legendary merchandising – calendars, trays, placemats, postcards, posters and point-of-sale equipment – has had a primary role in establishing the brand in American pop culture. Now, for the first time, a street campaign has connected the legendary imagery of the brand to Italian food tastes and customs. A selection of vintage-style items was created ad hoc, substituting American food with typical Italian recipes and adapting the texts consequently. An open-air operation brought the idea directly to passers by, at costs much lower than those of a traditional TV campaign.

Client:
Coca-Cola Italia
Communication Manager:
Francesco Cibò

Agency:
BCube
Executive Creative Director:
Francesco Bozza

Art Director:
Marco Cantalamessa
Copywriters:
Federico Bonenti
Francesco Bozza

Account Directors:
Marta Di Girolamo
Raffaello Dell'Anna

148

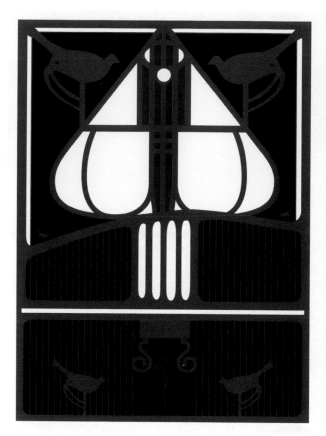

Doppia pagina di apertura per un servizio su "Wired".
Double page spread for a feature in *Wired* magazine: "From the valve to Twitter: the rebirth of radio."

Client:
Condé Nast
Agency:
Wired Italia
Art Director:
David Moretti

Graphic Designers:
Bianca Milani
Daniela Sanziani
Illustrator:
David Moretti

Photo Editor:
Francesca Morosini

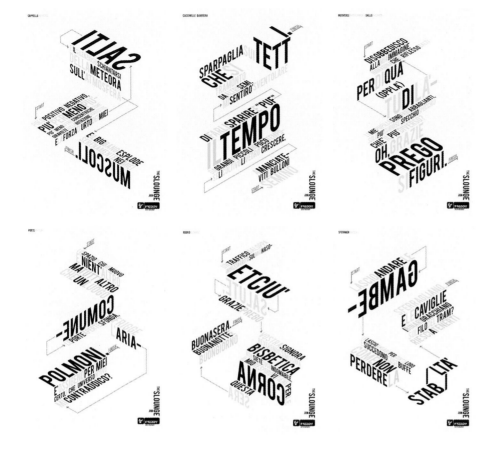

Poesie visive in stile "slounge" per una marca di abbigliamento legata alla danza, alla fitness e – in generale – al movimento. Nel vocabolario di Freddy, "slounge" sta per "sport + loungewear". L'idea e la realizzazione grafica tendono a valorizzare le implicazioni estetiche del movimento.

A series of visual poems designed in "slounge" style for a dance and fitness clothing brand. In Freddy's terminology, "slounge" stands for "sports + loungewear." The idea and graphics are intended to enhance the aesthetical implications of motion.

Client:
Freddy
Agency:
D'Adda, Lorenzini,
Vigorelli, BBDO

Creative Directors:
Stefania Siani
Federico Pepe
Art Director:
Luca Fontana

Copywriter:
Andrea Fagiolari
Graphic Designer:
Luca Fontana

Servizio di copertina di "Wired" n. 22, dicembre 2010, con manuale allegato in brossura. Tema: come diventare più ricchi in periodo di crisi, grazie allo scambio di servizi e prodotti con altri consumatori.

Client:
Condé Nast
Agency:
Wired Italia
Executive Creative Director:
David Moretti

Art Director:
David Moretti
Graphic Designers:
Bianca Milani
Daniela Sanziani

Photographer
(inside pages):
Dan Winters
Photo Editor:
Francesca Morosini

Cover story for *Wired* issue no. 22, Dec. 2010, sold with a hardcover handbook on how to become richer in crisis periods by sharing products and services with other consumers.

Client:
Condé Nast
Agency:
Wired Italia
**Executive Creative
Director:**
David Moretti

Art Director:
David Moretti
Graphic Designers:
Bianca Milani
Daniela Sanziani

**Photographers
(front cover):**
Maurizio Camagna
Curti Parini
Photo Editor:
Francesca Morosini

MUSICA E
ART DIRECTION

MUSIC AND
ART DIRECTION

con un imponente catalogo di jazz internazionale; Itinera, musica jazz-oriented con contaminazioni di altre culture e linguaggi; Dodicilune, jazz, classica, contemporanea e musiche del mondo; Philology, creata nel 1987 da Paolo Piangiarelli per valorizzare musica registrata, spesso dal vivo, inedita. Queste label – insieme a Splasc(h), Parco della Musica, My Favorite Records, Caligola, Jazzy, Abeat, Silta, Picanto, Blue Serge, Improvvisatore Involontario, Spacebone, Schema, Alice Records – pur facendo meno storia dal punto di vista della creatività iconografica, meritano almeno di essere citate per la vivacità della ricerca musicale e perché testimoniano una vitalità culturale italiana, a dispetto di chi pensa che la musica di qualità si faccia solo all'estero. L'Italia contemporanea, insomma, sembra essere un fertile habitat per chi produce cultura musicale. Artesuono di Udine è considerato uno dei migliori studi di registrazione in Europa: ECM, Label Bleu, Verve, Blue Note e molti altri incidono lì.

Ma ecco la domanda cruciale: nell'era del web, dove tutto è scaricabile, è ancora rilevante il progetto editoriale musicale?

Per Pitacco "c'è un sito web – Hard Format – da non perdere assolutamente se si amano la musica e il graphic design correlato. Decisamente rincuorante per noi che facciamo comunicazione. I tipi di Hard Format, infatti, fanno notare che mentre le vendite del CD e del vinile calano – e Peter Saville lamenta con amarezza l'estinzione dell'album art[2] – un nuovo fenomeno sta sorgendo. C'è una richiesta crescente di edizioni limitate, particolarmente curate nei contenuti e nella forma. Si affermano piccole, agguerrite e indipendenti etichette, focalizzate sulla qualità totale dell'oggetto messo in vendita. Pur non navigando nell'oro, sono le uniche a conquistare un proprio spazio, a contrastare il conveniente prodotto digitale, puntando su qualcosa che quest'ultimo non può dare: un meraviglioso design fuori, dentro, al tatto. Packaging interessanti non solo per la front cover ma per il lavoro nel suo complesso: la dimensione, la forma, le *sleeve* dei singoli CD, le texture, i materiali utilizzati e quant'altro si possa elaborare per costruire identità di marca. Si riafferma, quindi, prepotentemente la ragione del nostro lavoro: dare un motivo d'acquisto a chi, scegliendo, potrebbe preferire non noi. In questo caso, magari, un economico ma anonimo mp3. Una buona notizia e, secondo me, anche un'indicazione utile per noi che di questo viviamo. Se il nostro mestiere è creare, il nostro dovere in questo momento è creare nuove

soluzioni. Guardare ai nuovi media come possibilità, da sfidare magari, ma mai ignorare, perché – come disse il grande Thelonious Monk – 'quando pensi che una cosa sia impossibile, qualcuno arriva e la fa.'"

Ciò che fa appunto Die Schachtel, inserendosi nel solco di una cultura artigianale che arriva da lontano, che non separa la creatività dal marketing ma li usa in armonia, per crescere. In Italia è una esemplare realtà di musica e grafica che ballano insieme, allo stesso ritmo. Anche nell'incrocio societario: Bruno Stucchi, infatti, è socio sia dell'etichetta sia dell'agenzia Dinamomilano, autrice della grafica. Il suo progetto Musica Improvvisa ha raccolto consensi entusiastici nei blog specializzati. Onda Rock[3], per esempio, lo ha definito – per la musica, il packaging e la tiratura limitata di soli cinquecento esemplari – "un autentico oggetto di culto". A Stucchi, deus ex machina del progetto, abbiamo rivolto qualche domanda.

D. – Come si fa a dare un volto a un valore immateriale come la musica, per di più sperimentale?
R. – È facile e difficile allo stesso tempo. Facile perché l'immaterialità "liquida" dell'oggetto sonoro si offre docilmente alla compenetrazione con l'immagine. Nei casi più riusciti i due linguaggi riescono a formare un insieme superiore alle sue parti. Non mancano, in cent'anni di musica registrata, le vette sublimi: Vaughan Oliver (etichetta 4AD, copertine immortali per band come Cocteau Twins, Dead Can Dance, The Breeders, This Mortal Coil, Pale Saints, Pixies, Throwing Muses); Peter Saville (chi non ricorda quel miracolo di graphic design che è la cover di *Unknown Pleasures*, storico esordio dei Joy Division?); l'universo elettronico della Raster-Noton, popolato di musicisti che spesso sono anche designer e viceversa (sorprendenti le cover per Alva Noto, Byetone, William Basinski, Ivan Pavlov alias CoH, Ryuichi Sakamoto, Nibo…). Ci sono artisti, oggi, che operano in una specie di interzona in cui i confini tra suono e immagine si confondono: Christina Kubisch, Carsten Nicolai, Christian Marclay. Gente come Reid Miles e Kim Hiorthøy, insomma, hanno indicato – chi prima, chi dopo – la via per l'unica modalità di sopravvivenza economica del disco nell'epoca di internet e del peer-to-peer: fare network tra i propri artisti, diffondere il nome della label non solo attraverso concerti ed esibizioni nei festival ma anche nelle gallerie d'arte. Anche in Italia abbiamo avuto maestri: Gianni Sassi, per esempio,

moving forward in an interesting way: Auand, contemporary Italian and international jazz; Red Records, with an impressive catalogue of international jazz; Itinera, jazz-oriented music with influences from other cultures and languages; Dodicilune, jazz, classical, contemporary and world music; Philology, founded in 1987 by Paolo Piangiarelli to enhance recorded music, often live and unedited. These labels – together with Splasc(h), Parco della Musica, My Favorite Records, Caligola, Jazzy, Abeat, Silta, Picanto, Blue Serge, Improvvisatore Involontario, Spacebone, Schema and Alice Records – whilst being less a part of history from the iconographic creative point of view, at least deserve to be mentioned for the vivacity of the musical research and because they bear witness to an Italian cultural vitality, despite what others say about quality music only being produced abroad. So, it seems that present-day Italy is a fertile habitat for those who produce musical culture. Artesuono, from Udine, is considered to be one of the best recording studios in Europe: ECM, Label Bleu, Verve, Blue Note and many others all record there.

But the crucial question is whether or not – in this web era where everything is downloaded – music publishing projects are still relevant.

Pitacco says "There's a website – Hard Format – that is absolutely fantastic if you love music and its related graphic design. It's certainly heartening for those of us who work in communication. In fact, the guys at Hard Format point out that whereas sales of CDs and vinyl are dropping – and Peter Saville has even denounced the demise of the album cover[2] – a new phenomenon is emerging. There is a growing demand for limited editions, especially when painstakingly designed in content and form. Small, feisty and independent labels are asserting themselves, focusing on the overall quality of the item to be sold. Whilst not exactly rolling in money they are the only ones that have actually secured their own space, to challenge the affordable digital product, concentrating on something that the other cannot give: an amazing design, outside and inside, and a tactile experience. Interesting packaging not only for the front cover but for the whole object: its scale, shape, the sleeves of the individual CDs, the texture of the materials used and anything else that can be worked on to build a brand identity. Therefore, we can strongly justify our work: we aim to give people a reason for buying, choosing us when they would normally have opted for something else. In this case, perhaps, a cheap but anonymous mp3.

It is good news and, in my opinion, also a useful indication for those of us who make a living out of this. If our vocation is to create, our duty at the moment is to create new solutions. Observing the new media as something to challenge, perhaps, but never to ignore because – as the great Thelonious Monk said – 'whatever you think can't be done, someone will come along and do it.'"

That is exactly what Die Schachtel is doing, slotting itself into the wake of a previous artisan culture that does not separate creativity from marketing but uses them in harmony, to grow. In Italy this company is an exemplar of music and graphics that dance together, to the same rhythm. The same applies to the corporate set-up: Bruno Stucchi is a partner of both the record label and Dinamomilano, the agency specialised in design for music and the arts. His project Musica Improvvisa has been received enthusiastically by the specialist blogs. Onda Rock[3], for example, has defined it as "a true cult object" for its music, packaging and limited edition of only five hundred. We put a few questions to Stucchi, *deus ex machina* of the project.

Q. - How do you manage to create a design for an intangible value such as music that, quite apart from anything else, is also experimental?
A. - It's easy and difficult at the same time. Easy because the 'fluid' immateriality of the sound lends itself spontaneously to the image. In the most successful cases the two languages are able to form a whole greater than its two parts. In a hundred years of recorded music there are some sublime peaks: Vaughan Oliver (4AD label, memorable covers for bands like Cocteau Twins, Dead Can Dance, The Breeders, This Mortal Coil, Pale Saints, Pixies, Throwing Muses); Peter Saville (who can possibly forget that miracle of graphic design, the cover of *Unknown Pleasures*, Joy Division's historical debut?); the electronic universe of Raster-Noton, populated by musicians who are often designers and vice versa (the covers for Alva Noto, Byetone, William Basinski, Ivan Pavlov aka CoH, Ryuichi Sakamoto, Nibo etc. are all wonderful.) There are artists nowadays who operate in a kind of inter-zone where the boundaries between sound and image are blurred: Christina Kubisch, Carsten Nicolai, Christian Marclay. Basically, people like Reid Miles and Kim Hiorthøy (some earlier, some later) have shown us the solution to the only means of economic survival for the disc in the internet and peer-to-peer era: network

TRIBUTI
ALLA MODA
TRIBUTES
TO FASHION

Quale moda?

di Pasquale Barbella

Il prêt-à-porter non aveva ancora saturato i nostri armadi quando le sorelle Fontana vestivano Ava Gardner, Caraceni vestiva Cary Grant e Gerardo Di Donna vestiva me. Le grandi vie della moda e del lusso (Condotti, Faubourg-Saint-Honoré, Fifth Avenue, Rodeo Drive e simili) non pullulavano ancora di insegne dedicate alle firme globali dell'haute couture. Ma un olimpo del tessile artistico è sempre esistito: pare che persino Giotto e il Pollaiolo si divertissero a creare tessuti e modelli, molto tempo prima che Rose Bertin entrasse nella storia come sarta personale di Maria Antonietta e Lord Brummell frequentasse, in Cork e Conduit Street, i prodigiosi santuari del dandismo londinese: Mayer, Schweitzer and Davidson, Weston.
A mille chilometri dalle filande di Brianza e del Comasco, prima che diventassero macerie popolate di spettri, il maestro della scuola elementare portava in classe bachi da seta su foglie di gelso, per far vedere anche ai bambini del Sud di quali meraviglie fosse capace la larva del *Bombyx mori*. Tutto ciò che aveva a che fare con le fibre, i filati, i tessuti, l'abbigliamento e la moda, era già motivo di orgoglio italico e di tifo antifrancese.
Non c'erano né D&G né Benetton a prendersi cura di milioni di ignudi da vestire, ma gli dèi del bottone erano assai più numerosi di quanti ci assistono adesso. Solo che la maggior parte era invisibile. Madri, zie e nonne si davano da fare in casa con l'ago, il filo, il ditale e la Singer, per procurare alla famiglia indigente il giusto fabbisogno di mutande, sottane, camicie, calzoni e toppe per la loro manutenzione. Ma non finiva lì. Al mio paese, nel Meridione d'Italia, c'erano più sartorie (e saloni da barbiere, veri gentlemen's club da conversazione mattiniera) che negozi di alimentari. Mastro Gerardo, mio *couturier* ufficiale nonché compare di cresima, occupava una modesta bottega nel seminterrato sotto casa sua, in via Bovio a Canosa di Puglia. Sempre aperto nella torrida estate, l'uscio era protetto da una *rezza*, specie di sipario costituito da lunghe e sonanti catenelle di cannellini di plastica: non era chic ma garantiva un minimo di frescura e di privacy, oltre a fungere da barriera antimosche. Armato di forbici smisurate, il patron

eseguiva il taglio delle stoffe con concentrazione ieratica e gesto sicuro lungo percorsi tracciati col gesso; l'altare di tale celebrazione era un tavolo di abbondante lunghezza, quasi da refettorio conventuale. Il rito era benedetto da un quadro appeso alla parete retrostante, raffigurante Sant'Omobono di Cremona, protettore della categoria. Tra il sacro tavolo e l'ingresso cicalava una ridente scolaresca di cucitrici operose. Il maestro sposò la più brava.
Compare Gerardo, come i suoi concorrenti del luogo, non aveva studiato in nessuna maison di Parigi o Firenze ma si era fatto le ossa, ancora adolescente, nel laboratorio d'un altro maestro, Pasquale Cannone di Cerignola; e guadagnava dalla sua arte così poco da non potersi permettere un atelier all'altezza del suo talento. Nel suo covo potevi comunque palpare, concupire e ordinare le stoffe più pregiate e *à la page*: rotoli di Zegna e Marzotto, lane e lini, tweed e fustagni, grisaglie e gessati, scozzesi e rigati, per farti cucire addosso qualcosa che facesse girare la testa alle ragazze. Due volte all'anno, l'umile Gerardo partiva per il nord (allora era un gran viaggio) per documentarsi sulle nuove collezioni di stagione, e tornava a casa carico di campioni e di cataloghi, che allora si chiamavano *figurini* e non contenevano fotografie, ma stilizzate illustrazioni degne di "Vogue" e "Apparel Arts". Era così bravo che una volta vinse il Premio Marzotto per aver realizzato un impeccabile "completo monopetto per conformazione molto grassa", per dirla con le parole della motivazione.
La qualità artigianale prima, e l'industria dell'abbigliamento poi, hanno segnato in modo indelebile la cultura italiana dal Novecento in poi. Una cultura nient'affatto elitaria ma trasversale, interclassista. La piccola borghesia dei miei tempi cambiava drasticamente look la domenica sera, tanto da trasformare lo *struscio* in un défilé d'alto bordo. Nella seconda metà degli anni Cinquanta, il *corso* principale dei nostri paesi poteva rivaleggiare con un boulevard parigino quanto al numero di tailleur simil-Chanel in circolazione. Senza quella tradizione, radicata nel gusto di generazioni e generazioni, non esisterebbe né l'Italian style né il relativo "sistema

Which fashion?

by Pasquale Barbella

Prêt-à-porter had yet to cram our closets with clothes when the Fontana sisters dressed Ava Gardner, Caraceni dressed Cary Grant and Gerardo Di Donna dressed me. The major luxury goods and fashion streets (Condotti, Faubourg-Saint-Honoré, Fifth Avenue, Rodeo Drive and so on) were not yet teeming with shop signs dedicated to the global brands of haute couture. But a Hall of Fame of artistic textiles has always existed: it seems that even Giotto and Pollaiolo amused themselves by creating fabrics and patterns long before Rose Bertin stepped into the history of fashion as Marie Antoinette's personal seamstress, and long before Beau Brummell frequented the prestigious shrines of London dandyism – Mayer, Weston, Schweitzer and Davidson – in Cork Street and Conduit Street.

Before the silk mills of Brianza and Como became ruins inhabited by ghosts, an elementary school teacher would enter his class a thousand kilometres further south carrying silkworms on mulberry leaves, to show the children what wonders the *Bombyx mori* larvae were capable of. Everything that had to do with fibres, yarns, fabrics, clothing and fashion was a source of Italian pride and was smugly anti-French.

There was neither D&G nor Benetton to clothe the millions of naked, but there were the "gods of the needle and thread" who were decidedly more numerous than those who assist us now. Except that most of them were invisible. Mothers, grandmothers and aunts were busy at home with needles, threads, thimbles and Singer sewing machines to provide their poor families with the necessary quantity of underwear, skirts, shirts and trousers, plus, of course, patches to prolong their wear. Moreover, in my hometown in Southern Italy there were more tailor shops (and barber's salons, the original early morning gentlemen's club) than there were food stores. Maestro Gerardo, my official *couturier* and godfather, occupied a small shop in the basement of his house in Via Bovio, Canosa di Puglia. Always open even in mid-summer, the exit was protected by a *rezza*, a sort of curtain made up of long clinking chains of plastic tubes: it certainly wasn't chic but it guaranteed a minimum of coolness and privacy, as well as acting as a barrier against flies. Armed with enormous scissors and hieratic concentration, the maestro confidently cut the cloth following the lines marked with tailors chalk; the "altar" for this ritual was a very long table, like the type found in a monastic refectory. The ceremony was blessed by a picture depicting St. Omobono of Cremona, protector of his trade, which hung on the wall behind him. Between the holy table and the entrance were a chattering group of smiling and industrious seamstresses. The maestro married the most talented one.

Godfather Gerardo, like most of his local competitors, hadn't studied in any Parisian or Florentine fashion house. He had cut his teeth, whilst still a teenager, in the workshop of another master, Pasquale Cannone from Cerignola; he earned so little from his art that he couldn't afford an atelier even at the height of his career. However, in his lair, you could still feel, covet and buy the finest fabrics *à la page*: rolls from Zegna and Marzotto, wool and linen, grisaille and pinstripes, tweed and moleskin, tartans and stripes to tailor made-to measure garments on you that were smart enough to make the girls' heads turn. Twice a year, the humble Gerardo headed north (in those days it was a long trip) to gather information for the new seasonal collections and he would return home laden with samples and catalogues of designs which at the time were called *figurini*: they didn't contain photographs but stylised illustrations worthy of *Vogue* and *Apparel Arts*. He once excelled himself by winning the Marzotto Prize for having made the perfect "single-breasted suit for rather portly gentlemen", to quote the jury's remarks.

A tradition of quality artisan skills followed by the clothing industry indelibly marked Italian culture from the twentieth century onwards. A culture that was not at all elitist but transversal, inter-class. The petty bourgeoisie of my day changed their look drastically on Sunday nights, turning a normal evening stroll into a high-class fashion show. In the second half of the Fifties the main streets of our towns could rival any Parisian boulevard for the number of Chanel-inspired suits in circulation.

174

Video virale sviluppato in occasione del lancio del nuovo Armani Samsung Galaxy S con sistema operativo Android, a supporto del concetto "I wear Armani". Il personaggio Android fa da modello in una sfilata di moda. Il video ha superato le 900.000 visualizzazioni su YouTube. Con lo stesso obiettivo è stata promossa una intensa attività sui social media. Agli utenti di Facebook è stata data l'opportunità di personalizzare il personaggio Android con abiti Armani, fedeli repliche della reale collezione. Le creazioni sono state condivise da un gran numero di utenti sulle proprie pagine Facebook.

A viral video produced for the launch of the new Armani Samsung Galaxy Smartphone, with the Android operative system, to promote the "I wear Armani" concept. The Android character struts along the catwalk in an Armani fashion show. The video has been viewed more than 900,000 times on YouTube. In addition to this, Facebook users were given the opportunity to customise the Android character with Armani outfits from the current collection. The final creations have been shared by a huge number of users on their personal Facebook pages.

Client:
Samsung
Communication Manager:
Barbara Ganti
Agency:
Young & Rubicam
Brands Italia

Executive Creative Director:
Vicky Gitto
Creative Directors:
Vicky Gitto
Danilo Puricelli

Senior Digital Art Director:
Alessandro Camedda
Digital Art Director:
Eros Verderio
Art Director:
Cristian Comand

Copywriter:
Matteo Lazzarini
Account Manager:
Matteo Sarzana
Film Company:
Rumblefish

175

GIORGIO ARMANI | **SAMSUNG**
GALAXY S

SOCIAL ACTIVITY

Agli utenti di Facebook è stata data la possibilità di personalizzare il character Android scegliendo tra svariati outfit, fedeli repliche della reale collezione Armani. Le numerose combinazioni di stile ottenute sono state condivise da tantissime persone sulle pagine del social network.

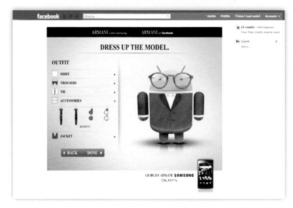

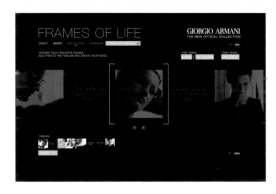

Creato per lanciare la nuova collezione occhiali di Giorgio Armani, questo progetto online cattura, nelle strade delle principali città del mondo, persone vere che per un istante diventano, davanti alla macchina fotografica, interpreti dello stile Giorgio Armani. Un *frame* della propria vita immortalato da grandi fotografi e trendsetter.

Created to launch the new Giorgio Armani eyewear collection, this online project captures images of real people in the streets of major cities in the world. Real people who, just for an instant, become interpreters of Armani's style in front of the camera. A *frame* of one's own life, immortalised by great photographers and trendsetters.

Client:
Giorgio Armani
Communication Managers:
Barbara Ganti
Valentina Zago
Agency:
Saatchi & Saatchi

Executive Creative Director:
Agostino Toscana
Creative Directors:
Agostino Toscana
Alessandro Orlandi
Manuel Musilli

Art Directors:
Alessandro Orlandi
Sara Simoncini
David Denni
Copywriter:
Leonardo Cotti
Web Designer:
David Denni

Account Manager:
Laura Fratini
Developers:
Francesco Pandolfi
Daniela Conti

177

Client:
Davide Cenci & Figli
Communication Managers:
Giacomo Cenci
David Cenci

Agency:
TW2adv
Executive Creative Director:
Alberto Baccari
Creative Director:
Alberto Baccari

Art Directors:
Andrea Castelletti
Alberto Baccari
Copywriters:
Robert Schulman
Alberto Baccari

Graphic Designer:
Andrea Castelletti
Account Manager:
Giuseppe Laneve
Illustrator:
Alberto Baccari

Photographer:
Arcangelo Argento

INTEGRATED MEDIA
Ambient and Unconventional Media

INTEGRATED MEDIA
Magazine Advertising

INTEGRATED MEDIA
Newspaper Advertising

EXPERIENTIAL EVENT: THE CONTOUR DEFILEE, & CHARITY AUCTION

Coca-Cola light 1,70 mt "models" during fashion show and charity auction held by Sotheby's.

POSTCARD

8 stylish postcards dressed by the skills of 8 stylist with the typical labels hanging from them like from the real clothes.

STREET EXHIBITION

32 6-ft countour bottles open air parade along selected Milan fashion streets.

WEBSITE

A dedicated website that recaps all the highlights of the campaign.

ALBERTA FERRETTI   *Blumarine*   ETRO   FENDI   MARNI   MISSONI   MOSCHINO   VERSACE

Client:
Coca-Cola Italia
Communication Managers:
Cristina Santucci
Francesco Cibò
Lorenzo Nettis
Agency:
BCube

Executive Creative Director:
Francesco Bozza
Art Directors:
Daniele Pancetti
Michael Engelbrecht
(TV)

Copywriters:
Fabio Andreini
Francesco Bozza (TV)
Pietro Putti (TV)
Agency Producer:
Michele Virgilio
Account Manager:
Raffaello Dell'Anna

Film Company:
Movie Magic
Film Company Producer:
Giorgio Borghi
Film Director:
Paolo Monico

Director
of Photography:
Max Gatti
Photographer:
Paolo Franco
Film Music:
"For me, formidable"
Charles Aznavour

INTEGRATED MEDIA
Promotional Postcards

INTEGRATED MEDIA
Environmental Design

INTEGRATED MEDIA
Television and Cinema

Tributi alla moda
Tributes to fashion

Durante la Settimana della moda di Milano, Coca-Cola Light è stata protagonista di una eccentrica sfilata organizzata a sostegno delle iniziative "Comune di Milano per l'Abruzzo". Otto stiliste italiane hanno interpretato le forme della mitica Contour. Trentadue bottiglie di Coca-Cola Light, realizzate in "dimensione modella", alte un metro e settanta e vestite dalle otto stiliste, hanno sfilato su una passerella allestita appositamente per loro. L'iniziativa è stata supportata da spot televisivi, stampa quotidiana, periodici femminili, un sito internet e otto Promocard. Le più importanti riviste di moda, i blog e i siti di settore hanno dato grande spazio all'iniziativa. Nella prima settimana di campagna le bottigliette di Coca-Cola Light sono andate esaurite.

Coca-Cola Light held its own fashion show during Milan Fashion Week to raise money following the earthquake in Abruzzo. Eight renowned (all female) Italian designers dressed the curvy shape of the legendary Contour. 32 life-sized Coca-Cola bottles, all as tall as top models, slid along the specially designed catwalk of a unique fashion show. The event was backed up by TV commercials, print ads in newspapers and women's magazines, an ad hoc website and eight Promocards. The major fashion magazines, blogs and websites gave a great deal of visibility to the campaign. All the Coca-Cola bottles were sold out in the first week.

WHERE IS PATRIZIA?

180

Client:
Patrizia Pepe
Agency:
TBWA/Italia
Communication
Manager:
Marco Ruffa

Executive Creative Directors:
Francesco Guerrera
Nicola Lampugnani
Art Director:
Moreno De Turco

Copywriter:
Mirco Pagano
Account Manager:
Olimpia Marrano
Film Director:
Moreno De Turco

Music Composer:
Michele Ranauro

Cortometraggio di circa 4 minuti per creare attenzione sulla nuova collezione uomo-donna di Patrizia Pepe.
È il viaggio fisico e interiore di un uomo, alla ricerca del suo amore e della sua felicità.

A four-minute short film created to launch the Patrizia Pepe menswear and womenswear Spring/Summer collections. A man's emotional and physical voyage in pursuit of love and happiness.

181

IL GUSTO
DELLA NARRAZIONE
THE TASTE OF
STORYTELLING

Ti racconto una storia

di Francesco Taddeucci

Mi trovavo a Napoli un giorno di tanti anni fa, e sentii un signore azzerare tutte le doti estetiche di Claudia Schiffer – non saprei più dire perché stesse parlando di lei – con una frase perentoria e disarmante: «chilla nun tene' a curriente». Voleva dire, quel signore, che la bellezza da sola non basta, se non c'è anche "la corrente", il significato, la profondità a portare un brivido. Per me poteva andare benissimo anche così, la ragazza, ma non si può dare torto al signore partenopeo sul fatto che se la Schiffer fosse stata anche un po' più interessante, il mondo avrebbe apprezzato maggiormente tutta la questione. È così anche per la materia pubblicitaria. Quando la pubblicità riesce a raccontare una storia, ha quasi sempre successo. Ecco, questa semplice formula è stata per tanti anni seppellita in fondo ai cassetti, quando – per un certo, scellerato, periodo – le si è preferita un'altra formula: non raccontare nulla, ma farlo in modo elegante. Il nulla-espresso-bene è stato, e sarà sempre, il contrario esatto di una storia. La cosa drammatica è che in pubblicità possono convivere entrambe le formule (quella con e quella senza corrente), ed entrambe possono funzionare: trattasi di una materia così superficiale, frivola ed estetica, che a volte anche la sola forma può essere più che sufficiente per vendere un prodotto. Ma gli italiani dovrebbero conoscere bene il valore e l'efficacia di quelle pubblicità che raccontano una storia. Negli anni del Carosello (parola talmente usata da essere quasi smunta e illeggibile), i pubblicitari mettevano in scena un teatrino, e poi ci appiccicavano un prodotto. Poi sono venuti gli anni dell'estetica, di riviste per addetti ai lavori come la celebre "Archive" che dettavano la moda del momento, indirizzavano lo stile. E i racconti si sono smarriti. Per ritornare in auge negli anni della povertà (questi), dove c'è poco da lustrare e tanto da scavare.

Nelle pagine di questo capitolo si decide di *respirare*. Si racconta. Si immaginano cose che ci riportano a una storia, sia essa solo visiva e subdola come nella bellissima campagna TBWA contro le disattenzioni alla guida, sia invece raccontata proprio a parole. E subito si capisce che quando non ci si affida al solo artificio estetico, ma si aggiunge contenuto o un *insight* (come i pubblicitari chiamano le verità profonde e a volte nascoste), le cose funzionano e addirittura volano. Come negli spot della Birra Castello, talmente giovane da non avere ancora una storia da raccontare: per cui nella sua fabbrica se ne inventano di finte, a ripetizione. Un bel modo (e un bellissimo insight, appunto) per inventare storie. Ma un racconto può anche essere solo per immagini, come sanno bene i vignettisti e come sappiamo tutti noi che siamo stati anche bambini. Qui ne troveremo

Let me tell you a story

by Francesco Taddeucci

A few years ago, on a visit to Naples, I heard a guy dismiss all Claudia Schiffer's physical attributes (although I no longer recall exactly why he was talking about her) with a blunt and haughty tone in the Neapolitan dialect: "chilla nun tene 'a curriente". Which, roughly translated, means that beauty counts for nothing if it has no "spark", in other words, if it is unable to convey the deep feeling that makes you go squishy inside. By my reckoning, the girl is lovely just as she is, but you cannot fault the Neapolitan man on the fact that if Schiffer had been even a bit more engaging, the world could have better appreciated the whole package. And advertising stuff is exactly the same. When advertising does manage to tell a story, it usually succeeds. Nevertheless, this simple formula was pushed to the furthest corners of the wardrobe for years – during a certain nefarious period – in favour of another formula, that of not telling any story, but doing it elegantly. The nothing-expressed-well has been, and always will be, the exact opposite of a story. The crazy thing is that advertising accommodates both formulas (that with and that without a spark) and both work equally well. Indeed, it is such a superficial, frothy and aesthetic subject that the form alone is sometimes all it takes to move a product off the shelves.

But Italians should have a very good idea of the value and efficacy of advertisements that tell a story. In the years of *Carosello*[1] (a word so overused it has become smudged and almost illegible), the advertising folk set up a little theatre and stuck a product on it. Then came the years of aesthetics, of ad industry magazines, such as the renowned *Archive*, which dictated the fashion of the moment and set the style. Then suddenly the stories disappeared, and only made a comeback in the years of poverty (these), when there is little to polish and lots to delve into.

In this chapter, the pages have decided to *breathe*. The story is told. It lets us imagine things that lead to a story, whether purely visual and sneaky, like the TBWA's brilliant campaign against careless driving, or whether told through actual words. And it becomes instantly clear that when aesthetic artifice is enriched with content or insight (as the ad industry calls the profound and sometimes hidden truth), things not only work well but can even soar to great heights. Like the commercial to launch Birra Castello, "the beer without a history"; quite simply the beer is too young to have a history, so a lot of false stories are always being invented in the beer factory. A nice way to invent stories (and a great insight). But a story can also be told using images alone, as the comic book artists know well, and everyone else too, having once been children. One of the stories featured here is inspired by the Italian idiom "Better an egg today

uno ispirato a un detto ("meglio un uovo oggi…") e disegnato con tanta ironia da fare invidia ai vecchi numeri di "Miao" (per gli over 45) o della "Pimpa" (per gli under 45). Ma ogni forma narrativa è contemplata nella pubblicità che decide di raccontare: ecco allora la surreale storia del Panda, che se ne sta sul dondolo e sgranocchia bambù, e non ti aiuta a farti un'opinione: in sostanza non serve a niente. Un racconto cinico e sottile, affidato alle parole di un bellissimo testo radio per *il manifesto*. E se avessimo voglia di una bella storia raccontata da Piero Angela, o – ancora meglio – da David Attenborough? Eccola da Dixan: una campagna in cui dei predatori fatti di detersivo sono implacabili nell'acciuffare le loro macchie-preda. Un racconto terribile, senza commento, come un documentario muto. I sentimenti di una volta, con i mezzi di oggi: è la love story virale con il postino e il bambino che scrive la sua lettera, vista oltre due milioni di volte sul web, e diffusa da Poste Italiane. Poi ci sono le storie più contemporanee, quelle affidate alle app di Facebook: qui per lanciare il calendario Campari è stata raccontata un'audiostoria per ogni mese. E infine quasi un racconto di cinema indipendente: quello dell'uomo che perde il senso delle distanze, raccontato per Audi. Sono come vedrete tante storie, tutte diverse nello spirito, nei mezzi, nella lunghezza. Ma tutte create con intelligenza e candore. Inteso come pulizia dai cliché e dagli stereotipi di questa materia, che può essere tollerata, odiata o addirittura amata. Dipende solo da lei.

Ma finché la pubblicità avrà voglia di scavare, e di non fermarsi alla superficie, i nostri libri così tecnici – che noi chiamiamo annual – avranno la possibilità e l'onore di sentirsi dei libri come tutti gli altri.

than a chicken tomorrow", which has the same meaning as "A bird in the hand is worth two in the bush", and is crafted with just the right ironic twist to make *Miao*'s (if you are over 45) or *Pimpa*'s (if you are under 45) old comic books turn green. But when advertising decides to tell a story, every genre of narrative form is contemplated. And so we have the surreal story of the panda who happily chews bamboo in a rocking chair. But a panda can't help you to form an opinion. In fact, the panda doesn't tell you anything. A wry and subtle story told in the words of a superb radio script for *il manifesto* newspaper. And if we want to listen to a great story told by Piero Angela[2] or, even better, David Attenborough, here comes Dixan detergent in the form of predator that implacably stalks the stains that are its prey. Using modern technology and oldfashioned sentiment, a viral video for Poste Italiane, the Italian postal service, spins a love story from a dual perspective: that of a postman and that of a letterwriting child, which attracted more than 2 million views in just two weeks. Next there are the more contemporary stories, those dedicated to Facebook apps. Here, Campari used the web to post twelve monthly clips of an action mini-film, designed to captivate Campari fans waiting for the 2011 calendar. And there is also a tribute to the minimalist narrative often favoured by independent cinema of the low-budget type, the story of a man who has lost his capacity for perceiving even the shortest of distances, as narrated by Audi.

So there are lots of stories to delve into, all with their own quintessential spirit, but all crafted with intelligence and candour. And by that I mean free of clichés and the usual advertising stereotypes, which can be tolerated, hated or even loved. It all depends on the advertisement itself.

But as long as advertising persists in delving deeper, in going beyond street level, our so very technical books – which we call annuals – will be able and will have the honour of feeling just like all the other books.

translated by Susan Wallwork

[1] Carosello was a popular Italian "advertisment" format based on the telling of a short story. The programme was broadcast by RAI, the national TV station, from 1957 to 1977, and consisted of short stories lasting 2 minutes 30 seconds that ended with a commercial.
[2] Piero Angela is a science writer and a popular TV presenter of science and discovery programmes.

188

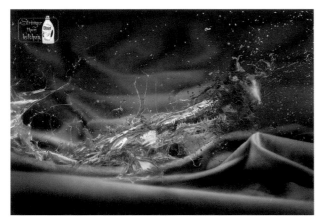

Client:
Henkel Italia
Communication Manager:
Mara Panaja
Agency:
DDB

Executive Creative Directors:
Luca Albanese
Francesco Taddeucci
Creative Directors:
Luca Albanese
Francesco Taddeucci

Art Director:
Armando Viale
Copywriter:
Valerio Le Moli
Account Managers:
Annagiulia
Di Francesco
Chiara De Simone

Post Production:
Claudio Luparelli
Artout Creative Group
Photographer:
Michele Gastl

189

Attraverso una lettera si paragona l'amore esagerato immaginato da un bambino con quello vissuto da un vecchio postino, fatto di piccole cose. Nel fotogramma finale si svela che i due personaggi sono la stessa persona che nel tempo è maturata. In sole due settimane questa love story virale è stata vista oltre due milioni di volte.

A boy's letter leads to the comparison between two different visions of love: the child tends to idealise it emphatically, while an old postman thinks that love is made up of little things. The final frame discloses the truth: the two characters are the same person, in different moments of life. The viral love story had more than 2 million views in just two weeks.

Client:
Poste Italiane
Communication Managers:
Cristina Quaglia
Luca Scimiterna

Agency:
Cric
Creative Directors:
Clemente De Muro
Davide Mardegan

Art Director:
Davide Mardegan
Copywriter:
Clemente De Muro
Film Company:
Cric

Film Director:
Davide Mardegan
Project Manager:
Niccolò Dal Corso
Music Composer:
Marc Allan Wolfe

The Red Affair è il titolo di un minifilm d'azione concepito per mobilitare, mediante un'apposita applicazione Facebook, i fan di Campari in attesa del calendario 2011. Ogni pagina del calendario ispira una sequenza avventurosa. Postati progressivamente in rete, i dodici clip si concludono con la rivelazione delle celebrità protagoniste del calendario.

The Red Affair is the title of an action mini-film designed to captivate Campari fans waiting for the 2011 calendar, through a dedicated Facebook app. Every calendar page is inspired by an adventure sequence. Posted progressively on the web, the twelve clips conclude with the disclosure of the calendar's celebrity heroes.

Client:
Campari
Communication Manager:
Julka Villa
Agency:
MRM Worldwide

Executive Creative Director:
Alex Brunori
Creative Director:
Alex Brunori
Art Director:
Stefano Cairati

Copywriters:
Angelo Brancaccio
Jan Mattassi
Account Managers:
Sivia Galbiati
Pasquale Ascione

Project Managers:
Silvia Galbiati
Pasquale Ascione
Strategic Planner:
Gianluca Ruggiero
Developer:
Milush Manimendra

191

Affetto da un'incomprensibile incapacità di calcolare le distanze, un uomo fa gocciolare acqua da un bicchiere e ha bisogno di aiuto persino per trovare la maniglia di una porta. Solo alla guida della sua auto torna in pieno possesso della situazione. Perché, grazie alla motorizzazione TFSI, Audi A3 è il nuovo punto di riferimento per calcolare le distanze e i tempi impiegati a raggiungerle.

A man has apparently lost his capacity for perceiving even the shortest of distances, thus, he spills water out of a glass, or needs help when opening a door. Only when he is driving his car – an Audi A3 – does normality return. Because, thanks to its TFSI engine, the new Audi A3 is perfect for calculating distances and the time required to cover them.

Client:
Volkswagen
Group Italia
Divisione Audi
**Communication
Managers:**
Daniele Toniolo
Michele Migliorini
Agency:
DDB

**Executive Creative
Directors:**
Luca Albanese
Francesco Taddeucci
Creative Directors:
Luca Albanese
Francesco Taddeucci
Art Director:
Hugo Gallardo

Copywriter:
Elena Carella
Account Manager:
Simone Lucarelli
Film Company:
Bedeschifilm
**Film Company
Producer:**
Federico Salvi

Film Director:
Edoardo Lugari
**Director
of Photography:**
Leo Carbotta
Film Editor:
Francesco Catalisano
Post Production:
Bedeschipost

Music Composer:
Michele Ranauro

Manifesto
Radio 30"

Panda - Dondolo

Voce maschile 1:
Allora, come va col panda?
Voce maschile 2:
Bene... ieri sera siamo stati sul dondolo.
Voce maschile 1:
A riposare?
Voce maschile 2:
No no... a parlare un po'.
Voce maschile 1:
Ah, e di che cosa?
Voce maschile 2:
Di crisi politica, riforme istituzionali...
Voce maschile 1:
Capisco... E il panda?
Voce maschile 2:
Il panda se ne stava zitto... masticava il suo bambù...
Voce maschile 1:
E poi?
Voce maschile 2:
Niente... dopo un po' si è addormentato. Ah, eccolo là, guarda.
Speaker:
Un panda non ti aiuta a farti un'opinione. Salva "il manifesto".
Abbonati o fai una sottoscrizione su manifesto.it

192

Client:
il manifesto
Agency:
The Name Group
Creative Directors:
Daniele Dionisi
Alessandro Izzillo

Copywriter:
Filippo Testa
Account Manager:
Luca Micheletta
Production Company:
Eccetera

Manifesto
Radio 30"

Panda - Rocking chair

Male voice 1:
So, how are things with the panda?
Male voice 2:
Good. Yesterday we went on the rocking chair for a while.
Male voice 1:
To have a rest?
Male voice 2:
No, no. Just to have a chat.
Male voice 1:
Oh yeah, what about?
Male voice 2:
The political crisis, institutional reforms…
Male voice 1:
Ah, I see. And the panda?
Male voice 2:
The panda didn't say anything. He was chewing his bamboo.
Male voice 1:
And then?
Male voice 2:
Nothing: after a bit he fell asleep. Ah, there he is, look.
Speaker:
A panda can't help you to form an opinion. Save *il manifesto*.
Take out a subscription on www.manifesto.it

Manifesto
Radio 30"

Panda - Scacchi

Voce maschile 1:
Ciao, Augusto.
Voce maschile 2:
Ah, ciao.
Voce maschile 1:
Allora, come sta oggi il panda?
Voce maschile 2:
Bene… stamattina siamo stati in soggiorno.
Voce maschile 1:
A guardare la tv?
Voce maschile 2:
No no… a giocare.
Voce maschile 1:
Ah…. A cosa?
Voce maschile 2:
Scacchi.
Voce maschile 1:
Scacchi… E come se la cava il panda?
Voce maschile 2:
Non lo so. Non ha fatto nemmeno una mossa.
Voce maschile 1:
Neanche una?
Voce maschile 2:
Ma no! Stava lì, si guardava attorno. E dopo un po' è tornato in giardino. Come adesso, guarda.
Speaker:
Un panda non ti aiuta a ragionare. Salva "il manifesto".
Abbonati o fai una sottoscrizione su manifesto.it

194

Client:
il manifesto
Agency:
The Name Group
Creative Directors:
Daniele Dionisi
Alessandro Izzillo

Copywriter:
Filippo Testa
Account Manager:
Luca Micheletta
Production Company:
Eccetera

Manifesto
Radio 30"

Panda - Chess

Male voice 1:
Hi Augusto.
Male voice 2:
Hi.
Male voice 1:
So, how's the panda today?
Male voice 2:
Good. We relaxed in the living room this morning.
Male voice 1:
Watching TV?
Male voice 2:
No, no, playing.
Male voice 1:
Oh yeah? Playing what?
Male voice 2:
Chess.
Male voice 1:
Chess? And did the panda play well?
Male voice 2:
I don't know. He didn't even make one move.
Male voice 1:
Not even one?
Male voice 2:
No! He just sat there, looking around. And after a while he went back to the garden. Look, he's there now.
Speaker:
A panda can't help you to reason things out. Save *il manifesto*.
Take out a subscription on www.manifesto.it

Manifesto
Radio 30"

Panda - Film

Voce maschile 1:
Allora, tutto bene?
Voce maschile 2:
Sì, tutto a posto.
Voce maschile 1:
E col panda?
Voce maschile 2:
Bene. Stasera abbiamo visto un film insieme.
Voce maschile 1:
Ah, quale?
Voce maschile 2:
Candele al vento… sai, il coreano.
Voce maschile 1:
Bello!
Voce maschile 2:
Sì, bello. E poi abbiamo aperto il dibattito.
Voce maschile 1:
Ah! E il panda?
Voce maschile 2:
Il panda è rimasto in silenzio. Ogni tanto si grattava il muso.
Voce maschile 1:
E poi?
Voce maschile 2:
Niente, dopo un po' è andato via. Ora è lì che dorme, guarda.
Speaker:
Un panda non stimola il tuo senso critico. Salva "il manifesto".
Abbonati o fai una sottoscrizione su manifesto.it

Client:
il manifesto
Agency:
The Name Group
Creative Directors:
Daniele Dionisi
Alessandro Izzillo

Copywriter:
Filippo Testa
Account Manager:
Luca Micheletta
Production Company:
Eccetera

Manifesto
Radio 30"

Panda - Film

Male voice 1:
So, everything OK?
Male voice 2:
Yes, everything's OK.
Male voice 1:
How are things with the panda?
Male voice 2:
Good. We watched a film together last night.
Male voice 1:
Oh yeah? Which one?
Male voice 2:
Candle in the Wind… you know, the Korean one.
Male voice 1:
Great!
Male voice 2:
Yes, it was great. And then we discussed it.
Male voice 1:
Oh? And the panda?
Male voice 2:
The panda didn't speak. Every now and then he scratched his snout.
Male voice 1:
And then?
Male voice 2:
Nothing, after a while he walked away. Now he's over there sleeping, look.
Speaker:
A panda doesn't stimulate your critical thinking. Save *il manifesto*.
Take out a subscription on www.manifesto.it

198

Client:
Birra Castello
Communication Manager:
Giuseppe Micucci
Agency:
Auge Headquarter

Executive Creative Directors:
Federica Ariagno
Giorgio Natale
Creative Directors:
Federica Ariagno
Giorgio Natale

Art Director:
Davide Mosconi
Copywriter:
Niccolò Bossi
Film Company:
Filmmaster

Film Director:
Kalle Haglund
Music Composers:
Paolo Re
Fabrizio Baldoni
Developer:
Medialogy

"La birra senza una storia." Campagna di lancio della Birra Castello. La birra così nuova (nata nel 1997) che non ha una storia. Ecco perché alla fabbrica Castello si inventano ogni volta storie finte. Il video è stato pianificato on line e sulla homepage del sito.

"The beer without a history." Launch campaign for Castello beer. Created in 1997, quite simply the brand does not have a history. This is why a lot of false stories are always being invented in the beer factory. The video was programmed on line and on the brand website homepage.

"La distrazione causa due incidenti su tre. Non guidare pensando ad altro."

"Two times out of three distraction is the cause of an accident. Keep your mind on the road."

Client:
Nissan
Agency:
TBWA\Italia

Executive Creative Directors:
Francesco Guerrera
Nicola Lampugnani

Creative Directors:
Francesco Guerrera
Nicola Lampugnani
Art Director:
Moreno De Turco

Copywriter:
Mirco Pagano
Account Manager:
Olimpia Marrano

Photographer:
Giacomo Biagi

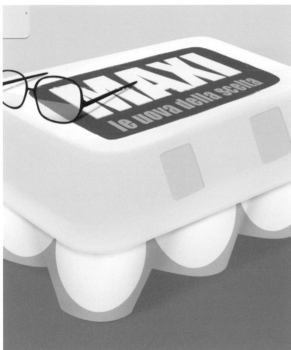

201

Racconto per immagini ispirato dal detto "Meglio un uovo oggi che una gallina domani".

An illustrated story based on the Italian idiom "Better an egg today than a chicken tomorrow", which has the same meaning as "A bird in the hand is worth two in the bush".

Client:
DPI magazine, Taiwan
Special issue about the
Fairyland of Bologna
Illustration

Magazine Editor:
Serra Shih
Graphic Designer:
Marianna Fulvi

Illustrator:
Marianna Fulvi

Quixa
Radio 30"

Numero

Messaggio preregistrato:
Benvenuto nel servizio clienti Quixa.

Cliente: Davide?
Consulente: Sì?
Cliente: C'è una ragazza che mi ha appena tamponato.
Consulente: Ah…Mi dispiace. Ma state bene?
Cliente: Sì, sì! Ma è vero che mi deve lasciare il numero?
Consulente: No, basta il modulo blu.
Cliente: Ah, quindi allora…è necessario che mi lasci il numero?
Consulente: Ma nooo, non è necessario!
Cliente: Ah, OK, allora mi faccio lasciare il numero!
Consulente: E vabbeh.
Cliente: Grazie eh, sei un grande! Ciao!

Speaker: Scegli anche tu Quixa, l'unica assicurazione auto online che ti offre un consulente personale dedicato e ti fa risparmiare. Fai un preventivo, vai sul sito Quixa.it.
Quixa. Diretta, personale. Axa.

Client:
Quixa
Communication Managers:
Oscar Agostini
Roberta Mottino

Agency:
Lowe Pirella
Fronzoni
Creative Directors:
Umberto Casagrande
Mauro Manieri

Copywriters:
Andrea Stanich
Stella Sguinzo
Clemente De Muro
Agency Producer:
Gloria Del Frate

Account Managers:
Luisella Marelli
Cinzia Prioni
Production Company:
Eccetera

Company Producer:
José Bagnarelli
Editor:
Marco Vaccaro
Music:
Quiet, Please!

Quixa
Radio 30"

Phone Number

Pre-recorded message:
Welcome to Quixa's customer service.

Client: David?
Customer service operator: Yes?
Client: A girl has just crashed into me.
Operator: Oh… I'm sorry. Are you both OK?
Client: Yes, yes! But she has to give me her phone number, doesn't she?
Operator: No, just fill in the blue form.
Client: Ah, OK, I see…but does she have to give me her number?!?
Operator: No, no, not at all, you don't need it!
Client: Ah, OK, I'll get her to give me her number!
Operator: Well, OK.
Client: Hey thanks! You're the top! Bye!

Speaker:
Why don't you choose Quixa? The only online car insurance that offers a personal consultant and helps you save.
Get an estimate, go to our website Quixa.it.
Quixa. Direct. Personal. Axa.

Quixa
Radio 30"

Destra

Messaggio preregistrato:
Benvenuto nel servizio clienti Quixa.

Cliente: Ma come faccio a entrare nella mia area personale?
Consulente: …è sul nostro sito?
Cliente: Eh sì
Consulente: allora, guardi in alto a destra, c'è scritto MyQuixa.
Cliente: Aspetti… la mia destra o la sua destra?
Consulente: Eh… La sua destra.
Cliente: Quindi alla mia destra guardando il monitor…
Consulente: … guardando il monitor è meglio…

Speaker: Scegli anche tu Quixa, l'unica assicurazione auto online che ti offre un consulente personale dedicato e ti fa risparmiare. Fai un preventivo, vai sul sito Quixa.it.
Quixa. Diretta, personale. Axa.

206

Client:
Quixa
Communication Managers:
Oscar Agostini
Roberta Mottino

Agency:
Lowe Pirella
Fronzoni
Creative Directors:
Umberto Casagrande
Mauro Manieri

Copywriters:
Andrea Stanich
Stella Sguinzo
Clemente De Muro
Agency Producer:
Gloria Del Frate

Account Managers:
Luisella Marelli
Cinzia Prioni
Production Company:
Eccetera

Company Producer:
José Bagnarelli
Editor:
Marco Vaccaro
Music:
Quiet, Please!

Quixa
Radio 30"

Right hand side

Pre-recorded message:
Welcome to Quixa's customer service.

Client: Err… can you tell me how I can enter my personal area?
Customer service operator: Are you on our website now?
Client: Err yes…
Operator: Well look at the top of the page on the right. You'll see Myquixa.
Client: Wait… on my right or on your right?
Operator: Err… your right.
Client: So, on my right looking at the monitor…
Operator: …err yes, looking at the monitor would be a good idea …

Speaker: Why don't you choose Quixa? The only online car insurance that offers a personal consultant and helps you save. Get an estimate, go to our website Quixa.it
Quixa. Direct. Personal. Axa.

UN MONDO
DA CAMBIARE
A WORLD
TO BE CHANGED

Rispettare il pane

di Sandro Baldoni

Ad alcuni potrà sembrare una bestemmia, ma la pubblicità sta diventando un'arma molto potente contro la povertà estrema e la fame nel mondo. All'inerzia dei governi impegnati in meeting internazionali dove si discute ai massimi livelli su quale sia il modo più efficace per rinviare il problema, centinaia di associazioni piccole e grandi contrappongono interventi spontanei ma molto concreti che basano la loro forza, prima di tutto, sulla comunicazione.

Bono Vox è in grado di raccogliere più soldi di Angela Merkel, semplicemente con una buona campagna multimediale dove mostra l'ormai onusto faccione da rockstar con relativo imprescindibile occhialone scuro. Ma anche campagne più piccole e meno star-oriented, come quelle che vedete in queste pagine, fanno il loro onesto lavoro per bucare l'indifferenza di chi fa finta di non vedere e non sentire che, nel secolo più ostentatamente *téchne* della storia dell'umanità, la fame affligge ancora un miliardo di persone.

Non ho dati su quanto queste azioni di marketing abbiano funzionato (e, per come è organizzata adesso questa nostra società, è certo più facile vendere merendine junk-food a bambini viziati e obesi che procurare pezzi di pane senza companatico ai loro coetanei indigenti), ma trovo negli slogan e nelle immagini qui riportate una grande concretezza, difficile oggi da rintracciare nella pubblicità tradizionale, presa com'è a coprire le magagne di un consumismo estremista che non regge più il passo della realtà.

Mi piace, per esempio, la spinta all'azione della campagna intitolata «Chiedilo a loro»: ne apprezzo l'esortazione semplice a sollevare le viziatissime natiche dalla poltrona per andare a vedere, a sentire, a toccare, a condividere fiato e sudore e pensieri angosciosi con gente che non sa se sopravviverà fino a sera, per poi tornare con le natiche sulla poltrona ma solo allo scopo di raccontare in rete al mondo intero perché valeva la pena sollevarle. Che poi il committente sia la Chiesa cattolica, per molti versi grande reclamizzatrice di oscurantismo, è un discorso da fare a parte e in altra sede. Santa sede?

Così come trovo pragmatica e sferzante l'immagine dei bidoni della spazzatura trasformati in tavole imbandite con un buco al centro, per simboleggiare lo scandalo terribile dello spreco del cibo. Secondo le stime FAO, un terzo degli alimenti prodotti nel mondo va sprecato: vale a dire 1,3 miliardi di tonnellate l'anno. Senza contare che, perversione della logica, anche nei paesi più poveri si butta via troppo cibo, perché l'organizzazione della conservazione e della distribuzione degli alimenti freschi non funziona, e così si lasciano marcire gli alimenti locali per importare dall'estero quelli a lunga scadenza, più facili da stoccare e da far viaggiare.

Di questa concretezza, soprattutto in un paese coi piedi saldamente piantati sulla teoria come il nostro, c'è un disperato bisogno.

Stando alle statistiche, infatti, storicamente l'Italia non è una delle nazioni più virtuose al mondo quanto a de-

So much more respect for our bread

by Sandro Baldoni

To some it may seem somewhat incongruous but advertising is becoming a very powerful weapon against the extreme poverty and hunger in the world.

The inertia of governments involved in high level international meetings, where they perpetually discuss the most effective way to defer the problem of poverty, is in stark contrast with the actions of hundreds of small and large organisations that carry out voluntary, but very tangible, operations that base their strength mainly on communication.

Bono's familiar rock star features, complete with signature dark glasses, starring in a well organised multi-media campaign can drum up more money than the profile of a governmental bigwig like Angela Merkel.

However, many smaller and less star-oriented campaigns, such as those shown in these pages, also do a commendable task of raising awareness. They prick the conscience of those who pretend not to hear and see that hunger still afflicts one billion people in this world even in this century, the most conspicuously *téchne* period in the history of mankind.

The way our society is organised nowadays it is undoubtedly easier to sell junk-food snacks to spoilt and obese children than to obtain square meals for their peers in need. I am not in possession of any data on how effective these marketing strategies have been but in the slogans and images published herein I note admirable solidarity that is difficult to find nowadays in traditional advertising, too busy, as it is, trying to cover up the defects of an extremist consumerism which is out of touch with reality.

For example, I particularly like the call to action of the «Chiedilo a loro» (*Ask them*) campaign. The simple exhortation to get people to shift their pampered buttocks from their sofas and go to see, hear, touch, breathe and share the sweat and worries of those who never know if they can survive to the end of the day is effective. Of course, these roving reporters then return to their secure sofas but at least they then share their experiences online and explain why it was worth moving their butts in the first place.

Having said this, the fact that the Catholic Church is the client behind the campaign, (which in many ways is a great advocate of obscurantism,) is something we can ponder over some other time, in another place. Maybe in the Holy See?

I also find that the image of a garbage can turned into a dinner table with a hole in the middle, to symbolise the scandalous waste of food in the world, conveys a very pragmatic and caustic message.

According to FAO estimates, one third of the food produced worldwide is wasted: meaning 1.3 billion metric tons a year. Not to mention that, in a perverted form of logic, too much food is thrown away even in the poorest countries around the globe because the storage and distribution organisation of perishable produce is ineffective; locally grown foodstuffs are left to rot while

dizione spontanea verso il bene comune. Anzi, i paesi scandinavi, quelli anglosassoni, alcuni altri paesi europei come la Francia, la Spagna e i Paesi Bassi, e anche gli Stati Uniti, ci hanno sempre distanziati di gran lunga.

Ma forse stiamo provando a riscattarci: la più recente rilevazione Fivol (Fondazione Italiana per il Volontariato), condotta con criteri molto restrittivi, cioè considerando solo le organizzazioni che hanno tutti i requisiti di gratuità, solidarietà e democraticità previsti dalla legge quadro sul volontariato, ci dice che in Italia il numero di associazioni che lavorano sistematicamente per aiutare le persone con problemi di povertà e salute ammontava già a 35.256 nel 2006[1]. Erano circa 21.000 nel 2003, sfioravano le 28.000 nel 2005, oggi rientrano quasi nella media europea.

Quasi.

Resta da vedere cosa succederà se la crisi economica continua a distruggere le nostre beate certezze.

Non c'è bisogno di andare troppo lontano per rendersi conto di come la povertà stia aumentando, basta farsi un giro per le nostre città, una volta così sfacciatamente opulente. Da ogni angolo spuntano persone che chiedono aiuto. Le file davanti alle mense che distribuiscono piatti di minestra calda sono sempre piene di pensionati e disoccupati italiani di tutte le età, che non riescono a tirare avanti dignitosamente fino alla fine del mese.

Ricordo scene così solo verso la fine degli anni cinquanta, quando, camminando verso l'asilo con le dita saldamente ancorate alla manona di mia madre, passavo di fronte alla chiesa e vedevo con stupore famiglie inte-

re aspettare che il prete si presentasse all'uscita della sagrestia, col pane e i vestiti usati che i più ricchi del paese gli avevano donato.

Di solito, in tempi di crisi si diventa più egoisti e anche più meschini, si tende a coltivare il proprio orticello e a badare che nessun estraneo si avvicini alle zucchine.

Ma *questa* crisi è diversa. Questa crisi ci obbligherà per davvero a ridefinire noi stessi e l'intera organizzazione che ci siamo dati, tanto più per il fatto che viviamo ormai in un pianeta dove le scelte di tutti influenzano la vita di tutti.

Bisogna essere "Mad as hell" (trad. Accademia della Crusca: *incazzati neri*), come dice Jeremy Irons nella campagna della FAO, ma non basta: credo ci sia bisogno di tornare sui propri passi e cambiare sentiero, cambiare anche lo sguardo con cui si affronta il nuovo paesaggio. Innanzitutto guardare al pane, il nostro e quello degli altri, con più rispetto.

[1] http://goo.gl/hYm7j

long-life provisions from abroad are imported, as they are easier to transport and store.

There is a desperate need for this solidarity especially in a country such as ours that has its feet firmly entrenched in theory.

Statistics show that, historically, Italy is not one of the most virtuous countries in the world known for its spontaneous devotion to the common good. The Scandinavian and Anglo-Saxon countries and some other European nations like France, Spain and the Netherlands, and even the United States, have always been way ahead of us.

However, maybe, just maybe, we are managing to redeem ourselves: the latest survey by Fivol (the Italian Foundation for Voluntary Service) that was conducted with very restricted criteria, i.e. taking into consideration only organisations that fulfilled the requirements of nonprofit, solidarity and democracy under the framework law on volunteering, shows that the number of associations in Italy working systematically to help people with problems of poverty and health totalled 35,256 in 2006.[1] It was approximately 21,000 in 2003 and nearly 28,000 in 2005; currently it is almost within the European average. Almost.

It remains to be seen what will happen if the economic crisis continues to destroy our blessed certainties.

We don't have to look very far to realise how poverty is on the rise; it is suffice to look around our cities, once so brazenly opulent.

Beggars are springing up on every street corner. The queues outside the soup kitchens that distribute hot meals are always packed with pensioners and unemployed Italians of all ages who struggle to make ends meet at the end of the month.

I can only recall seeing scenes such as these back in the late Fifties whilst being taken to nursery by my mother. With my hand firmly clutched in hers we passed in front of a church and saw, to my amazement, whole families waiting for the priest at the sacristy door, queuing up to receive bread and used clothing that wealthier persons in the city had donated.

Usually, in times of crisis people become even more selfish and meanspirited, everyone tends to look after number one and make sure that no one else comes too close for comfort.

But this crisis is different. This crisis will really force us to redefine ourselves and the entire organisation that we are part of, all the more so now for the fact that we live in a world where everyone's choices affect the lives of all others. We all have to get as "Mad as hell", as Jeremy Irons incites in the FAO campaign, but it is not enough: I believe that we need to backtrack, to change our direction and also adjust the way in which we look at everything that lies ahead of us in the new landscape. Above all, we have to look at bread, our own and that of others, with so much more respect.

translated by Maggie Corcoran

[1] http://goo.gl/hYm7j

ONLINE & DIGITAL MEDIA
Social Media

ONLINE & DIGITAL MEDIA
Branded Entertainment

ONLINE & DIGITAL MEDIA
Digital Integrated Campaigns

214

Client:
CEI
Communication Managers:
Matteo Calabresi
Francesca Roncoroni
Agency:
Saatchi & Saatchi
Executive Creative Director:
Agostino Toscana

Creative Directors:
Stefano Maria Palombi
Agostino Toscana
Manuel Musilli
Art Director:
Manuel Musilli
Copywriters:
Antonio Di Battista
Stefano Maria Palombi
Web Designers:
Manuel Musilli
David Denni

Account Managers:
Raffaella Rosati
Ilaria Del Giudice
Andrea Lamberti
Zanardi
Film Company:
Cineteam
Film Director:
Stefano Maria Palombi
Photographer:
Francesco Zizola

Project Manager:
Silvio Coco
Developers:
Dario Cataldi
Silvio Coco
Simone Roca

Progetto di reportage digitale affidato a otto volontari, selezionati mediante una campagna online per testimoniare l'impegno della Chiesa cattolica in Italia e nel mondo. "Ti porteremo nei luoghi dove il contributo dell'8xmille rende tante opere possibili ogni giorno", si legge nell'avviso di recruitment, "per raccontare attraverso internet quello che vedrai con i tuoi occhi e sentirai con il tuo cuore." Perché il titolo *Chiedilo a loro?* "Perché crediamo che il modo migliore per raccontare le nostre storie sia ascoltarle direttamente dai protagonisti. Li raggiungeremo in prima persona, sia in Italia che nei paesi più poveri del mondo, e andremo a chiedere direttamente a loro in che modo l'8xmille sostenga ogni giorno la loro azione. Tu sarai il narratore. Internet sarà il tuo diario. Blog, Facebook, Twitter, Foursquare, YouTube, Flickr: avrai a disposizione tutti gli strumenti della rete, per raccontare dal tuo punto di vista ogni momento del viaggio. Le foto, i video, i racconti e tutti gli altri materiali saranno pubblicati periodicamente su questo sito e saranno un patrimonio di tutti…". Seguono, nella fase due, i diari di viaggio degli otto prescelti, intitolati "Se non ci credi, chiedilo a loro". (http://www.chiediloaloro.it/#/blogger)

The first phase of this online campaign was to select eight volunteers to take part in a digital coverage project. The aim was to personally witness the Catholic Church's commitment to the needy in Italy and around the world. The recruitment notice stated, "We'll take you to the places where the 8xmille contributions make many works possible every day." (Italian taxpayers can choose to devolve a compulsory 0.8% - "eight per thousand" - from their annual income tax return to an organised religion recognised by Italy or, alternatively, to a social assistance scheme run by the Italian state.) "You can then tell us what you have seen with your own eyes and heard with your own heart on the internet." Why this choice of title, *Ask them*? "Because we believe that the best way to tell our stories is to listen to them directly from the protagonists. We'll go to them in person, both in Italy and in the poorest countries of the world and we'll ask them directly how the 8xmille supports their daily actions. You will be the narrator. Internet will be your journal. Blogs, Facebook, Twitter, Foursquare, YouTube, Flickr: all the networks will be available for you to communicate your thoughts at any time of the trip. The pictures, videos, stories and all other materials will be published periodically on this site and will be everyone's heritage…" In phase two, the travel diaries of the eight people chosen will be published, entitled "If you don't believe us, just ask them." (http://www.chiediloaloro.it/#/blogger)

216

Client:
Pane Quotidiano Onlus
Communication Manager:
Luigi Rossi

Agency:
Saatchi & Saatchi
Executive Creative Director:
Agostino Toscana

Creative Directors:
Agostino Toscana
Alessandro Orlandi
Art Director:
Nico Marchesi

Copywriter:
Paola Morabito
Photographer:
Luca Perazzoli
Post Production:
FSP

Tavolini da pranzo allestiti sui bidoni dei rifiuti a Milano, città che spreca e getta via ogni giorno quintali di derrate alimentari. Una provocazione per sensibilizzare i cittadini sul problema di chi non ha niente da mangiare. L'associazione onlus Pane Quotidiano distribuisce circa 3000 pasti al giorno a chi ne ha bisogno.

Rubbish bins laid out as individual dining tables in Milan; a city where, unfortunately, a large amount of food is wasted every day. A provocative campaign aimed at raising public awareness on the problem of those who have nothing to eat. Pane Quotidiano (Our Daily Bread) is a non-profit organisation that supplies almost 3,000 meals daily to those in need.

PUBLIC SERVICE ADVERTISING
Integrated Media

PUBLIC SERVICE ADVERTISING
Integrated Media: Television and Cinema

PUBLIC SERVICE ADVERTISING
Integrated Media: Radio

218

Client:
FAO
**Communication
Manager:**
Sharon Lee Cowan
Agency:
McCann-Erickson Italy
**Executive Creative
Director:**
Marco Carnevale

Creative Directors:
Marco Carnevale
Alessandro Sciortino
Art Director:
Francesco Basile
Copywriter:
Alessandro Sciortino
Agency Producer:
Fabio Cimino

Account Manager:
Alberto Meanti
Film Company:
FilmMaster
**Film Company
Producer:**
Elena Fieni
Film Director:
Adriano Falconi

**Director
of Photography:**
Patrick Fraser
Film Editors:
Mark Sanders
Pasquale Vitillo
Film Post Production:
Shake Movie
Music:
Studio Suoni

Strategic Planner:
Stefano Pozzo
Developer:
MRM

La fame affligge un miliardo di persone nel mondo. Per incitare i governi all'azione, la FAO si proponeva di raccogliere un milione di firme. Il progetto One Billion Hungry mirava a creare un movimento globale di indignazione attraverso una petizione online. In sei mesi la campagna si è articolata su tutti i mezzi e il 30 novembre 2010 sono state consegnate agli alti rappresentanti ONU oltre 3.200.000 firme. Progetto completo su www.igetit.it

One billion people suffer chronic hunger worldwide. The FAO aimed to collect one billion signatures to force governments into action. The One Billion Hungry Project created a global movement of indignation by means of an online petition. At the end of a six-month all-media campaign over 3,200,000 subscriptions were delivered to top UN executives. For a complete description of the project go to www.igetit.it

TV

Jeremy Irons nel segmento televisivo della campagna multimedia della FAO. Anche lui è "incazzato nero" per la fame che affligge un miliardo di esseri umani. Esorta gli spettatori a indignarsi anche loro e a firmare senza indugi la petizione contro la fame nel mondo.

Jeremy Irons on the TV segment of the FAO all-media campaign. He says is mad as hell that 1 billion people in the world are chronically hungry. He wants you to get mad and sign the petition to end world hunger right now.

Radio 30"

Speaker:
Attenzione. State per ascoltare il nome del sito più difficile del mondo: www.1billionhungry.org.
Si scrive www. uno (numero) billion (con due elle) hungry (con l'acca all'inizio e la ipsilon alla fine) punto org - www.1billionhungry.org
E questa era la parte facile. La parte difficile è salvare un miliardo di persone dalla fame. Questo significa 1billionhungry. Firma la petizione online contro la fame nel mondo. www.1billionhungry.org

Speaker:
Attention please. You are about to hear the most difficult website name in the world: www.1billionhungry.org.
Spelled w-w-w dot one (numerical) billion (that's two 'ls') h-u-n-g-r-y (which starts with an 'h' and ends in 'y' dot org: www.1billionhungry.org.
That's the easy bit. The hard part is to save 1 billion people from starvation. And that's what "1billionhungry" means. Sign the online petition against world hunger at www.1billionhungry.org.

PUBLIC SERVICE ADVERTISING
Integrated Media: Outdoor and Indoor

PUBLIC SERVICE ADVERTISING
Integrated Media: Magazine Advertising

PUBLIC SERVICE ADVERTISING
Integrated Media: Below the line

SIGN UP TODAY.

PETITION TO END HUNGER
WWW.1BILLIONHUNGRY.ORG

HUNGER NO MORE.

SIGN THE PETITION
WWW.1BILLIONHUNGRY.ORG

Mad as Hell

 iTunes
FREE DOWNLOAD

EVERY 6 SECONDS
1 CHILD DIES
OF HUNGER AND
I'M MAD AS HELL.
WWW.1BILLIONHUNGRY.ORG
SIGN THE PETITION TO END HUNGER

25.000 PEOPLE DIE OF
HUNGER EVERYDAY AND
I'M MAD AS HELL.
WWW.1BILLIONHUNGRY.ORG
SIGN THE PETITION TO END HUNGER

ONE IN SIX PEOPLE
LIVES IN CHRONIC
HUNGER AND
I'M MAD AS HELL.
WWW.1BILLIONHUNGRY.ORG
SIGN THE PETITION TO END HUNGER

1.000.000.000 PEOPLE
LIVE IN CHRONIC
HUNGER AND
I'M MAD AS HELL.
WWW.1BILLIONHUNGRY.ORG
SIGN THE PETITION TO END HUNGER

220

1.000.000.000 PEOPLE
LIVE IN CHRONIC
HUNGER AND
I'M MAD AS HELL.
WWW.1BILLIONHUNGRY.ORG
SIGN THE PETITION TO END HUNGER

Client:
FAO
Communication Manager:
Sharon Lee Cowan
Agency:
McCann-Erickson Italy
Executive Creative Director:
Marco Carnevale

Creative Directors:
Marco Carnevale
Alessandro Sciortino
Art Director:
Francesco Basile
Copywriter:
Alessandro Sciortino
Agency Producer:
Fabio Cimino

Account Manager:
Alberto Meanti
Film Company:
FilmMaster
Film Company Producer:
Elena Fieni
Film Director:
Adriano Falconi

Director of Photography:
Patrick Fraser
Film Editors:
Mark Sanders
Pasquale Vitillo
Film Post Production:
Shake Movie
Music:
Studio Suoni

Strategic Planner:
Stefano Pozzo
Developer:
MRM

PUBLIC SERVICE ADVERTISING
Integrated Media: Ambient and Unconventional Media

PUBLIC SERVICE ADVERTISING
Integrated Media: Online and Digital Media

Un mondo da cambiare
A world to be changed

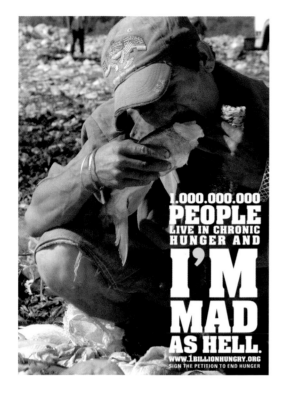

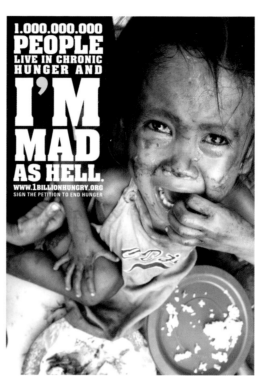

ECHI
ECOLOGICI
ECOLOGICAL
ECHOES

Verde e sexy

di Gabriella Ambrosio

Un giorno *anche rispettare l'ambiente sarà sexy*, prevedeva Renault lo scorso anno, mentre ci raccontava d'aver comunque precorso i tempi. Non s'era accorta di quanto tutti intorno fossimo già diventati irresistibilmente sexy.

Sì, perché il 2011 è stato l'anno dell'evidenza del disastro ecologico in Italia e contemporaneamente l'anno dell'abbuffata ambientalista in pubblicità. Mentre i fiumi esondavano per cattiva manutenzione degli argini e le alture abusivamente cementificate franavano, e il fango invadeva le strade e le abitazioni portandosi via macchine e persone – solo le piogge fra ottobre e novembre hanno fatto più di venti morti – negli stacchi della televisione e fra una pagina e l'altra dei giornali andava in scena un mitologico lavaggio verde di qualsiasi prodotto, servizio, ente. Dai croccantini Purina *buoni per il gatto e buoni per l'ambiente*, tant'è che nella ciotola del nostro amico spunta anche un curioso ciuffetto d'erba, al Dixan superconcentrato che *s'è ristretto* non già perché c'è poco spazio nelle case ma *perché vuole rispettare l'ambiente*, dal bagnoschiuma Mil Mil per il quale *tu e l'ambiente siete i soli obiettivi del suo impegno* ai cosmetici Bio *per la donna che rispetta se stessa e l'ambiente*, dalla passata Mutti i cui pomodori deliziano il naso di un panda alla cera Emulsio *salvambiente* e alle cucine Lube, *ecologiche*, come d'altronde lo sono le pentole Ballarini e gli utensili da cucina Fackelmann, l'edilizia Fassi Bortolo e le colle Kerakoll, i pannolini della Coop e il fertilizzante Nutrisnatura, e le mille confezioni *ecofriendly*, che vuol dire tutto e non vuol dire niente, fino alla perla di Ma-Fra, *il trattamento di bellezza ecologico per auto quando lo smog della città mangia la carrozzeria.*

E già, perché a quanto pare non esiste relazione fra *lo smog della città* e i fumi emessi dalle automobili stesse, no no, anzi, queste ultime sono le paladine dell'ecologia. In un crescendo che, attraverso tutte le gradazioni di verde dei boschi e di azzurro di laghi cristallini e cieli tersi, va

dal poetico *Think blue* della Volkswagen alla Toyota che emette graziose nuvolette a forma di foglia e crea nuove foreste nel mondo, dalla Citroën che *avvicina sempre più l'uomo all'ambiente* alla BMW che *dà insieme adrenalina* (se no che ti compri a fare la macchina potente) *e rispetto per l'ambiente*, per cui si domanda cosa mai noi potremmo chiederle di più (e in effetti), dalla consapevolezza che *quando cammina Nissan l'ambiente ringrazia* alla commovente audacia di Ford che mostra feti di orsetti delfini ed elefantini e ci parla di generazioni future con voce calda da far venire i brividi, fino alla meravigliosa, ineffabile affermazione della Lexus: *Rispetto l'ambiente perché ho un SUV* (primo piano di uomo pensoso, il classico intellettuale con SUV).

E dietro alle macchine, premono per stare in prima fila i gestori dell'energia, dalla CPL Concordia che è sempre accanto a noi *come una coccinella* a Sorgenia *l'energia sensibile* che fa volare alto un ciccione sopra boschi nordici, in modo da poter addentare una mela sulla cima di una conifera, oppure camminare come Gesù sulle acque del lago, perché *mai pesa sull'ambiente*. E sgomita la telefonia, con Telecom sopra tutti, che ci mostra che la rete dell'ambiente telefonico ha la forma uguale alla chioma di un albero; e d'altronde gli alberi non si sono negati proprio a nessuno, dall'edilizia alle stampanti dalle piastrelle ai parquet fino al tour italiano di Jovanotti, che ci fa sapere che emette 6000 tonnellate di CO_2 ma per compensare pianta 12.000 alberi in Camerun.

Sette aziende fra le più disparate (e disperate sul fronte ecologico) spalleggiano un effervescente Mister Planet (*Alcuni mi chiamano Natura ma per gli amici sono Mister Planet*) e con lui vanno a distribuire premi a destra e a manca nel mondo: premiano ad esempio Samsø, *lembo di terra danese esempio di rivoluzione ecologica*, mentre ci ricordano però che *ad essere realisti* le energie rinnovabili risentono ahimé di variazioni stagionali, a differenza dei robusti impianti ad olio combustibile e carbone; oppure premiano

Green and sexy

by Gabriella Ambrosio

O*ne day respecting the environment will be sexy too* predicted Renault in last year's Italian advertising campaign, telling us just how ahead of the times it was. That practically everyone had already become irresistibly sexy it had perhaps failed to notice. That's right, because, in Italy, 2011 was the year to both headline ecological disaster and partake of the environmental feast served up by the country's advertisers. As torrential rains drove rivers to break their neglected banks, as wildcat building triggered calamitous landslides, and as walls of mud sluiced roads and homes sweeping away cars and people alike (the rains alone were responsible for more than 20 deaths between October and November), the commercial breaks streamed by Italian TV and the print ads adorning the newspapers staged a show that washed all kinds of products, services and companies in fabulous funky green.

From Purina's *good for your cat and good for the environment* crunchy cat food (so good, in fact, that our friend cat's bowl sprouts a kooky tuft of grass) to an even more concentrated, super-concentrated Dixan, not, mind you, to save space at home but *because it wants to respect the environment*. From Mil Mil bath foam, which reckons that *you and the environment are the only ones to whom we are committed* to Bio cosmetics *for the woman who respects both herself and the environment*. From Mutti pureed tomatoes, which delight the olfactory senses of a panda, to Emulsio *kind-to-the-environment* floor polish and Lube *ecological* kitchens. An eco-bandwagon on which Ballarini cookware, Fackelmann kitchen utensils, Fassi Bortolo construction, Kerakoll glues, Coop diapers, and Nutrisnatura fertiliser also hitched a ride. Not to mention the zillion types of *eco-friendly* packaging, which says everything and nothing, or that precious pearl Ma-Fra, *the ecological beauty treatment for cars when city smog gets tough with the bodywork*.

Sure, right, because there is apparently no connection between city smog and the emissions of the cars themselves, no, no, not at all, seeing that these latter are themselves the champions of ecology. In a crescendo that rises and falls between all the greens of the forests and the azure blues of crystalline lakes and bright skies, we find Volkswagen's poetic *Think blue*, and Toyota's graceful leaf-shaped clouds, which also *creates new forests in the world*, while Citroën *always brings man closer to the environment*, and BMW marries *the rush of adrenalin* (otherwise why buy such a powerful car) *with respect for the environment*, leading us to ask what more could we ask for (well, actually…). Not to mention just how much *the environment thanks you when you drive a Nissan* or the brazen sentimentality of Ford, which conjures up bear, dolphin and elephant foetuses and talks to us about future generations with a voice so warm it's enough to give you the shivers, let alone the astonishingly unbeatable words of Lexus: *I respect the environment because I drive a SUV* (complete with a close-up of man the thinker, the classic SUV-driving intellectual).

And vying for first place, bumper to bumper with the speed machines, are the energy companies. From CPL Concordia, always at our side *like a ladybird*, to Sorgenia, *the sensitive energy*, which sends a weight-challenged young man soaring over Nordic forests so he can sink his teeth into an apple perched at the top of a conifer tree, or sets him off walking on the waters of a lake like Jesus because *he never burdens the environment*. And then telephony muscles its way in, with leader of the pack Telecom Italia showing us how the telephone network is shaped like the crown of a tree. On the other hand, the trees have never said no to anyone, from construction companies to printers to tiles to parquet floors through to Jovanotti's Italian tour, who announces that to compensate for the 6,000 tons of CO_2 emissions generated by the concerts, he will plant 12,000 trees in Cameroon. Seven of the most disparate (and ecologically desper-

225

Cucchiano, comune del Viterbese, il più virtuoso in Italia nella raccolta differenziata sottolineando che, certo, *alla fine sono le singole persone che devono fare la differenza*.

L'affanno provoca un effetto comico straniante, surreale: pensate a Edison condizionatori che raccomanda *mica si può morire dal caldo per risparmiare*, anche perché poi ci pensano loro *a risparmiare l'ambiente* mandandoci la bolletta in digitale; oppure, al massimo dell'avvitamento, *lo spot a impatto zero* di Nike, 100% riciclato, recuperando frammenti delle pubblicità passate, un collage di immagini e di parole che invitano a pensare a un mondo migliore. Ahimé, si sospetta parallelo un altro formidabile impatto zero.

Perché le aziende devono aver letto e fatto proprio che l'88% degli italiani (una percentuale superiore alla media mondiale di ben cinque punti) chiede loro di aumentare i programmi per migliorare l'ambiente, e addirittura il 90% chiede comportamenti ecosostenibili, come prodotti con imballaggi riciclabili o ad alta efficienza energetica, a km zero, biologici, acquistati direttamente dai produttori agricoli, non testati sugli animali o frutto di commercio equo e solidale. Ma hai voglia le contraddizioni che si misurano nel corpo vivo degli italiani quanto a sensibilità ambientale: basta notare gli scostamenti dei dati, a seconda di come sono formulate le domande, fra Eurobarometro, Istat, Eurisko, Eurispes, Istituto Ambiente Italia, Ispo, Astra, e chi più ne ha più ne metta, che ci fanno disinvoltamente oscillare dal terzultimo posto in Europa al secondo nel mondo (*sic*) per interesse all'ambiente, e che comunque, bene o male, tutte finiscono per mettere in luce una curiosa discrepanza fra fatti e parole, quella faticosa incolmabile distanza fra la teoria e la pratica, fra la convinzione o l'adesione alle tematiche verdi e il comportamento virtuoso.

Per Rossella Muroni, presidente di Legambiente, che l'anno scorso è riuscita a mobilitare ben 700.000 persone per *Puliamo il mondo*, operazione di pulizia dell'ambiente da bottiglie e sacchetti di plastica da parte dei cittadini, è solo questione di latitanza politica: "Se agli italiani si danno strumenti e certezze normative, reagiscono in maniera estremamente positiva. Il problema è la mancanza di scelte della politica e il vuoto legislativo: e che qualcuno ne approfitti e, prima o poi, provochi il disincanto con la truffa."

Ma la truffa è dietro l'angolo se è vero, come dice Antonio Noto, direttore di IPR Marketing, istituto di ricerca che da anni ha un osservatorio sul fotovoltaico, che "gli italiani hanno metabolizzato il concetto che 'verde' fa

bene, che 'verde' è eguale a buono, ma hanno una scarsa percezione e conoscenza reale di quello che è veramente ecologico: per cui 'verde' è diventato un vero e proprio marchio che influenza l'acquisto, ma con una forte speculazione da parte delle aziende sulla buonafede dei cittadini. Il legislatore dovrebbe intervenire subito stabilendo regole precise per cui qualcosa è o non è definibile verde o ecologico."

E quanto poi gli italiani sono disposti a pagare di più, se il costo è giustificato da una differente procedura a salvaguardia dell'ambiente? "Oggi come oggi qualunque cosa incida sul prezzo dà problemi", è l'esperienza di Noto. "Tutti ad esempio sono pronti a sostenere di voler usare pitture ecologiche dentro casa, ma se questa scelta comporta il 10% in più di costo la propensione all'acquisto cala drammaticamente."

Saremo buffi noi italiani, ma in realtà al tempo della crisi sono così i consumatori di tutta Europa. Quello che veramente ci contraddistingue dai fratelli europei nel comportamento è, come dice Noto, "un grado di conformismo molto elevato per cui, dopo il periodo di resistenza all'introduzione di qualcosa di nuovo – che è comune a ogni mercato e a cui segue poi in genere un trend di crescita costante – una volta che da noi un prodotto o un concetto si è affermato, dalla resistenza si passa repentinamente a un grande entusiasmo e al vero e proprio boom."

Così è stato per l'adozione di internet e cellulari, così è ora per l'ecologia: ed è in questo pazzesco boom di adesione al "verde" che noi oggi ci muoviamo. Nelle pagine che seguono vedremo boccali che passeggiano in alpeggi incontaminati, ricolmi di una birra che è *buona perché ha sempre vissuto qui*. Se una generazione di pubblicitari ha pensato che in Italia per rendere appetibile una birra servissero omaccioni nordici o bionde mediterranee, ecco che deve ricredersi: la birra lascia l'ambiente fumoso dei pub e diventa pura come acqua di sorgente, il suo colore è così limpido perché respira aria pulita, insomma non ti piace più perché ti fa star bene in compagnia ma perché viene a te dalla natura incontaminata. Anche il lettering è inusuale, da "c'era una volta". Sarebbe interessante paragonare i teneri sussulti di vendita post campagna ai movimenti tellurici che si sono registrati durante i quarant'anni di *Chiamami Peroni sarò la tua birra*, grazie alla bionda spumeggiante in carne e ossa che ci invitava spudoratamente a gustarla, col sorriso smagliante, la quinta taglia, il lato B da sballo e tutto il resto che segue; o meglio nei primi vent'anni di questa

ate) brands back a sparkling Mister Planet *(some call me Nature but my friends call me Mister Planet)*, accompanying him on a worldwide prize-giving tour to shower prizes right, left and centre. For instance, on Samsø, *that Danish strip of land exemplary of ecological revolution*, while reminding us that *in reality* renewable energy does, alas, suffer from seasonal shifts, unlike the sturdy gas oil and coal-fired plants. Or on Cucchiano, a Viterbo municipality and Italy's most virtuous garbage recycler, underscoring that *at the end of the day, it's down to each and every one of us to make the difference.*

But all this eco-angst produces an alienating and surreal comic effect: think of Edison air conditioners and their claim that *you can't die of heat just to save money*, also, of course, because they are the ones that worry about *saving the environment* by dispatching their bill in digital format. But no one can beat Nike's *zero impact* TV ad for the utmost in eco-spin: 100% recycled from fragments of old ads in a collage of images and words that invite the audience to think of a better world.

Alas, the parallel suspicion is that of another formidable zero impact. Because the brands must have read and played on the fact that 88% of Italians (a good 5% higher than the world average) wants them to increase their efforts to improve the environment and that a hefty 90% wants them to adopt eco-sustainable behaviour, such as products that come in recyclable packaging or that are highly energy efficient, zero kilometres, organic, bought direct from the farm producers, and products that are not tested on animals or are the fruit of fair and integral trade. Despite that, Italians are brimful of contradictions on the matter of environmental awareness. Look more closely at the data and you will find a multitude of shifts and swings in the measurements of Italian interest in the environment, depending on how the questions are phrased, and who is doing the asking between Eurobarometro, Istat, Eurisko, Eurispes, Istituto Ambiente Italia, Ispo and Astra, but the more the better. All of which carelessly bounce Italy from third-to-last place in Europe to second in the world *(sic)* and all of which end up, for better or for worse, highlighting a funny discrepancy between the facts and the words: that irritating gap between the conviction and the actual acceptance of all things green and virtuous behaviour that neither theory or practice can bridge.

According to Rossella Muroni, chairman of Legambiente, which last year managed to mobilise a good 700,000 people for its *Clean the World* campaign to rid the environment of the litter of bottles and plastic bags left by citizens, it is merely a question of the usual political dodging of responsibilities: "Italians react in an extremely positive way if they give themselves legislative tools and certainties. The problem is the lack of political choices and the legislative vacuum, and that sooner or later someone will take advantage of it to trick and disenchant us."

But if there is a trick, it is right around the corner according to Antonio Noto, director of IPR Marketing, a research institute that has been running a survey on photovoltaic solar power, who says "Italians have absorbed the concept that 'green' is good for them, that 'green' equates to good, but they have a poor perception and lack sound knowledge of what is truly ecological, so 'green' has become a bona fide brand that influences purchases and leads the brands to speculate wildly on the good faith of the citizens. The legislator should move immediately to establish precise rules on what or what does not qualify as green or ecological."

And just how much more are Italians prepared to pay if the cost is justified by a different approach to safeguarding the environment? "Nowadays, anything that affects the price is a problem" is Noto's experience. "For example, everyone says they are prepared to use ecological paints to decorate their home, but when that choice translates into 10% extra on the cost, the tendency to purchase takes a nosedive."

Italians may be odd but when hard times hit it is the same story for consumers across the length and breadth of Europe. What actually sets our behaviour apart from that of our European fellows is, Noto says, "a highly tuned sense of conformity that, after the initial period of resistance to the introduction of something new – which is common to all markets and is then followed by a steady growth trend – and the product or concept gains wider currency, resistance suddenly turns into great enthusiasm and a true boom."

Just like it was for internet and mobile phone take-up, so it is now for ecology, and it is in the ocean of this crazy boom of being "green" that we are now swimming. The next few pages, in fact, will show beer mugs strolling among uncontaminated alpine pastures, frothing with beer that is good *because it's always lived here*. If a generation of admen thought that it took Nordic hunks or Mediterranean blondes to make a beer tempting in Italy, then they should think again: beer leaves the smoky air of the pub and becomes as pure as natural spring wa-

comunicazione, cioè fino agli anni novanta, "prima che il mercato competitivo e la società stessa cominciassero a cambiare" come sottolinea Luca Simonassi, nel marketing Peroni per molti anni e ora direttore commerciale in Coca-Cola.

Vedremo anche la bella campagna del WWF dove, nell'ambiente della città dell'uomo dominatore del mondo, la nostalgia dell'animale si riflette nella sagoma della sella di un motorino, in un sacco della spazzatura, nell'antifurto, o nell'ombra delle peggiori ferraglie: è una fitta, un dolore, il ricordo improvviso e ineludibile di un paradiso perduto. Operazione simmetrica e opposta a quella fatta dallo stesso WWF in Francia, che imbratta il fianco di animali nel loro ambiente con murales urbani. L'italiano, si sa, non ama colpevolizzarsi troppo a lungo, piuttosto diventa elegiaco e nostalgico. In definitiva: non sappiamo quanto ci metteremo prima di rispettare veramente il pianeta, ma i nostri cuori hanno certamente imboccato la strada giusta.

E poi finalmente, come un vera boccata di aria pulita, una vera ecologia della testa, arriva anche un po' d'ironia. Guardate in un'altra sezione di questo annual: *Un panda non ti aiuta a ragionare, salva "il manifesto"*, dice lo

storico quotidiano di sinistra in perenni difficoltà economiche. Insomma: vada a quel paese l'ambiente, in questo momento noi abbiamo ben altro a cui pensare.

ter, while its clarity of hue is thanks to the clean air it breathes; in a nutshell, you no longer like it because it lets you have a good time with your mates but because it comes to you from uncontaminated nature. Even the lettering is unusual, echoing as it does of "once upon a time." It would be interesting to compare the soft tremors of the post-campaign sales with the tellurian movements recorded during the 40 years of *Call me Peroni, I'll be your beer*, set in motion by the bubbly real-life blonde who saucily invited us to enjoy as she dazzled us with her smile, awesome cleavage, incredible ass, and all the rest of it. Or even better, those set off in the first 20 years of the campaign, that is, up to the Nineties, "before the competitive market and society itself began to change", points out Luca Simonassi, a former Peroni marketing manager now commercial director of Coca-Cola.

You will also see the compelling WWF campaign where, in the city of man, ruler of the world, animal nostalgia is reflected in the shape of a motorbike saddle, a garbage bag, a burglar alarm or in the shadows of the worst kind of rusty scrap, triggering a spasm, a darting pain, the sudden and inescapable memory of a paradise lost. WWF launched a symmetrical but contrasting campaign in France, in which it daubs urban street art on the flanks of animals in their own habitat.

Italians, as we know, do not like shouldering the blame for too long, they would rather become elegiac and nostalgic. And so, sure, our hearts might have embarked on the right road, but we still haven't the faintest idea of how long it will take us to truly get around to respecting the planet.

And so what better way to end than with a real breath of fresh air, a true ecology of the mind, and a refreshing blast of dry humour. Just flick to another page in another section of this annual to find the ad of the historical leftie newspaper that suffers the chronic sickness of financial woes: *A panda doesn't help you to think, save il manifesto*. In other words, let the environment go to hell, we've got more important things on our mind right now.

translated by Susan Wallwork

Chevrolet
Radio, 15"

Invecchiamento

Effetti sonori:
Squillo di telefono.
Voce di ragazzo:
Pronto, Anna, sono sotto casa tua, sto cercando parcheggio.
Voce d'uomo anziano:
Anna, sono ancora io, l'ho trovato.

Speaker:
In città è meglio avere un'auto piccola.
Scegli Chevrolet Spark, la più piccola 5 porte con 6 airbag.
Dettagli dai concessionari Chevrolet.

Client:
Chevrolet
Agency:
Italik
Creative Director:
Emanuele Pulvirenti

Copywriter:
Filippo Testa
Account Manager:
Luca Micheletta
Production Company:
Cat Sound

Chevrolet
Radio, 15"

Ageing

Sound effects:
A telephone rings.
Young man's voice:
Hi, Anna, I'm outside your house, I'm looking for a parking space.
Old man's voice:
Hi Anna, it's me again, I found it.

Speaker:
It's best to have a small car in the city.
Choose Chevrolet Spark, the smallest 5-door city car with 6 airbags.
Details from your Chevrolet dealer.

232

Instant Christmas Recycler.
Blue Christmas.
Per un Natale senza sprechi.

Think Blue.

Das Auto.

Client:
Volkswagen
Group Italia
Agency:
Now Available

Communication Manager:
Serena Cappellari
Creative Directors:
Sergio Spaccavento
Tina Walendy

Art Director:
Alessio Salvato
Copywriter:
Paolo Platania

Account Manager:
Antonio Colaci

Come convincere il prossimo a comportarsi in modo più responsabile verso l'ambiente. Nel periodo natalizio, per le strade di Milano compare una insolita installazione, il "riciclatore istantaneo di rifiuti Blue Christmas": una campana per la raccolta differenziata che premia immediatamente chi getta carta, plastica e vetro nelle sezioni giuste, estromettendo a sorpresa, da una quarta feritoia, un addobbo per l'albero di Natale. Un video realizzato con la candid camera documenta le reazioni stupefatte e divertite dei cittadini e fa il giro dei social network. Risultati: 184.890 visite su YouTube, oltre 300 post su blog e forum italiani e internazionali e oltre 5000 condivisioni su Facebook.

How to convince others to behave more responsibly towards the environment. During the Christmas period, an unusual installation, called the "Blue Christmas instantaneous waste recycler", appeared on the streets of Milan: a bin for waste collection that instantaneously rewarded those who threw paper, plastic and glass into the right slot by ejecting a recycled Christmas tree decoration from a fourth slot. A candid camera video documented the amazed and amused reactions of the citizens and it was posted on the social networks. Results: 184,890 views on YouTube, over 300 posts on blogs and Italian and international forums and over 5,000 shares on Facebook.

No animals were harmed during this 3D production.

Client:
Lucy CGI
Agency:
Cayenne
Executive Creative Directors:
Giandomenico Puglisi
Stefano Tumiatti

Art Director:
Livio Gerosa
Copywriter:
Caterina Calabrò
Account Manager:
Gloria Gerosa
Illustrators:
Luca Petrillo
Cesare Faini

Post Production:
Lucy CGI
Photographer:
LSD

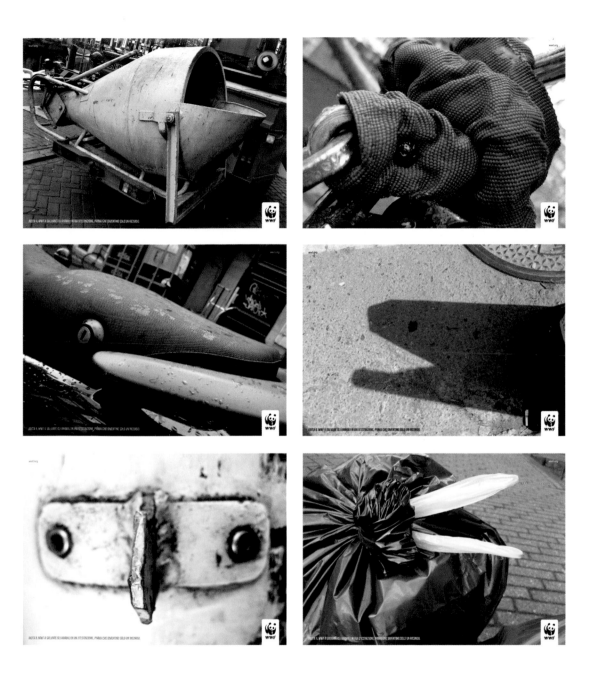

"Aiuta il WWF a salvare gli animali in via d'estinzione, prima che diventino solo un ricordo."
"Help the WWF to save endangered animals, before they become just a memory."

Client:
WWF
Agency:
Young & Rubicam
Brands Italia

**Executive Creative
Director:**
Vicky Gitto
Creative Director:
Vicky Gitto

Art Director:
Alessandro Stenco
Copywriter:
Gabriele Caeti
Photographer:
Maartje Jaquet

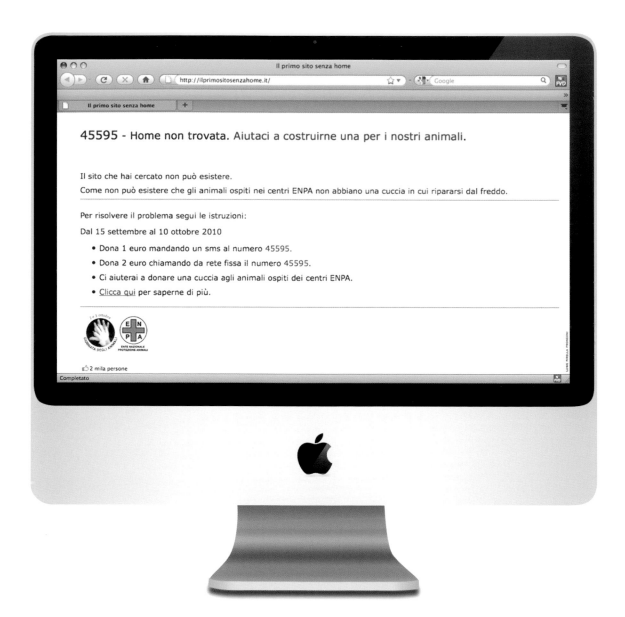

Client:
ENPA - Ente
Nazionale
Protezione Animali
Agency:
Lowe Pirella
Fronzoni

Communication Manager:
Daniela Mosca
Creative Directors:
Umberto
Casagrande
Mauro Manieri

Web Designer:
Fabio Pedroni
Art Directors:
Silvia Messa
Lorena Cascino

Copywriters:
Fabio Pedroni
Giovanbattista Oneto

Minisito virale volto a promuovere la raccolta fondi per la costruzione di cucce e ripari destinati agli animali ospiti dei centri ENPA (Ente nazionale protezione animali). Il sito è stato lanciato attraverso i social media con la url ilprimositosenzahome.it – gioco di parole che paragona gli animali senza casa (homeless) a un sito senza home (page).

ilprimositosenzahome.it (meaning *thefirstwebsitewithnohome.it*) is a viral mini-website. It was created with the purpose of raising funds to buy doghouses for the animals sheltered in ENPA centres (Italian organisation for animal protection). The site was launched and shared through social media. The homeless-animal concept inspired the idea of the "homepageless" website.

Detergente, crema, olio e balsamo biologici per la pelle del bambino. Le forme morbide e sinuose, i colori delicati, i tappi in legno anziché in plastica si ispirano alla natura e alla dolcezza del rapporto madre-bambino. Le confezioni hanno ottenuto la certificazione FSC (Forest Stewardship Council), conferita a chi promuove una gestione responsabile del patrimonio forestale.

Biological detergents, creams, oils and balms for children's skin care. The smooth rounded shapes, delicate nuances and wooden tops allude to nature and the gentleness of the mother-child bond. All products have been certified by the FSC (Forest Stewardship Council) to promote responsible forest management.

Client:
Artsana
Communication Manager:
Paola Merlo

Agency:
CMGRP Italia
Futurebrand
Division

Executive Creative Director:
Gianni Tozzi
Creative Director:
Chiara Sozzi Pomati

Art Director:
Marta Mapelli
Account Manager:
Alessandra Mauri
Post Production:
Antonio Iodice

"Forst. Buona perché ha sempre vissuto qui."

"Forst. Good, because it has always lived here."

Client: Birra Forst	**Executive Creative Directors:** Giandomenico Puglisi	**Account Managers:** Antonio Anfossi	**Film Director:** Adam Ashemi	**Music:** Quiet, Please!
Communication Manager: Cellina Von Mannstein	Stefano Tumiatti **Art Director:** Livio Gerosa	Caterina Guastini **Film Company:** Kite Film	**Director of Photography:** Cellina Von Mannstein	
Agency: Cayenne	**Copywriter:** Caterina Calabrò	**Film Company Producer:** Barbara Aperio Bella	**Post Production:** Rumblefish	

Client:
Boehringer-
Ingelheim
**Communication
Manager:**
Vanessa Mazzocchi

Agency:
Saatchi & Saatchi
**Executive Creative
Director:**
Agostino Toscana

Creative Directors:
Agostino Toscana
Alessandro Orlandi
Sandro Esposti
Art Director:
Luca Pannese

Copywriter:
Luca Lorenzini
Account Manager:
Rachele Dottori
Photographer:
Riccardo Bagnoli

Post Production:
Artout Creative Group

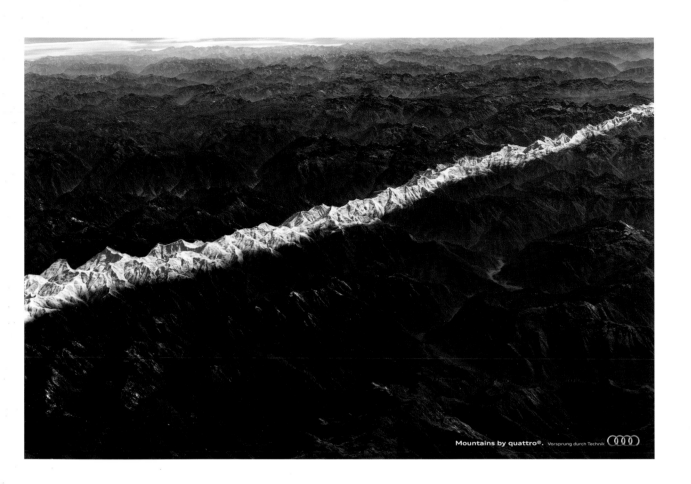

Client:
Volkswagen Group
Italia
Divisione Audi
**Communication
Manager:**
Cinzia Mauroner

Agency:
DDB
**Executive Creative
Director:**
Luca Albanese
Creative Director:
Luca Albanese

Art Director:
Armando Viale
Copywriter:
Valerio Le Moli
Account Managers:
Simone Lucarelli
Francesca Ardau

Photographer:
Paolo Cecchin
Post Production:
Roberto Del Ponte
Matteo Gianni

LA SVEGLIA TECNOLOGICA
THE TECHNOLOGICAL WAKE-UP

L'innovazione nell'arte.
E nella pubblicità

di Gianni Lombardi

Nel 2010, "Wired" Italia ha lanciato il Manifesto di "Sveglia Italia!", indicando le dieci priorità per far crescere internet, innovazione, sviluppo, occupazione ed efficienza nel paese:

1. L'accesso a internet è un diritto. E va scritto nella Costituzione.

2. La banda larga è l'unica grande opera di cui ha bisogno l'Italia.

3. Rottamare i cavi in rame: l'unica vera banda larga è in fibra ottica.

4. La banda larga è necessaria per far crescere economia e occupazione.

5. Nei luoghi pubblici il wi-fi deve essere libero, senza complicati sistemi di registrazione.

6. Le frequenze della TV analogica devono essere destinate alla banda larga mobile.

7. Ogni amministrazione locale pubblica (regioni, provincie e comuni) deve impegnarsi in modo diretto per la diffusione della banda larga.

8. Nel 2020 ogni studente italiano dovrà poter disporre di un computer (o simile).

9. Nel 2020 la Pubblica amministrazione dovrà essere solo online.

10. La conoscenza è un patrimonio comune che la Pubblica amministrazione deve rendere accessibile all'utente cittadino.

Essere contrari all'innovazione è come essere contrari al sole e alla luna. Dai tempi del Big Bang, l'universo è sottoposto a innovazione. Se non ce ne accorgiamo, è unicamente per questione di tempi. Per capirci, l'innovazione è come il movimento del sole o della luna: quando sono alti nel cielo sembrano praticamente immobili. Quando sorgono o tramontano, se li osserviamo con il riferimento dell'orizzonte, ci accorgiamo invece che il movimento esiste, ed è percettibile.

La mia "religione" mi proibisce la tecnologia.

Essere contrari alla tecnologia, a sua volta, è come essere contrari al cibo. Tutta l'arte è tecnologia. L'umile matita è un prodotto tecnologico. Inventata intorno al 1500, era un prodotto artigianale poi diventato prodotto industriale per eccellenza. Senza industria non si producono quelle belle matite esagonali, così *tradizionali*, con la mina di diverse gradazioni, che gli art director di una volta amano tanto. Gli artigiani che costruiscono le matite "come una volta" non esistono più da secoli. Forse non sono mai esistiti. La matita è come il chiodo: non esistono matite e chiodi "artigianali" che siano migliori dei corrispondenti prodotti industriali.

L'arte non è improvvisazione.

Come la matita, tutta l'arte è figlia della tecnologia. Gli uomini primitivi che dipingevano sulle pareti delle caverne non avrebbero potuto farlo senza la scoperta dei pigmenti. Fosse pure polvere di carbone impastata con sangue di animale, occorreva un minimo di procedura per preparare il pigmento e applicarlo alla parete. Ed erano anche materiali con certe qualità, visto che, sia pure grazie all'oscurità delle grotte, in alcuni casi sono durati per millenni.

L'arte come artigianato qualificato.

Gli artisti rinascimentali ci hanno dato le opere che ci hanno dato perché avevano le nozioni pratiche di *chimica applicata* indispensabili per preparare i colori a olio e a tempera, oltre alle vernici per fissarli dopo l'applicazione. Magari non ne conoscevano le formule chimiche né i principi scientifici, ma sicuramente avevano delle ricette, delle tecniche e dei procedimenti. Ci vogliono esperienza e applicazione tecnologica per preparare una tavolozza di colori per esprimere tutto l'arcobaleno. Nel Medioevo e nel Rinascimento, l'azzurro del

Innovation in art.
And in advertising

by Gianni Lombardi

In 2010, *Wired* Italia launched the "Sveglia Italia!" (*Wake Up, Italy!*) manifesto, indicating the ten priorities needed to spur the growth in Italy of the internet, innovation, development, employment and efficiency:

1. Internet access is a right. And should be written into the Constitution.

2. Broadband is the only large-scale infrastructure work Italy needs.

3. Scrap copper wires: fibre optics is the only true broadband.

4. Broadband is needed to drive the growth of the economy and employment.

5. Wi-Fi should be free in public areas and free of complicated registration procedures.

6. Analogue television frequencies should be allocated to mobile broadband.

7. Each local authority (regions, provinces and municipalities) must play a hands-on role in spreading broadband.

8. In 2020 every Italian student should have a computer (or similar).

9. In 2020 the public administration should be delivered exclusively online.

10. Knowledge is a common heritage and the public administration has a duty to make it accessible to the citizen-users.

Resisting innovation is like resisting the sun and the moon. The universe has been a driver of innovation since the Big Bang and if we are oblivious to this it is only because of the immeasurably long time factor. Put another way, innovation is like the journey of the sun and the moon, which we see as fixed points when high in the sky but then realise have moved perceptibly when we see them lying low on the horizon after rising and setting, waxing and waning.

My "religion" denounces technology.

Likewise, resisting technology is like resisting food. All art is technology. Even the humble pencil is a technological product; a handmade product invented in or around the 16th century that went on to become an industrial product par excellence. Without industry we cannot produce those beautiful hexagonal pencils, so *traditional*, with leads of different thicknesses much loved by art directors of the "old-school". The craftsmen that make pencils "the old way" disappeared centuries ago, if they existed at all. The pencil is like a nail, there are no better "artisan" pencils or nails than those produced on an industrial scale.

Art is not improvisation.

Like the pencil, all art is the child of technology. Primitive man painting on the walls of caves could not have done so if he had not discovered pigments. Even if it was just coal dust mixed with animal blood, it required a minimum of preparation to make the pigment and apply it to the rock. The materials were of a certain quality too, given that some of the paintings have endured for millennia, albeit with the help of the darkness of the caves.

Art as a qualified craft.

The Renaissance artists gave us the works that they did because they had a grasp of the practical notions of *applied chemistry* needed to prepare oil and tempera paints, as well as the varnishes to fix them after painting. They might not have known the chemical formulas or scientific principles but they certainly had recipes, techniques and processes. It takes experience and technological application to prepare a colour palette containing all the hues of the rainbow. In the Middle Ages

245

manto delle Madonne, se non sapevi come realizzarlo, non lo compravi in colorificio. Questo è un luogo che oggi è soltanto un negozio specializzato (per pittori e artisti, se si trova in prossimità di un'accademia di belle arti; per pittori e imbianchini in altri casi), ma che fino a pochi decenni fa era proprio il luogo dove i colori venivano *fabbricati*. Secondo processi che non erano *artistici*. Erano *tecnologici*.

Cézanne e van Gogh, innovatori hi-tech.

L'impressionismo fu anch'esso figlio della tecnologia del tempo. Senza i colori ad olio in tubetto, un'innovazione tecnologica rivoluzionaria, era molto difficile prendere il proprio cavalletto e andare a dipingere in campagna. E infatti in precedenza i paesaggi naturalistici erano frutto di studi con carta e carboncino, e studi ad acquerello, salvo poi applicare i colori a memoria e in base alle convenzioni figurative. Paul Cézanne non avrebbe potuto dipingere innumerevoli varianti di Mont Sainte-Victoire. Vincent van Gogh sarebbe dovuto andare a bottega dal pronipote di Rembrandt per imparare a farsi i colori da solo partendo dalle materie prime. Di dipingere con i colori puri esattamente come escono dal tubetto non se ne sarebbe parlato.

Lo stilo e il computer.

Anche la comunicazione è una questione di tecnologia. La scrittura è uno strumento tecnologico, tanto con stilo e tavoletta a cera, quanto con il computer. Visti in prospettiva storica, la penna Bic e il quaderno Pigna sono prodotti di alta tecnologia, e negli anni sessanta nelle scuole elementari italiane infuriava la polemica "penna a sfera o pennino?", con quelli che sostenevano che la penna a sfera era la rovina dell'umanità. Anche se imparare a usare il pennino mantiene il suo valore, chi volesse tornare a pennino e calamaio oggi verrebbe considerato un deficiente.

Il futuro è dei giovani.
Ma talvolta resta opzionato dai vecchi.

Venendo alla pubblicità italiana e al piccolo spicchio di storia a cui abbiamo assistito negli ultimi trent'anni, va osservato che molte agenzie italiane hanno spesso manifestato una costante, pervicace, ottusa resistenza all'innovazione, insieme a una mancanza di consapevolezza dell'importanza del ruolo che la tecnologia rivestiva, tuttora riveste e certamente rivestirà in futuro. C'è una considerazione storica sulla crisi della pubblicità classica che, secondo me, dipende anche dalla semplice evoluzione tecnica, di cui per ora mi sembra non abbia parlato nessuno. Io ho iniziato a lavorare alla fine degli anni settanta, appena uscito dal liceo artistico, e ho visto le agenzie pubblicitarie degli anni d'oro, gli anni ottanta, epoca in cui peraltro si rimpiangeva la precedente età d'oro: il boom economico e i primi tempi di Carosello.

Il tempio della moviola.

Negli anni sessanta e settanta del secolo scorso gli spot potevano essere visti solo in proiezione o alla moviola. Le agenzie pubblicitarie di una certa dimensione avevano entrambe, mentre rarissime aziende avevano sala di proiezione o moviola in casa. Vedere il nuovo Carosello era un rito *hi-tech* che poteva svolgersi solo presso l'agenzia o, se l'agenzia era piccola, presso una casa di produzione o post-produzione.

Con l'arrivo della videoregistrazione le cose sono rimaste analoghe per molto tempo: i videoregistratori professionali in formato U-Matic costavano milioni di lire, pari a molte migliaia di euro oggi, e altrettanto costavano i grandi televisori con enormi tubi catodici presenti nelle sale riunioni delle agenzie. Per vedere uno spot occorreva un'attrezzatura professionale del costo equivalente a 10.000, 20.000 euro di oggi. Anche in questo caso poche aziende disponevano di quell'attrezzatura, perché difficilmente ne avrebbero giustificato l'acquisto.

Il rito della presentazione.

Quando bisognava discutere della nuova campagna, gli alti dirigenti dell'azienda cliente prendevano il taxi (o si sobbarcavano il viaggio fino a Milano, Torino o Roma) per andare in agenzia. Era anche normale che amministratori delegati di multinazionali scambiassero il biglietto da visita con giovani art director o giovani copywriter, se questi erano coinvolti nella campagna. Lo status dei creativi era molto elevato, anche se la situazione tutt'altro che ideale, diversa dai ricordi dei nostalgici: gli *account executive* che tornavano dalla riunione dicendo "il cliente ha detto…" esistevano già allora.

C'è posta per te.

Da metà degli anni novanta tecnologicamente è cambiato tutto, per merito o per colpa del computer.
Oggi per presentare un film basta inviare un'e-mail con un filmato in formato *mpeg* in allegato. Il messaggio può

and the Renaissance you couldn't just nip out to the artist's paint store to buy the azure blue for the Madonna's cloak if you did not know how to mix it yourself. What today is purely a speciality store (for painters and artists if located close to a fine arts academy; for painters and decorators elsewhere) was, up to a few decades ago, the place where the colours were actually *made*. Harnessing processes that were not *artistic* but *technological*.

Cézanne and van Gogh, the hi-tech innovators.
Impressionism too was a child of the technology of the time. Before tubes of oil paints were invented, taking one's easel into the country to paint was a major enterprise. In fact, before the advent of packaged oil paints, natural landscapes were based on charcoal drawings and watercolour studies and the artists painted in the colours from memory or according to figurative conventions. Otherwise, Paul Cézanne would never have been able to paint so many variations of Mont Sainte-Victoire, while Vincent van Gogh would have had to trot along to the workshop of Rembrandt's great grandson to learn how to make his own colours, starting with the raw materials. In those days, painting with pure colours squeezed out of a tube was never an option.

Stylus versus computer.
Communication is also a question of technology. It doesn't matter whether you use a wax tablet and stylus or the computer, writing is a technological instrument. Looking at it from a historical perspective, the Bic biro and the Pigna note pad are hi-tech products and, in the Sixties, the "ballpoint pen versus ink pen" debate was a red hot topic in Italian elementary schools, with some people claiming that the ballpoint pen would be the ruination of humanity. However, while learning to use an ink or fountain pen is still a valuable skill, anybody wanting to return to the quill and ink pot today would be considered an idiot.

The future belongs to the young.
But sometimes remains the domain of the old.
Turning now to the subject of Italian advertising and the tiny sliver of history in the making of the past 30 years, it has to be said that the Italian advertising agencies often have shown a persistently stubborn and obtuse resistance to innovation, matched only by their head-in-the-stand attitude to the major role that technology has played in the past, that it continues to play in the present, and that it will continue to play in the future. In my opinion, any historical consideration on the crisis that has hit classic advertising also should take account of simple technical evolution, a topic that nobody has talked about yet, at least as far as I know. I started my working life in the late Seventies, fresh out of artistic lyceum, and so have seen the advertising agencies of the golden days, the Eighties, a decade in which we lamented the previous golden age of the economic boom and the early days of *Carosello*.

The moviola temple.
In the Sixties and Seventies, TV commercials could only be projected onto a screen or watched on a moviola. The larger advertising agencies had both, but very few agencies had their own in-house projection room or moviola. Watching the latest *Carosello* was a high-tech ritual that could only take place at the agency or, in the case of smaller agencies, at a production or post-production studio.

And even when the video player arrived in Italy, to call its impact a delayed reaction would be an understatement. In fact, the U-Matic type of video player cost millions of lira, or thousands of euro in today's currency; likewise the cost of the big-screen televisions morphed by huge cathode tubes that dominated the agency meeting rooms. To watch a TV commercial meant buying professional equipment with an equivalent cost of euro 10,000-20,000 in today's money. As a result, it was too hard to justify the expenditure and few companies had the equipment.

The presentation fest.
When it was time to discuss a new campaign, the client's top managers hopped into a taxi (or embarked on a longer journey to Milan, Turin or Rome) to go to the agency. It was normal for the CEOs of multinationals to exchange business cards with the young art directors and copywriters involved in the campaign. Creative professionals enjoyed a lofty status, despite a less than ideal situation and contrary to the memories of the more nostalgic, given that even then the advertising world was full of account executives who returned from their meetings intoning "The client said…"

Mail for you.
Thanks – or not – to the computer, the whole technology scenario changed in the mid-Nineties.

ONLINE & DIGITAL MEDIA
Digital Integrated Campaigns

ONLINE & DIGITAL MEDIA
Product Websites

ONLINE & DIGITAL MEDIA
Social Media

 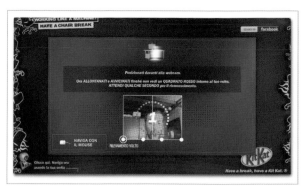

Client:
Nestlé Italiana
Communication Manager:
Andrea Galli
Agency:
JWT/Milan
Executive Creative Director:
Daniela Radice

Creative Directors:
Bruno Bertelli
Cristiana Boccassini
Massimiliano Maria Longo
Paolo Cesano
Flavio Mainoli
Art Directors:
Giulio Nadotti
Pinky Mascetti

Copywriters:
Jack Blanga
Salvatore Li Vecchi
Web Designer:
Giulio Cuscito
Account Manager:
Francesco Mirolo
Film Companies:
Haibun
Animo

Film Director:
Riccardo Paoletti
(Todor)
Illustrator:
Simone Bruschi
Project Manager:
Alberto Conni
Strategic Planners:
Andrea Betti
Marco Bandini

Developers:
Gianluca Cirone
Claudio Catalano
Timothy van der Gen
Post Production:
Animo

Si lavora tutto il giorno seduti davanti al pc e ormai anche le pause si fanno lì. Come trasformare tanta immobilità in un vero break? Sull'argomento sono stati mobilitati i fan di Kit Kat presenti su Facebook, invitati a indicare come avrebbero desiderato impiegare i classici cinque minuti di break. Sulla base delle risposte – musica, skating, tintarella... – è stata creata l'applicazione Pimp Your Chair, per trasformare la sosta di lavoro in un break personalizzato da condividere con gli amici su Facebook. Utilizzata per rilanciare la pagina di Kit Kat su Facebook, Pimp Your Chair ha fatto crescere del 700% il numero dei fan in due mesi. La campagna integrata "Have a chair break" comprende anche una serie di video i cui protagonisti praticano hobby, sport e attività varie senza alzarsi dalla sedia. (V. pagine seguenti per ulteriori dettagli).

People sit in front of their PCs all day long and even take their work breaks sitting in the same chair. The question was: how could all this inactivity be turned into a real break? Kit Kat fans on Facebook were asked about their favourite five-minute breaks. On the basis of their answers (music, skating, getting a tan etc.) the agency created Pimp Your Chair, a Facebook app to be used during breaks. As a result of this initiative the number of Kit Kat fans on Facebook increased by over 700% in two months. The integrated campaign "Have a chair break" included a series of videos about people practicing sports, hobbies and various activities, all without getting up from their office chairs. (See following pages for further details).

Client:
Nestlé Italiana
Communication
Manager:
Andrea Galli
Agency:
JWT/Milan
Executive Creative
Director:
Daniela Radice

Creative Directors:
Paolo Cesano
Flavio Mainoli
Art Directors:
Giulio Nadotti
Pinky Mascetti
Copywriters:
Jack Blanga
Salvatore Li Vecchi

Account Manager:
Francesco Mirolo
Illustrator:
Simone Bruschi
Film Company:
Animo
Project Manager:
Alberto Conni
Strategic Planner:
Marco Bandini

Developers:
Gianluca Cirone
Claudio Catalano
Timothy van der Gen

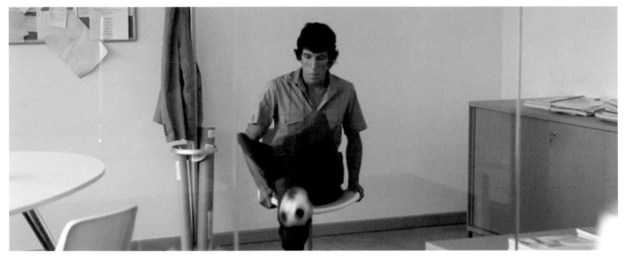

255

La campagna integrata Kit Kat comprende anche una serie di video i cui protagonisti praticano hobby, sport e attività varie senza alzarsi dalla sedia d'ufficio. Voce fuori campo: "Working like a machine? Have a chair break."

The Kit Kat integrated campaign included a series of videos about people practicing sports, hobbies and various activities, all without getting up from their office chairs. Voice over: "Working like a machine? Have a chair break."

Client:
Nestlé Italiana
Communication Manager:
Andrea Galli
Agency:
JWT/Milan

Executive Creative Director:
Daniela Radice
Creative Directors:
Bruno Bertelli
Cristiana Boccassini
Paolo Cesano
Flavio Mainoli

Art Directors:
Giulio Nadotti
Pinky Mascetti
Copywriters:
Jack Blanga
Salvatore Li Vecchi
Account Manager:
Francesco Mirolo

Film Company:
Haibun
Film Director:
Riccardo Paoletti
(Todor)
Strategic Planner:
Andrea Betti

LA FOLLA CREATIVA
THE CREATIVE CROWD

GIOVANI
PER SEMPRE
FOREVER
YOUNG

Le rughe non coprirle

di Alice Jasmine Crippa

Le rughe non coprirle.
Ci ho messo una vita a farmele venire.
Anna Magnani al suo truccatore

Quando si parla di forma fisica e bellezza è utile partire da un'autorità che ancora oggi detta legge sul tema, il magazine femminile o la sua trasposizione online: il blog di una qualche eminenza del campo. Le soluzioni proposte per ottenere, a qualsiasi età, una giovinezza esemplare, sono così numerose da far girare la testa. Pagina dopo pagina ci si sente in bilico tra meraviglia in salsa ialuronica e disorientamento. Ma nella sostanza, nonostante l'estrema varietà dell'offerta, le promesse sono così simili che ogni prodotto sembra il timido replicante di una stirpe infinita.

Make-up, creme, integratori, trattamenti termali e toccasana di ogni genere. Un esercito che si muove a suon di frizioni circolari verso un progetto collettivo d'immortalità. Altro che rughe come vanto di chi ha vissuto pienamente tra errori e grandi passioni; restare giovani e belli è l'imperativo automatico presente nell'etichetta di qualsiasi prodotto, dal topinambur al contorno occhi, specialmente se nato per risolvere problemi assai meno bon ton.

La cosmesi però non basta, l'abbiamo capito. Ci vogliono attività fisica ed equilibrio alimentare. In ogni magazine che si rispetti, quindi, pagine e pagine di buone pratiche prêt-à-porter per far fruttare all'ennesima potenza il sacro barattolino. Dagli esercizi ispirati dai monaci tibetani alle diete delle star, commentate una per una dal nutrizionista di turno, amabilmente in disaccordo con il magazine concorrente. Un gran caos, insomma. Assodato che un posto nel paradiso dei super-tonici è pur sempre essenziale, a chi credere?

Per conquistare la fiducia del pubblico, alcuni optano per quella serie di analogie che consentono a chiunque di vagliare – in termini di massima – la validità di una certa proposta. Illustri ricerche nel campo dell'informazione medico-paziente, costruite su esperienze ben lontane dalla sfera della vanità, hanno dimostrato che quando il paziente capisce l'effetto della cura e sa addirittura visualizzarne l'azione, l'efficacia ne risulta spesso migliorata. Vuoi perché, credendoci, il paziente non sgarra un'assunzione, vuoi perché la mente – quando ci si mette – non esita a trasformare il corpo.

Ecco dunque spiegata l'enorme popolarità di fanta-scientifiche *demo* di prodotto, forse più efficaci dal punto di vista del sogno collettivo che per un effettivo riscontro di realtà. Rughe spianate da microsfere prodigiose, rimpolpamenti lampo a suon di modellistica 3D, tonicità restituite grazie all'onnipotente Photoshop. Fatica ben spesa? Le persone sono talmente abituate a queste proiezioni che la razionalità non è, probabilmente, il perno su cui vertere. Benvenuti, dunque, tutti quei guizzi creativi che scatenano l'immaginazione e fanno sentire il lettore protagonista del suo sogno di immortalità. Perché è anche sentirsi capitani della propria rotta a rendere così allettante l'orizzonte. In fondo siamo tutti architetti self-made della nostra tonicità e passionari del training tra le quattro mura; chi ci riconosce e onora come tali ci piace e ci ispira fiducia.

Interessante in questo senso, tra le campagne pubblicitarie a seguire, la proposta di Whey: la bevanda per sottrarsi alle angherie dello specchio e iniziare a costru-

Don't cover up the lines

by Alice Jasmine Crippa

> *Don't cover up the lines.*
> *It's taken me years to get them.*
> Anna Magnani to her makeup artist

When talking about beauty and physical shape, it is a good idea to start with an authoritative voice that still holds sway on the subject today: the glossy magazine or its online offshoot: the blog of a fashion guru. The market gives people looking to acquire an aura of glowing youth a dizzying number of solutions no matter what age they are. Page after page of walking the tightrope between hyaluronic miracles and disorientation. But despite the huge variety of products, the bottom line is that the promises made are all so similar they seem to be the shy kid sister of an infinite dynasty.

Makeup, creams, supplements, spa treatments and cure-alls of all kinds. An army that marches to the tune of circular rubs on a collective quest for immortality. Gone are the times when wrinkles and lines were the language of those who have lived life to the full, attesting to a rollercoaster ride of mistakes and great loves. Staying youthful and beautiful is the automatic imperative on the label of any product, from the Jerusalem artichoke to eye contour balms, especially if it is a remedy for those more embarrassing problems.

That cosmetics are not enough, we've got. We know we need to get physical exercise and eat balanced diets. Every self-respecting magazine thus serves up pages and pages of good "ready-to-wear" tips to enable us to get the absolute max out of our powerful sacred little jar. From the exercises inspired by Tibetan monks to celebrity diets, each accompanied by a running commentary from the nutritionist of the day, who amicably disagrees with their counterpart at the rival magazine. The result is a state of great confusion. So, given that a place in super-toned heaven is essential, who should we believe?

To earn the consumer's confidence, some opt for the kind of analogies that enable anyone to examine — broadly speaking — the validity of a specific product. Illustrious researches in the field of doctor-patient information, based on experiences far removed from the stage of vanity, have demonstrated that the efficacy of a cure is often improved when the patient understands its effect and can actually visualise its action. Whether because, believing in it, the patient never fails to take the medication or whether because the mind — when it wants to — has no trouble influencing the body.

And that explains the great popularity of the sci-fi product demos, possibly more efficacious from the perspective of the collective dream than from that of an effective reality check. Lines smoothed by wonderful microspheres, instant volume to the tune of 3D modelling, tone and definition restored thanks to all-powerful Photoshop. But is it worth the effort? Probably that is not the point given that people are so used to these projections. So full steam ahead to all those creative flashes that spark the imagination and make the reader a lead player in their personal dream of immortality. Because it is feeling that you are at the helm of your own ship that makes the horizon so alluring. In the end, we are all self-made, the architects of our tonicity with a passion for indoor training. We like people who recognise and

ire il proprio corpo passo-passo, muscoletto dopo muscoletto. La forza del messaggio sta nella sintesi visiva, ma soprattutto nella capacità di farci sentire autentiche divinità creatrici. L'idea che si possa essere timonieri del proprio destino, sopra o lontano dalla bilancia, è un concetto culturalmente appagante che è bello "comprare", forse anche al di là del riscontro effettivo. Specialmente adesso che persino noi italiani, amanti della tavola sopraffina e degli inferni della linea, scendiamo ormai quotidianamente a compromessi tra gusto e leggerezza. Tant'è che, nel reparto gastronomia dei nostri supermercati, aumentano di giorno in giorno i piatti della tradizione italiana in rigorosa versione light. L'idea che qualcuno oggi, pur potendo, non s'impegni a essere al massimo della forma, suscita la perplessità del prossimo. E poi c'è lo sport, che fra tutte le attività umane è quella che meglio si presta alla sublimazione – estetica e persino spirituale – del corpo. Arena ne fornisce un'interpretazione iperbolica, in uno spot (*Baywatch*) che porta alle estreme conseguenze il meccanismo pubblicitario della *demo*. Qui la performance è talmente esasperata da trasformare il paradosso e l'ironia in emozione. La chiave del racconto sta nell'esaltazione dell'istinto: vitale, atavico, ineluttabile. Appagante perché primitivo e capace di coinvolgere ogni fibra e ogni terminazione nervosa. Svariando dal tono giocoso e surreale dello spot a quello tecno-epico della stampa, la comunicazione di Arena sa accendere l'ego dell'atleta olimpico, ma anche quello del nuotatore domenicale. Ciascuno di noi è chiamato a diventare il vittorioso scultore di se stesso,

guidato e consigliato da brand illuminati.

Ma che ne sarà di tutto questo ora che i nostri portafogli ci appaiono sempre più vuoti e assai più difficili da riempire? Cosa sopravvivrà e cosa invece verrà decretato superfluo?

Un interessante report di Trendwatching.com[1] prende in esame uno degli ultimi successi planetari per il popolo beauty&fitness: il *deal hunting*, ossia la "caccia all'affare" del giorno proposto da siti come Groupon. Il meccanismo è semplice: 24 ore per aggiudicarsi un'offerta scontatissima, dal 40 all'80%. Se abbastanza persone aderiscono, il gioco è fatto. I bestseller? Trattamenti anticellulite, linfodrenaggi, make-up professionale, hair care, percorsi spa, massaggi, ma anche test delle intolleranze, visita dermatologica, idrocolonterapia, pulizia dentale, dieta personalizzata, check-up cardiologici eccetera.

Crisi o non crisi, dunque, non si rinuncia a coltivare il proprio sogno di immortalità tra medicina, prevenzione e imbellettamenti. Quando un *must* diventa un lusso per le nostre tasche, ci armiamo di pazienza finché non lo troviamo superscontato. Bisogna vergognarsene? Assolutamente no: Nielsen[2] ci rassicura informandoci che saper scovare i deal migliori è *very very chic*: più del 40% dei *deal-enthusiasts* ha un reddito annuo superiore ai 70.000 dollari. L'estetica della crisi ha decretato, quindi, che chi compra a prezzo pieno è irrimediabilmente *out*.

Ma cosa rende così desiderabile questa beltà *on demand*? Sarà davvero la performance effettiva?

Eccoci dunque a un altro *fil rouge* a cui, prima o poi, giungono tutti i cultori della materia: non è questa o

respect us for being that way, it boosts our confidence. And among the advertising campaigns shown in these pages that is what is so compelling about the Whey campaign. Whey is the drink that enables you to get rid of all that looking-in-the-mirror angst and to start building your body step by step, tiny muscle by tiny muscle. The power of the message is its visual synthesis, but more than anything else it makes us feel like authentic gods of creation. The idea that we can be the captains of our own destinies, over or under the scales, is a culturally satisfying concept that is nice to buy into, that perhaps even transcends the effective payback. Especially now that even we Italians have started to make daily compromises between taste and lightness, our love of fine cuisine matched only by our obsession with the hellish attempt to stay in shape. Indeed, we only have to visit the delicatessen counter of our local supermarket to witness the blossoming range of the "light" version of traditional Italian dishes. The thought that some people still make no effort to keep in top physical shape despite the options open to them today often confounds the rest of us.

Then there's sport, the human activity that lends itself best to the sublimation – aesthetic and even spiritual – of the body. In its hyperbolic TV commercial (Baywatch), Arena takes the interpretation of the demo advertising mechanism to its extreme consequences. The performance is so exasperating that it transforms paradox and irony into emotion. The key to the story is the exaltation of instinct: vital, atavistic, and ineluctable. Satisfying because primitive and because it has the power to ignite every fibre and nerve ending. Shifting from the playful and surreal tone of the TV commercial to the technoepic mood of the press, Arena's communication adroitly subsumes the ego of both the Olympic athlete and the Sunday swimmer. Guided and advised by the enlightened brands, we are all called on to be the victorious sculptors of our corporeal selves.

But what will happen to all this now that our finances are dwindling and our wallets far more difficult to fill? What will survive and what instead will be decreed superfluous?

An interesting report on Trendwatching.com[1] investigates "deal hunting", one of the latest planetary successes for the beauty and fitness population. In other words, the deal of the day proposed by websites such as Groupon. The way it works is simple: the visitor has 24 hours to win an offer discounted by as much as 40%-80%. If enough people apply, it's a done deal. And the bestsellers? Anti-cellulite and lymphatic drainage treatments, professional makeup dos, haircare, spa treatments, massages but also allergy tests, dermatologist visits, hydrocolonic therapy, dental hygiene, personalised diets, and cardio checkups, just to name a few.

Crisis or not, nobody wants to give up following their dream of immortality, whether through medicine, prevention or beautification. When a must becomes a luxury for our purses, we arm ourselves with patience until we find a super discount. Should we be ashamed? No, absolutely not, thanks to reassurance from Nielsen[2] which tells us that knowing how to find the best deals is the ut-

quella crema, non l'essere lisci o scolpiti che conta. La chiave, in un mondo in cui bellezza e giovinezza sono parte di un progetto assai più circostanziato di qualsiasi programma politico o economico, è forse proprio la capacità di concedersi tempo per fare ordine, per capire al di là di quel cocktail di parafarmacia cosa resta sotto. Ben vengano dunque medicina preventiva, fitness, diete, cura del corpo, cosmesi. Il loro effetto appare più rilevante quando si pensa alle implicazioni mentali che celano. Occuparsi di sé, impegnare un po' di tempo in rituali di benessere è forse una delle poche cose, insieme alla cucina non precotta, che ci tengono ancorati al nostro vivere più terreno, lontano da smartphone e comunicazioni incessanti, vicino alla nostra natura fatta anche di paure e di riti esoterici. Occuparci della carne, talvolta ossessivamente, ci riporta a dare spazio a quello che in noi preme per realizzarsi, con benefici spesso esponenzialmente maggiori di quelli che una qualunque cremina potrà mai vantare.

Non è un caso che, per le donne affette da mali incurabili, una delle terapie non farmacologiche più efficaci è un sano corso di make-up. Investire del tempo su un corpo che talvolta ci sfugge di mano ci insegna a ottenere il meglio da noi stessi. Nei momenti più duri, razionalità e magia diventano incredibilmente contigui. Una certezza è una certezza, ma spesso funziona di più un sostegno emotivo apparentemente insulso che una verità espressa a chiare lettere. Un tempo la nostra umanità si cibava di profezie, di meditazioni, di ritualità imponenti e sacrali. Oggi può suscitare ancora qualche sconcerto, tra i razionalisti, ricordare che persino Jung consigliava a chi nutrisse una sincera fede di non abban-

donarla, perché sarebbe stata un motore di fondamento e rinascita continua, indipendentemente dalla sua fondatezza razionale. Ma la nostra epoca è così confusa e luccicante che, forse, non si può essere troppo severi con chi decide di arrangiarsi con i riti magici che trova già belli e pronti su dépliant, scaffali e newsletter. Ciascuno sceglie per sé una scorciatoia di eterna o istantanea giovinezza, la venera per qualche tempo, finché non arriva qualcosa che sembra più adatto e prodigioso. Un nuovo messaggio che ci faccia sentire più vicini all'ego ideale che ci siamo costruiti. Basta che funzioni.

[1] Trendwatching.com è una società specializzata nell'analisi di macro trend di consumo. Il report a cui si fa riferimento è "Dealer-Chic" per l'anno 2012. Trendwatching.com/trends/dealerchic
[2] Fonte Nielsen, aprile 2010 e aprile 2011. Per approfondimenti "Deal me in", "Nielsenwire", aprile 2011.

most in chic and that more than 40% of deal enthusiasts have an annual income of US $70,000 or higher. Crisis aesthetics has thus decreed hopelessly "out" anyone who pays the full price for their purchases.

But what makes this on-demand beauty so desirable? Is it truly its effective performance?

And that leads us to another common thread that all beauty enthusiasts pick up sooner or later, the fact that it is not this cream or that cream, it is not being smooth or sculpted that counts. No, the key to unlock a world in which youth and beauty are players in a game that is far more complex than any political or economic agenda is precisely that of being able to take time out to create order, to understand what is left at the bottom of the glass after drinking that parapharmaceutical cocktail.

A green light then to preventive medicine, fitness, diets, body care and cosmetics, whose effectiveness acquires more relevance when you start to think of the psychological implications they conceal. Taking care of yourself, spending a little more time on wellbeing rituals and not buying precooked food is perhaps one of the few things that keeps us anchored to our more earthly lives, far from smartphones and non-stop communications and closer to our nature, also made up of fears and esoteric rites. Even a sometimes obsessive care of the flesh can lead us to make room for what is inside trying to get out, enabling us to reap rewards that are often overwhelmingly greater than those claimed by any cream. So it will come as no surprise to read that one of the most effective non-pharmacological therapies for women with incurable diseases is a good makeup course. Invest-

ing time in a body that is eluding our grasp teaches us to get the best out of ourselves. When times get tough, rationality and "magic" form an incredibly close bond. A certainty is a certainty that often works better as an apparently banal emotional support than as a clearly expressed truth. Long ago, we humans ate the food of prophecies, meditation, and awesome sacred rituals. Today, the rationalists would be baffled by the thought that even Jung advised those with true faith never to abandon it as it would be a continual engine of grounding and rebirth, regardless of its rational foundations.

Given that we live in times of such glittering chaos, perhaps we should not be too severe with those who decide to believe in the magical rites that they find already beautifully displayed on the leaflets, on the shelves and in newsletters. We each choose our own shortcut to eternal or instant youth, worshipping its altar until something more suitable and miraculous comes along. A new message that makes us feel closer to the ideal ego we have constructed for ourselves. And, as long as it works, who cares.

translated by Susan Wallwork

[1] Trendwatching.com is a company specialised in consumption macro trend analysis. The report cited here is the 2012 edition of "Dealer-Chic". Trendwatching.com/trends/dealerchic
[2] Source: Nielsen, April 2010 and April 2011. See "Deal me in", *Nielsenwire*, April 2011 for further information.

Striptease

Musica:
Intro del brano di Joe Cocker *You Can Leave Your Hat On* (tema del film *9 settimane e mezzo*) ripetuta in loop come per rimandare di volta in volta l'inizio dello spogliarello.

Speaker:
Non ti senti ancora pronta a spogliarti? Con Nivea Goodbye Cellulite Trattamento d'Urto bastano dieci giorni per avere un corpo da scoprire.

Music:
Intro: the Joe Cocker song *You Can Leave Your Hat On* (soundtrack from *9½ Weeks*) played in loop as if to repeatedly postpone the start of the striptease.

Speaker:
You don't feel ready to take your clothes off yet? With Nivea Goodbye Cellulite fast acting it only takes ten days to have a body to feel proud of.

Client:
Beiersdorf
Communication Manager:
Gian Matteo Mellerio
Agency:
TBWA\Italia

Executive Creative Directors:
Francesco Guerrera
Nicola Lampugnani
Creative Directors:
Francesco Guerrera
Nicola Lampugnani
Sara Ermoli

Copywriter:
Anna Palamà
Agency Producer:
Marianne Asciak
Account Manager:
Olimpia Marrano
Production Company:
Eccetera

Company Producer:
José Bagnarelli

ILLUSTRAZIONE
Illustration

STAMPA PERIODICA
Magazine Advertising

Giovani per sempre
Forever young

Protect them from Sun.

Client:
Roc
**Communication
Manager:**
Matteo Pietrantoni

Agency:
DDB
**Executive Creative
Directors:**
Luca Albanese
Francesco Taddeucci

Creative Directors:
Luca Albanese
Francesco Taddeucci
Art Director:
Hugo Gallardo

Copywriter:
Elena Carella
Account Manager:
Annagiulia
Di Francesco

Illustrator:
Niniopiruuu

Client:
Arena Italia
Communication Manager:
Giuseppe Musciacchio

Agency:
Young & Rubicam Brands Italia
Executive Creative Director:
Vicky Gitto

Creative Director:
Vicky Gitto
Art Director:
Andrea Fumagalli
Copywriters:
Vicky Gitto
Stefano Guidi

Account Manager:
Francesca Baroni
Post Production:
Joan Garrigosa
Photographer:
Joan Garrigosa

"'Sometimes to knock down a wall you just need to touch it first.'
Francesca Halsall. Silver World Medal 100m Freestyle."

"'It took me less than 52 seconds to make my dream come true.'
Aaron Peirsol. Olympic Champion 200m Backstroke, World Champion 100m Backstroke."

"'Only the chronometer realises how much I sweat. Eric Shanteau.'
Silver World Medal 200m Breaststroke."

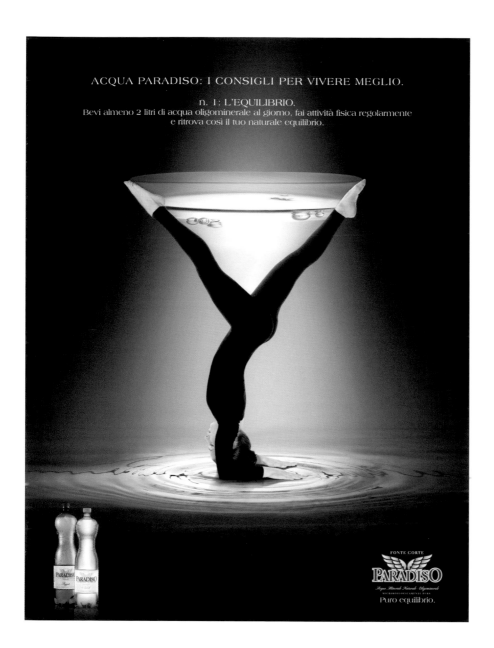

"Suggestions for improving your health. N.1: Balance. Drink at least 2 litres of low mineral content water every day, exercise on a regular basis and you will rediscover your natural balance."

Client:
Acqua Paradiso
Communication Manager:
Stefania Sanca

Agency:
HcO
Executive Creative Director:
Federico Huscher

Art Director:
Federico Huscher
Copywriter:
Marco Carucci

Post Production:
Stylaz
Photographer:
Stylaz

283

Costruisci il tuo corpo.

"Build your body."

Client:
Bioenergy Nutrition
Communication Manager:
Nicola Camera

Agency:
Alch1m1a ADV
Creative Directors:
Viviana Leveghi
Raul Riccardo Pisani

Art Director:
Raul Riccardo Pisani
Copywriter:
Viviana Leveghi

Photographer:
Raffaello Brà

284

Client:
Arena Italia
Communication Manager:
Giuseppe Musciacchio
Agency:
Young & Rubicam
Brands Italia

Executive Creative Director:
Vicky Gitto
Creative Director:
Vicky Gitto
Art Director:
Cristian Comand
Copywriter:
Vicky Gitto

Account Manager:
Francesca Baroni
Film Company:
BRW Los Angeles
Film Company Producers:
Gianfilippo Pedrotti
Luca Orlando

Film Director:
Michele Nocchi
Post Production:
BRW USA -
Post Office Reloaded

Un bagnante privo di sensi viene rinvenuto sulla spiaggia. I soccorritori lo rianimano e lo ributtano in mare, come si farebbe con un cetaceo arenato ma ancora vivo. L'uomo riprende prontamente a nuotare, completamente a suo agio. Nel mondo Arena, l'acqua è un habitat molto più ospitale della terraferma.

A swimmer is found lying unconscious on the beach. After reanimating him, the rescuers push him back into the waves as if he were a stranded, but still living, cetacean. The young man immediately starts swimming again, feeling completely at ease. In the Arena world, water is a much friendlier habitat than dry land.

L'IMMAGINAZIONE
COME TERAPIA
IMAGINATION
AS A THERAPY

Kit di sopravvivenza

di Pasquale Barbella

Famosa per essere stata, nei secoli, la culla di geni immortali come Dante, Leonardo, Michelangelo, nel terzo millennio l'Italia ha optato per una forma diversa di immortalità: quella biologica. Le rilevazioni Eurostat la indicano come il paese più longevo d'Europa[1], con una compagine di ultraottantenni pari al 5,5% della popolazione (dati 2008). Insoddisfatto di tale primato, il paese ne registra un altro di segno opposto: nell'area censita mostra la minore presenza di giovani e giovanissimi, con il 24,2% di individui da 0 a 24 anni contro una media complessiva superiore al 28%. Gli italiani invecchiano mentre gli equilibri ambientali ed economici non solo del paese, ma del pianeta intero, esigono con urgenza l'apporto di energie fresche, vitali, creative. Le nuove generazioni stanno a cavallo di una calamita, attratte dal polo positivo – le opportunità offerte dal progresso tecnologico – e respinte, con forza uguale e contraria, dalla crisi epocale di risorse e prospettive che sono costrette ad affrontare. Esiste qualche relazione tra il malessere di un paese e la creatività dei suoi abitanti? E quella dei giovani in particolare? Gli studenti parigini del 1968 esprimevano il proprio dissenso al grido "L'imagination au pouvoir". Dobbiamo aspettarci una nuova ventata di immaginazione che attraversi l'Italia, l'Europa, l'Occidente con la forza di una staffilata? Vorremo e sapremo reagire anche noi, per risollevarci da una situazione che non ci piace, con idee nuove e brillanti, tali da modificare in meglio i modi di pensare il mondo, la convivenza, il futuro? Alcuni dei lavori pubblicati nelle ultime pagine di questo libro sono stati ideati da studenti di comunicazione. In Italia sono molti i giovani che aspirano a una carriera nell'advertising, sebbene si tratti di un settore ad altissimo rischio di precarietà. Si investe sempre meno sulla qualità professionale degli addetti, la loro formazione sul campo, l'eccellenza delle idee. Ai ragazzi e alle ragazze che popolano le accademie, i master, i workshop e che rischiano di diventare stagisti a vita, mi permetto di suggerire un paio di contromisure:

1. *Superare gli angusti limiti dello specialismo;*
2. *Allenarsi a diventare imprenditori di sé stessi.*

Sul punto 2, leggete cosa scrive Andrea Stillacci nel prossimo capitolo. Sul punto 1, vi propongo invece una formula matematica per diventare competitivi, rispettati, necessari e – alla lunga – pagati meglio:

$$S = A + nK$$

ove *S* sta per Successo, *A* per le conoscenze specifiche in materia di Advertising (in tutte le sue forme: metodi, tecniche, storia, marketing, relazioni con i media vecchi e nuovi e con il pubblico, etc.) e *nK* per quantità di competenze profonde (*Knowledge*) acquisite in campi esterni alla comunicazione commerciale ma variamente confinanti con essa: per esempio l'editoria, la letteratura, il design (non solo grafico), l'arte, la fotografia, il cinema, la musica, l'economia, la sociologia, la filosofia, le scienze... Più grande è il numero n, più aumentano le vostre probabilità di successo: crisi o non crisi.

Nel lavoro creativo – finalizzato alla pubblicità o a qualsiasi altro tipo di impegno – non contano soltanto l'intuizione e le esperienze specialistiche: conta l'insieme delle dotazioni culturali, la velocità di connessione mentale tra saperi apparentemente eterogenei. Quando le vacche sono magre, il bottino intellettuale deve essere il più grasso e nutriente possibile. Sembra un'ovvietà: invece è un pensiero controcorrente. "È molto diffusa la falsa idea che ignoranza e specialismo siano tra loro opposti", scrive Lucio Russo, matematico e storico della scienza italiana, in un libretto[2] di cui caldeggio senza riserve la lettura; "Alle persone superficiali e ignoranti, prive di attendibilità, si opporrebbero gli 'specialisti' di ogni possibile argomento e solo da questi si potrebbero ottenere pareri autorevoli perché scientificamente fondati. In realtà i totali ignoranti e gli iperspecialisti rappresentano due elementi dello stesso quadro, caratterizzato dalla scomparsa di una cultura condivisa."

[1] I dati Eurostat presi in esame si riferiscono a 34 dei 45 stati indipendenti totalmente o parzialmente europei.
[2] *La cultura componibile. Dalla frammentazione alla disgregazione del sapere*, Napoli: Liguori Editore, 2008.

Survival kit

by Pasquale Barbella

Italy has been famous for producing immortal geniuses like Dante, Leonardo, and Michelangelo for centuries, but in the third millennium seems to have chosen a different kind of immortality: biological. According to reports published by Eurostat, Italy is the most long-lived country in Europe[1] with a community of over-80s that accounts for 5.5% of the total population (2008 data). Not content with holding that record, the country takes the prize, albeit at the opposite end of the scale, for having the fewest youth and young adults in the census area, with 0 to 24 year-olds accounting for a mere 24.2% compared with a European average of more than 28%. And so Italians are getting older while what is urgently needed is a gust of fresh, vital and creative energy to help not only Italy but the whole planet to regain environmental and economic equilibrium. The new generations are poised over two magnetic poles, attracted on the one side to the positive pull of the opportunities offered by technological progress, but driven back by on the other by the force of the epic crisis in resources and prospects. Is there a link between the malaise of a country and the creativity of its people? And, in particular, that of its youngsters? The Parisian students voiced their dissent in 1968 by crying "L'imagination au pouvoir".

Should we expect a new surge of imagination to forcibly whiplash Italy, Europe and the West? Would we too like to react and know how to get out of a situation we don't like by proposing new and brilliant ideas capable of changing for the better the way that we think about the world, co-existence, and the future? The closing pages of this book display some of the works created by advertising students. Despite the industry's high risk of precariousness and the dwindling investments in professional quality, on-the-job training, and the excellence of ideas, many young Italians aspire to a career in advertising. So for all those youngsters who attend the academies, who take master's degree courses and who sign up for workshops, let me offer a couple of suggestions that may tip the scales in your favour:

1. *Spread your reach, go beyond the narrow confines of specialisation;*

2. *Teach yourselves to be the entrepreneurs of your own person.*
You can read what Andrea Stillacci has to say on the second point in the next chapter, while, for the first point, here is a mathematical formula to help you become more competitive, respected, needed and – in the longer term – better paid:

$$S = A + nK$$

where S stands for Success, A for specific Advertising know-how (in all its forms: methods, techniques, history, marketing, old and new media relations, and public relations, etc.) and nK for the depth and breadth of *Knowledge* developed in the satellite areas of commercial advertising, such as publishing, literature, design (and not just graphic design), art, photography, cinema, music, economics, sociology, philosophy, and the sciences… The higher the value of n, the higher the probability of success, crisis or not.

In creative work – whether that of advertising or any other type of project – intuition and specialised experience are not the only things that count, what counts is the overall cultural endowment, the speed at which your conceptual machinery can switch between eclectic areas of knowledge. When times are lean, the intellectual spoils must be as plump and as nourishing as possible. That might be stating the obvious, but is way off the path of mainstream thinking. "That ignorance and specialisation are diametrical opposites is a widespread yet unfounded idea", writes Lucio Russo, mathematician and historian of Italian science, in a little book[2] that I keenly recommend. "It is assumed that the superficial, ignorant and unreliable people are opposed by the 'specialists' of each and every possible subject, and that only these latter can give authoritative opinions because scientifically based. In fact, the thoroughly ignorant and the super-specialists are two parts of the same picture, marked by the disappearance of a shared culture."

translated by Susan Wallwork

[1] The Eurostat data in question refer to 34 of the 45 fully or partly European independent states.
[2] *La cultura componibile. Dalla frammentazione alla disgregazione del sapere*, Naples: Liguori Editore, 2008.

Essere indipendenti nel 2012

di Andrea Stillacci

Oggi Villa Florito è un enorme agglomerato di baracche, sporco e inospitale, che si ramifica a colpi di lamiera nei dintorni di Buenos Aires. Negli anni settanta era anche peggio. Lì è dove Diego Armando Maradona è nato e lì è dove ha iniziato a prendere a calci il pallone in compagnia dei suoi amici. In una recente intervista, El Pibe de Oro ha detto : "Preferivamo giocare di notte. Giocare di notte dà un miglior senso dell'equilibrio perché sei obbligato a 'sentire' il campo e a mettere in gioco tutti i sensi che hai. Devi giocare con il pallone continuamente incollato ai piedi. Quando sai giocare bene di notte, giocare di giorno diventa uno scherzo."

Non avrei potuto trovare una migliore analogia. Il 2012 sarà ricordato come un altro anno di crisi. L'ennesimo. L'euro continua a mostrare le sue intrinseche debolezze. E per quanto riguarda il mercato della comunicazione, stiamo tutti vivendo questa sindrome schizofrenica che alterna l'anoressia dei budget alla bulimia delle opportunità media. Stiamo tutti giocando di notte ma, come ci ricorda il campione argentino, non è detto che sia necessariamente un male. Nelle statistiche degli elementi più ricercati dai clienti che investono in comunicazione, valore aggiunto e reattività si contendono il podio. E sia l'uno che l'altra, purtroppo, non si trovano su eBay. Ecco perché, insieme al mio partner Luc Wise, abbiamo pensato che creare un'agenzia indipendente come Herezie fosse l'unico modo per guadagnare la libertà di scelta e la libertà di azione di cui avevamo bisogno. Dopo oltre vent'anni di vita professionale trascorsa all'interno di network internazionali per noi è giunto il momento di mettere da parte azioni, stocks, airmiles, reportings pre-stampati e strategie pre-confezionate per vivere appieno ciò che troppo spesso i network soffocano nella smania di controllo: la responsabilità imprenditoriale. Non c'è modo migliore per mettere in gioco tutti i sensi. Non c'è modo migliore per sentirsi vivi. Negli anni novanta era diverso. E forse anche nei primi anni duemila. Un amministratore delegato di un grande network faceva veramente quello per cui era stato scelto. Aveva quindi la "delega di amministrare". Oggi questa delega non esiste più. Quando bisogna attendere oltre due mesi il permesso per dare un bonus di 3000 euro lordi, la capacità manageriale diventa un orpello fuori moda. E il nostro mestiere è fatto di scelte, di errori, di sogni. Non possiamo e non dobbiamo dimenticarlo. Queste sono le energie, la voglia, l'ambizione che possono aiutare a tenere il pallone incollato ai piedi. E sono certo che vi sono tanti colleghi, tanti manager, tanti clienti che oggi hanno esattamente la stessa voglia di fare questo passo ma che non necessariamente possiedono i mezzi o la possibilità o il coraggio per diventare imprenditori. Ebbene cerchiamoli, conosciamoli, incontriamoli. Diamo vita a un nuovo ciclo di energie che vanno al di là di quello che è già stato definito in una sala riunioni sulla Fifth Avenue, a Shibuya o sugli Champs-Elysées. E quando finalmente le prime luci del mattino accarezzeranno di nuovo il nostro campo di calcio ci guarderemo negli occhi e ci riconosceremo. Stanchi. Ma felici.

Being independent in 2012

by Andrea Stillacci

Nowadays, Villa Florito is a vast conglomeration of dirty inhospitable shacks in the Buenos Aires hinterland that is propagating to the screeching crash of sheet metal. It was even worse in the Seventies. This is where Diego Armando Maradona was born and where he first kicked a football around with his friends. In a recent interview, Pibe de Oro said "We preferred to play at night. Playing at night gives you a better sense of balance because you are forced to 'listen' to the field and use all the senses you have. When you can play well at night, playing in daytime becomes a joke."

I could not have found a better analogy. Our memories will catalogue 2012 as another crisis year. The umpteenth. The euro continues to bare its intrinsic weaknesses. While everyone in the advertising market is suffering from a schizophrenic syndrome that alternates anorexic budgets with bulimic media opportunities. We are all playing at night here but, as the Argentine football champion reminds us, that is not necessarily a bad thing. The statistics of the things most sought-after by advertising clients reveal that added value and reactivity are the contenders for pole position. Sadly, neither is easy to find on eBay.

And that is why me and my partner Luc Wise decided that the only way to gain the freedom of choice and the freedom of action we needed was to create an independent agency like Herezie. After more than 20 years of professional life spent in international networks, it was time for us to set aside shares, stock-options, air miles, pre-printed reports, and pre-packaged strategies to live to the full what the networks addiction to control all too often suffocates, and, that is, entrepreneurial responsibility. There is no better way to bring into play all the senses. There is no better way to feel so alive. It was different in the 1990s and, perhaps, in the early 2000s, when a managing director of a large network actually did what he was supposed to do, i.e., he took personal responsibility for the management and the decisions of the company, an attitude that no longer exists today. In fact, managerial capacity becomes an outdated frill when you have to wait more than two months for authorisation to give a bonus of Euro 3000 gross. Our job is made up of choices, errors and dreams, and we should not and cannot forget that because these are the things that spark the drive, the desire and the ambition that can help to keep the ball glued to our feet. And I am fairly sure that many colleagues, many managers and even many clients also yearn to become an entrepreneur today, if only they had the means, the opportunity or the courage needed to make such a quantum leap. Well, it is down to us to look for those things, to get close to them, to meet them head on if we want to give life to a new dynamic cycle, one that goes beyond what has already been decided in a distant meeting room on Fifth Avenue, in Shibuya or the Champs-Elysées. And when, finally, the sun's early morning rays bathe our football pitch once more, we will look at each other and actually recognise ourselves. Weary, but happy.

translated by Susan Wallwork

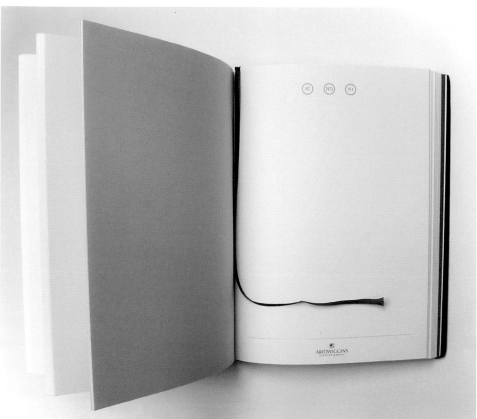

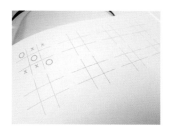

Come sopravvivere alla noia durante gli interminabili meeting di lavoro. Un'idea per presentare le nuove carte riciclate Arjo Wiggins per la stampa di qualità.

How to survive the boredom during interminable work meetings. An idea for presenting the new Arjo Wiggins high-quality recycled paper.

Client:	Executive Creative	Copywriter:	Account Manager:
Arjo Wiggins Italia	Director:	Claudia Neri	Claudia Neri
Agency:	Claudia Neri	Graphic Designer:	Printing House:
Teikna Design	Art Director:	Claudia Neri	Tipografia Tiburtini
	Claudia Neri		

Da oggi non avrete più bisogno di immaginare.
Ricezione Diretta Volkswagen. Saprete sempre in anticipo cosa sarà fatto alla vostra auto.

From today onwards, you won't need your imagination anymore. Volkswagen Direct Reception. You'll always know in advance what work will be done on your car.

Client:
Volkswagen Group
Italia
**Communication
Manager:**
Swen
Wucherpfennig

Agency:
DDB
**Executive Creative
Directors:**
Luca Albanese
Francesco Taddeucci

Creative Directors:
Luca Albanese
Francesco Taddeucci
Art Director:
Salvatore Zanfrisco
Copywriter:
Daniela De Seta

Account Manager:
Davide Bergna
Illustrator:
Mcbess
Post Production:
Roque

Photographer:
Roque

STAMPA PERIODICA
Magazine Advertising

PUBBLICITÀ OUTDOOR E INDOOR
Outdoor and Indoor Advertising

FOTOGRAFIA
Photography

294

Ogni volta che devi effettuare la retromarcia, i sistemi video di retrovisione VDO ti permettono di vedere esattamente cosa c'è dietro il tuo veicolo. In altre parole trasformano il tuo veicolo in una specie di videocamera.

Whenever you have to go into reverse the VDO rear-view system enables you to see exactly what's behind your vehicle. In other words, they turn your car into a kind of video camera.

Client:
Continental
Automotive
Trading Italia
**Communication
Manager:**
Sabrina Zapperi

Agency:
DDB
**Executive Creative
Directors:**
Luca Albanese
Francesco Taddeucci

Creative Directors:
Luca Albanese
Francesco Taddeucci
Art Director:
Diego Mendozza
Copywriter:
Maria Chiara Alegi

Account Manager:
Simone Lucarelli
Illustrator:
Chiara Razzauti
Photographer:
Winkler + Noah

Corporate identity in stile "slounge" per una marca di abbigliamento legata alla danza, alla fitness e – in generale – al movimento. Nel vocabolario di Freddy, "slounge" sta per "sport + loungewear".

Corporate identity designed in "slounge" style for a clothing brand famous for its dance and fitness collections. In Freddy terminology, "slounge" stands for "sports + loungewear".

Client:
Freddy
Agency:
D'Adda, Lorenzini,
Vigorelli, BBDO

Creative Directors:
Stefania Siani
Federico Pepe
Art Director:
Nicola Cellemme

296

Client:
Freddy
Agency:
D'Adda, Lorenzini,
Vigorelli, BBDO

Creative Directors:
Stefania Siani
Federico Pepe

Art Directors:
Nicola Cellemme
Simone Di Laus

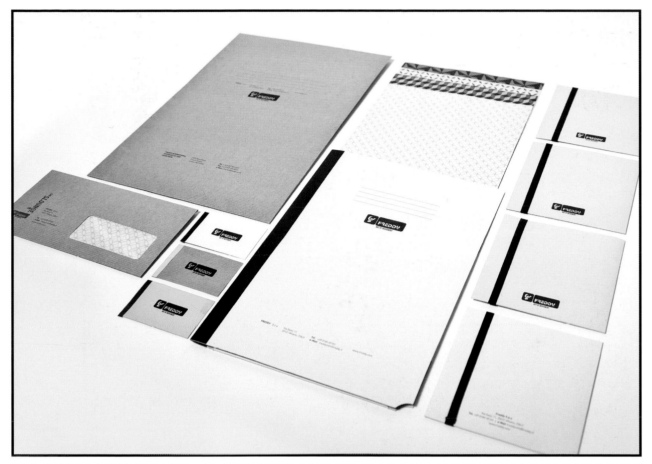

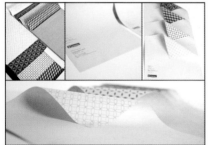

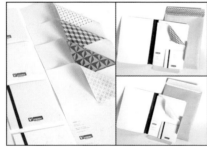

Client:
Freddy
Agency:
D'Adda, Lorenzini,
Vigorelli, BBDO

Creative Directors:
Stefania Siani
Federico Pepe
Art Director:
Nicola Cellemme

298

Nelle cartoline è inserito un meccanismo magnetico che illustra in modo immediato ed efficace i vantaggi della tecnologia Park Assist di Škoda Yeti.

The postcards are inserted with an ingenious magnetic device that enables an on-the-spot demonstration of the advantages of Park Assist technology in the Škoda Yeti.

Client:
Škoda Italia
Agency:
Cayenne
Communication Manager:
Giorgio Colombo

Executive Creative Directors:
Giandomenico Puglisi
Stefano Tumiatti
Art Director:
Livio Gerosa

Copywriter:
Caterina Calabrò
Account Manager:
Giuseppe Francavilla
Post Production:
Lucy CGI

Progettato per la Numero Uno, concessionaria milanese della Harley-Davidson, questo calendario è munito di manubrio e simula esperienze di viaggio in moto mediante una serie di fotografie in soggettiva. I calendari sono stati venduti e il ricavato è stato devoluto a Caf Onlus – Centro di aiuto al bambino maltrattato e alla famiglia in crisi.

Designed for Numero Uno, the official Harley-Davidson dealer in Milan, this calendar is fully equipped with handlebars and simulates a motorbike ride with a series of photos taken from a biker's viewpoint. The money raised from the sale of the calendar was donated to Caf Onlus, a foundation for the prevention and treatment of child abuse.

Client:
Numero Uno
Milano Chapter
Agency:
Grey Worldwide Italia

Executive Creative Director:
Francesco Emiliani
Art Director:
Gaetano Cerrato

Junior Art Director:
Giovanni Nava
Copywriter:
Francesca Andriani
Account Manager:
Virginia Salvucci

Photographer:
Giovanni Santarelli
Post Production:
Giovanni Santarelli

Client:
Mediaset
Communication Manager:
Claudia Bosisio

Agency:
Euro RSCG Milano
Executive Creative Director:
Giovanni Porro

Art Director:
Antonio Campolo
Copywriter:
Luigi Fattore
Account Manager:
Chiara Stefani

Photographer:
Alessandro Della Fontana
Post Production:
3D Design

"Come essere lì."
Campagna per un decoder HD che consente una superba visione delle partite di calcio sul proprio televisore.

"Just like being there."
A HD decoder for great soccer viewing on your own TV.

500 by Diesel invita a spegnere momentaneamente il computer e riscoprire il network più vecchio del mondo: la strada. Perché se il web connette utenti, la strada connette persone.

Fiat 500 designed by Diesel invites viewers to momentarily switch off their computers and rediscover the oldest network in the world: the road. If the web connects users then streets connect people.

Client:
Fiat
Communication Manager:
Eleonora Coffaro

Agency:
Independent Ideas
Creative Director:
Marco Rubiola

Copywriter:
Marco Rubiola
Film Company:
Indiana Production

Film Director:
Bruno Miotto
Photographer:
Lorenzo Vitturi

Project Manager:
Alberto Fusignani

Skyline urbano, esterno notte, inquadratura fissa. Sotto la luna compaiono una dopo l'altra le tipiche "notifiche" di Facebook: "A Letizia piace la foto di Brown", "Stefano ha commentato lo stato di Alba", "Stefano e Nimali hanno stretto amicizia", etc. Quando tutta la scena si è riempita di scritte, la macchina da presa carrella verso destra e ci fa scoprire una Fiat Diesel in evidente stato di agitazione a causa di occupanti che fanno sesso nel suo abitacolo. Super: "E io sono appena diventato un fan di tua sorella."

Urban skyline, exterior night, fixed frame. Some typical Facebook notifications start appearing, one after the other, under the moon: "Letizia likes Brown's photo," "Stefano commented on Alba's status," "Stefano added Nimali as a friend" etc. When the whole screen is covered with messages the camera dollies to the right and shows us a Fiat Diesel in an obvious state of agitation due to the occupants having sex inside. Super: "And I've just become a fan of your sister."

303

Client:
Fiat, Diesel
Communication Managers:
Lucinda Spera: Diesel
Giovanni Perosino: Fiat
Agency:
Independent Ideas
Executive Creative Director:
Lapo Elkann

Creative Directors:
Marco Rubiola
Fabio Ferri
Art Directors:
Fabio Ferri
Alessandro Padalino
Copywriters:
Marco Rubiola
Daniele Sigalot
Agency Producer:
Andrea Barbero

Account Manager:
Alberto Fusignani
Film Company:
Indiana Production
Film Company Producers:
Marco Cohen
Alessandro Mascheroni
Silvia Lo Cascio

Film Director:
Bruno Miotto
Director of Photography:
Dario Ghezzi
Film Editor:
Cecilia Falsone
Post Production:
Alga Pastorelli
Indiana Prod.; EDI-
Effetti Digitali Italiani

Music:
Tango of Roses -
Lou Monte, Abramo
Allione Ed. Musicali

304

"*Ritual*. La tua metà oscura." Campagna per il lancio di "Ritual", mensile di musica e cultura dark.

"*Ritual*. Your dark side." Launch campaign for *Ritual*, monthly magazine of dark, gothic, electro, industrial music and culture.

Client:
Coniglio Editore
Communication Manager:
Francesco Pascoletti

Agency:
Ogilvy & Mather
Executive Creative Director:
Roberto Greco

Creative Director:
Elisa Pazi
Art Director:
Chiara Catalani

Copywriter:
Elisa Pazi
Account Manager:
Elisa Pazi

Photographer:
Winkler+Noah

STAMPA PERIODICA
Magazine Advertising

STAMPA QUOTIDIANA
Newspaper Advertising

L'immaginazione come terapia
Imagination as a therapy

"Impara l'inglese on the road."
Insegnanti di madrelingua impartiscono lezioni a bordo di autobus in viaggio nel sud della Gran Bretagna.

"Learn English on the road".
Mother-tongue teachers drive a bus, taking the students all around south of UK.

Client:
The English FunBus
Communication Manager:
Nick Emery

Agency:
JWT/Roma
Executive Creative Director:
Pietro Maestri

Creative Directors:
Bruno Bertelli
Cristiana Boccassini

Art Director:
Massimiliano Traschitti
Copywriter:
Antonio Codina

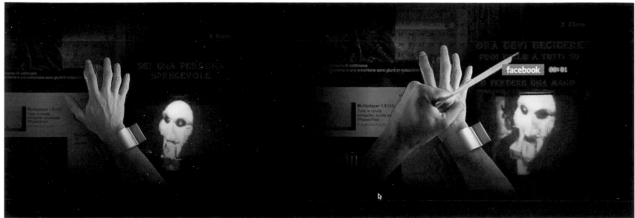

306

Promozione online del film *Saw 3D – Il capitolo finale*, episodio conclusivo della celebre saga horror. Una serie di banner fa da esca per coinvolgere l'utente in una delle trappole dell'Enigmista. L'esperienza interattiva continua su Facebook, con notevole amplificazione del messaggio (si sono registrati picchi di mille nuovi fan al giorno). Il buzz ha contribuito ha portare il film al primo posto del box office nel primo weekend di programmazione.

Online promotion of *Saw 3D – The Final Chapter*, final episode of the famous horror saga. A series of banners act as a decoy to entice the user into one of Jigsaw Killer's traps. The interactive experience continued on Facebook with considerable amplification of the message (there were peaks of 1,000 new fans registered per day). The buzz helped take the film to the top of the box office in the opening weekend.

Client:
Moviemax
Agency:
RMG Connect
Executive Creative Director:
Daniela Radice

Creative Directors:
Davide Boscacci
Massimiliano Maria Longo
Art Director:
Marco Viganò

Copywriter:
Francesco Muzzopappa
Web Designer:
Cesare Malescia
Account Manager:
Davide Milani

Film Company:
Moviefarm
Film Director:
Fabrizio Squeo
Post Production:
Animo

Project Manager:
Alberto Conni

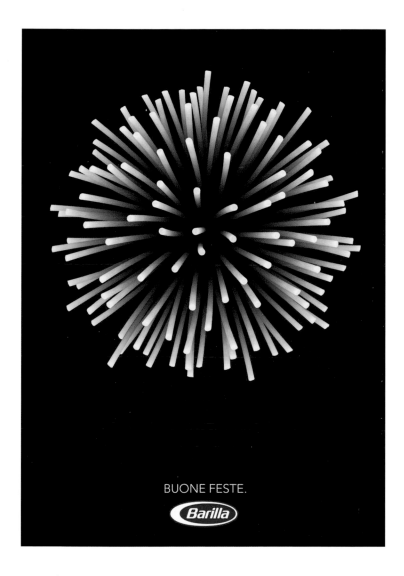

Season's greetings.

Client:
Barilla
Communication Manager:
Luca Uva
Agency:
Young & Rubicam
Brands Italia

Executive Creative Director:
Vicky Gitto
Creative Directors:
Paolo Pollo
Marco Panareo
Art Director:
Marco Panareo

Copywriter:
Paolo Pollo
Account Manager:
Roberta La Selva
Post Production:
Rumblefish
Photographer:
Rumblefish

Client:
Publicis
Agency:
Publicis
Creative Director:
Patrizio Marini

Art Director:
Alessandro Amaro
Copywriter:
Gilda Buccino
Film Company:
Les Enfants

Film Director:
Dario Latini

Il telefono continua a squillare in un ufficio deserto: corridoi, stanze, bagni, sala riunioni. Parte il messaggio registrato della segreteria telefonica, con una voce femminile che dice: "Risponde la segreteria di Publicis. Al momento siamo occupati. Per ingrandire il logo, premere 1. Per ingrandire il prodotto, premere 2. Per ingrandire sia il logo che il prodotto, premere 3. Per cambiare impaginazione, premere 4. Per rilavorare quando il brief è cambiato, premere 5. Per uno speaker più istituzionale, premere cancelletto. Per uno speaker più ironico, premere asterisco. Per parlare con l'amministrazione, premere 12. Per i nuovi clienti, lasciare un messaggio dopo il segnale acustico specificando il vostro budget." Super su schermo rosso: "Auguri dal Gruppo Publicis. L'agenzia che risponde ai vostri desideri anche a Natale."

A phone keeps ringing in a deserted office: in the corridors, rooms, bathrooms and meeting rooms. The answering machine switches on and a recorded female voice says, "Hello, this is the Publicis answering service. We are busy and cannot take your call. To enlarge the logo, press 1. To enlarge the product, press 2. To enlarge both the logo and the product, press 3. To change the layout, press 4. To re-do the work when the brief has been changed, press 5. For a more managerial speaker, press the hash key. For a more ironic speaker, press the star key. To speak to admin, press 12. For new clients, leave a message after the beep indicating your budget." Super appears on red screen: "Greetings from the Publicis Group. The agency that responds to your wishes even at Christmas time."

311

"Bosch buca ogni superficie." Intervento di guerrilla marketing per pubblicizzare una nota marca di trapani.

"Bosch drills any surface." A guerrilla-marketing idea designed to promote the famous drill.

School:
NABA - Nuova
Accademia di
Belle Arti, Milano

Teachers:
Manfredi Marino
Andrea Bomentre
Designer:
Luca Santomauro

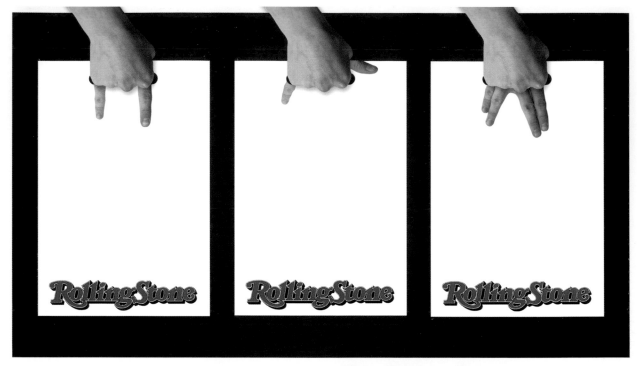

In occasione dell'anniversario di Rolling Stone,
sono state ideate delle buste speciali contenenti la rivista.

Serie di shopping bag per il numero speciale dell'anniversario di "Rolling Stone".

A series of shopping bags designed for the special anniversary issue of *Rolling Stone*.

School:
NABA - Nuova
Accademia di
Belle Arti, Milano

Teachers:
Manfredi Marino
Andrea Bomentre
Graphic Designer:
Alessandro Vigoni

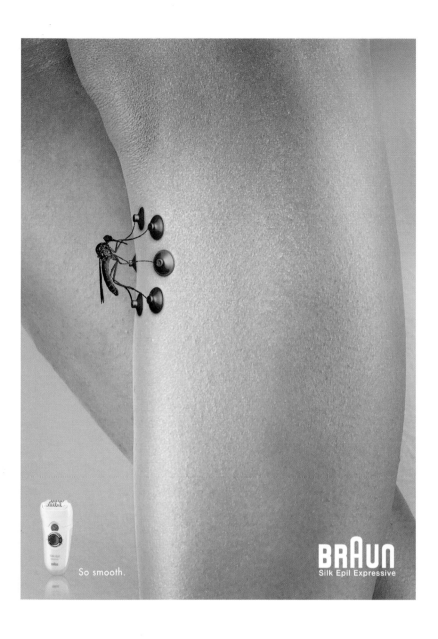

School:
Fondazione
Accademia
di Comunicazione,
Milano

Teacher:
Serena Di Bruno
Art Director:
Veronica Ciceri

ELENCHI
LISTS

Abbate, Angelo	Copywriter; Milano
Agnello, Dario	Art Director; JWT Italia, Milano
Albanese, Luca	Art Director, Executive Creative Director; Lowe Pirella Fronzoni, Roma
Amandonico, Nikko	Art Director, Creative Director; Energy Project, Parma
Ambrosini, Sofia	Copywriter, Creative Director; Freccia Ambrosini Volpi, Milano
Ambrosio, Gabriella	Strategic Planner, Agency President, Writer; Yes I Am, Roma
Angelini, Carlo	Graphic Designer; Angelini Design, Roma
Anzani, Fabio	Art Director; Milano
Ariagno, Federica	Copywriter, Creative Director; AUGE Headquarter, Milano
Baccari, Alberto	Art Director, Creative Director; TW2, Milano
Bandoli, Antonella	Copywriter; Matitegiovanotte, Ravenna
Barbella, Pasquale	Writer; Lesmo (Monza)
Bedeschi, Giovanni	Film director; Bedeschifilm, Milano
Bertelli, Bruno	Copywriter, Executive Creative Director; Publicis Group, Milano
Bertini, Raffaella	Strategic Director; Leagas Delaney, Milano
Biagini, Mauro	Copywriter, Creative Director; ADV Activa, Milano
Bianchi, Miriam	Art Director, Creative Director; Bright.ly, Milano
Biasi, Aldo	Copywriter, Creative Director, Agency Chairman; Aldo Biasi Comunicazione, Milano
Biffi, Gabriele	Management Consultant; Advertising & Professional Services; Milano
Bizzarro, Giuseppe	Interactive Creative Director; M&C Saatchi, Milano
Boccassini, Cristiana	Art Director, Executive Creative Director; Publicis Group, Milano
Boglione, Patrizia	Art Director; Angelini Design, Roma
Bonomini, Enrico	Copywriter; Bam!, Milano
Borri, Natalia	Copywriter; The Ad Store Italia, Parma
Boscacci, Davide	Copywriter, Associate Creative Director; JWT Italia, Milano
Bozza, Francesco	Copywriter, Executive Creative Director; BCube, Milano
Brini, Maurilio	Art Director, Chief Executive; Altavia Every, Milano
Broadbent, Christopher	Photographer; Studio Broadbent, Milano
Brunazzi, Giovanni	Designer, Agency Chairman; Brunazzi&Associati, Torino
Brunori, Alex	Copywriter, Executive Creative Director; McCann Worldgroup, Milano
Cairati, Stefano	Art Director; MRM Worldwide, Milano
Calabrò, Caterina	Copywriter; Leo Burnett, Torino
Carapellese, Lucia	Copywriter; Saffirio Tortelli Vigoriti, Torino
Carnevale, Marco	Copywriter; Roma
Castelletti, Andrea	Art Director; TW2, Milano
Cerri, Pierluigi	Designer; Studio Cerri & Associati, Milano
Cesano, Paolo	Art Director, Creative Director; JWT Italia, Milano
Chiarugi, Enrico	Copywriter, Creative Director; Wrong Advertising, Milano
Cianciosi, Michelangelo	Executive Creative Director; Verba, Milano
Cicalini, Barbara	Copywriter, Associate Creative Director; Grey Worldwide Italia, Milano
Ciccognani, Luigi	Art Director; Creativity, Milano
Cinquepalmi, Luca	Art Director; H-Paris, Suresnes (France)
Cinti, Maurizio	Art Director; Chief Creative Officer, Scoopandspoon Wien/Graz/London/Tokyo, Vienna
Citterio, Alberto	Copywriter; In Adv, Milano
Civaschi, Matteo	Executive Creative Director; H-57 Creative Station, Milano
Coen, Anna	Art Director; Milano
Collini Bosso, Rosemary	Art Director; Milano
Comino, Luca	Client Creative Director; Ogilvy Interactive, Milano
Concato, Andrea	Copywriter, Executive Creative Director; Andrea Concato, Milano; Life, Longari & Loman, Bologna
Contri, Alberto	President; Fondazione Pubblicità Progresso, Milano
Corbetta, Natalia	Art Director; Studio Natalia Corbetta, Milano
Cornara, Guido	Copywriter; Milano
Cortesini, Luca	Executive Creative Director; Verba, Milano
Costa, Mauro	Copywriter, Creative Director; Nadler Larimer & Martinelli, Milano
Costantini, Alfonso	Art Director, Chief Executive Officer; Euro RSCG, Milano
Cotti, Leonardo	Copywriter; Saatchi & Saatchi, Roma
Cremona, Marco	Copywriter, Executive Creative Director; Young & Rubicam, Moscow
Curreri, Giordano	Client Creative Director; Ogilvy & Mather, Milano
Cusinato, Jean	Creative Director; Fishouse, Castelfranco Veneto (Treviso)
D'Amelio, Angela	Graphic Designer, Creative Director; Carta e Matita, Milano
De Amici, Carlo	Art Director; CDA, Milano
De Berardinis, Valerio	Photographer; Roma
Del Bravo, Paolo	Copywriter; Paolo Del Bravo Pubblicità, Roma

Del Pizzo, Gaetano	Art Director, Creative Director; McCann-Erickson, Milano
Dematteis, Paolo	Group Creative Director; Leo Burnett, Milano
Di Battista, Antonio	Senior Copywriter; Saatchi & Saatchi, Roma
Di Bruno, Serena	Art Director, Creative Director; 1861united, Milano
Dionisi, Daniele	Copywriter; Lowe Pirella Fronzoni, Roma
Dorizza, Enrico Ivo	Art Director, Chief Creative Officer; JWT Italia, Milano
Emiliani, Francesco	Copywriter, Partner and Chief Creative Officer; Inarea, Milano
Facchini, Carlo	Photographer; Hocus Focus, Milano
Falavigna, Ciro	Art Director, Graphic Designer; Studio Falavigna, Milano
Fanfani, Luca	Executive Producer; Mercurio Cinematografica, Milano
Fanti, Federico	Art Director; McCann-Erickson, Milano
Ferolla, Andrea	Art Director; Ferolla Reina – Chez Dedé, Roma
Ferri, Fabio	Art Director; Roma
Fogliacco, Rino Dario	Copywriter; Milano
Fontana, Aureliano	Art Director, Creative Director; 1861united, Milano
Frescobaldi, Piero	Creative Partner; Unit9.com, London
Furlotti, Beatrice	Copywriter; Saffirio Tortelli Vigoriti DDB, Torino
Gallardo, Hugo	Art Director, Creative Director; TBWA\Italia, Milano
Garonzi, Giuliano	Designer; Modern Creative – Giuliano Garonzi Studio, Umeá (Sweden)
Gasbarro, Vincenzo	Art Director, Creative Director; M&C Saatchi, Milano
Gasparrini, Fabio	Copywriter, Creative Director; Horace Kidman, Milano
Gatti, Mauro	Illustrator, Creative Director; Mutado, Milano
Geranzani, Marco	Copywriter, Client Creative Director; Ogilvy & Mather, Milano
Gerosa, Livio	Art Director; Leo Burnett, Torino
Ghidotti, Angelo	Executive Creative Director; Sudler & Hennessey, Milano
Giordanengo, Adelaide	Copywriter, Creative Director; Adelaide Giordanengo, Torino
Gitto, Vicky	Copywriter, Group Executive Creative Director, Group Executive Vice President; Young & Rubicam Brands, Milano
Gonni, Pier Giuseppe	Creative Director; A&B, Milano
Göttsche, Michael	Art Director; Göttsche Agenzia di Pubblicità e Marketing, Milano
Grasso, Michela	Copywriter; Saffirio Tortelli Vigoriti DDB, Torino
Guastini, Massimo	Copywriter, Creative Director; cOOkies, Milano
Gucciardi, Marco	Art Director, Creative Director; Leo Burnett, Torino
Guerrera, Francesco	Executive Creative Director; TBWA\Italia, Milano
Guglielmoni, Paolo	Executive Creative Director; IAKI, Milano
Iabichino, Paolo	Executive Creative Director; OgilvyOne, OgilvyInteractive, OgilvyAction, Milano
Izzillo, Alessandro	Art Director; Lowe Pirella Fronzoni, Roma
La Spada, Giuseppe	Art Director, Designer; Milano
Lampugnani, Nicola	Executive Creative Director; TBWA\Italia, Milano
Le Moli, Valerio	Copywriter; M&C Saatchi, Milano
Lombardi, Gianni	Writer; Lido di Camaiore (Lucca)
Longo, Massimiliano Maria	Interactive Creative Director; JWT Italia, Milano
Lorenzini, Luca	Creative Director; Saatchi & Saatchi, Milano
Loster, Edoardo	Copywriter; Saatchi & Saatchi, Roma
Lotierzo, Saverio	Copywriter; Young & Rubicam, Roma
Maestri, Pietro	Copywriter; Milano
Mainoli, Flavio	Art Director; JWT Italia, Milano
Manasse, Mario	Copywriter; JWT Italia, Milano
Manfroni, Paola	Art Director, Creative Director; Marimo, Roma
Manieri, Mauro	Copywriter, Creative Director; Lowe Pirella Fronzoni, Milano
Manno, Domenico	Art Director, Associate Creative Director; Publicis Modem, Roma
Maoloni, Luca	Art Director; Yes I Am, Roma
Marabelli, Gianfranco	Art Director; Bam!, Milano
Marani, Maurizio	Art Director; Studio Marani, Milano
Marcellini, Cristina	Art Director; Leo Burnett, Milano
Maresca, Maurizio	Copywriter; Milano
Mariani, Michele	Art Director, Executive Creative Director; Armando Testa, Milano
Marini, Lorenzo	Art Director, Executive Creative Director; Lorenzo Marini & Associati, Milano
Marini, Patrizio	Communication Researcher; The Soon Institute, Roma
Massarotto, Marco	Copywriter, CEO; Hagakure, Milano
Mastromatteo, Giuseppe	Art Director, Executive Creative Director; Ogilvy & Mather, Milano
Mauro, Federico	Art Director; Fandango, Roma
Mauthe Degerfeld, Ugo	Copywriter; Torino
Mazza, Giuseppe	Copywriter, Creative Director; Tita, Milano

Milesi, Gianmarco	Copywriter, Creative Director; H-57 Creative Station, Milano
Mendozza, Diego	Art Director, Creative Supervisor; Leo Burnett, Milano
Menozzi, Luca	Art Director; D'Adda, Lorenzini, Vigorelli, BBDO, Milano
Miniero, Luca	Film Director; Firenze
Molinari, Oscar	Copywriter; Roma
Montanari, Paolo	Associate Creative Director; Saatchi & Saatchi, Milano
Montanaro, Lorella	Copywriter; Red Cell, Milano
Moretti, Franco	Art Director, Vice Chairman, Group Chief Creative Officer; Leo Burnett, Italy
Müller, Sergio	Creative & Planning Director; A-Tono, Milano
Musilli, Manuel	Deputy Creative Director Interactive Italia; Saatchi & Saatchi, Roma
Musto, Gaetano	Creative Director; Torino
Nadotti, Giulio	Art Director; The Ad Store Italia, Parma
Nardi, Luciano	Art Director, Creative Director; Kube Libre, Milano
Neri, Claudia	Art Director; Teikna Design, Milano
Neuburg, Till	Communication Strategist; Paderno d'Adda (Lecco)
Orlandi, Alessandro	Art Director, Creative Director; Saatchi & Saatchi, Roma
Pannese, Luca	Associate Creative Director; Saatchi & Saatchi, Milano
Panzeri, Lele	Film Director, Art Director; Le Balene, Milano
Pappalardo, Marco	Copywriter; Milano
Pedroni, Fabio	Digital Copywriter; M&C Saatchi, Milano
Pitacco, Pier Paolo	Art Director, Designer; Cento per Cento, Milano
Pizzigati, Giovanni	Art Director; Matitegiovanotte, Forlì
Poletti, Francesco	Creative Director; 1861united, Milano
Porro, Giovanni	Art Director, Executive Creative Director; Euro RSCG, Milano
Porzio, Stanislao	Copywriter; Amphibia Through the Line, Milano
Prevost, Renata	Communication Manager; Renata Prevost Studio, Milano
Puglisi, Giandomenico	Art Director, Executive Creative Director; Cayenne, Milano
Quartesan, Riccardo	Art Director; Enfants Terribles, Milano
Ratti, Mizio	Copywriter; Enfants Terribles, Milano
Ravenna, Daniele	Copywriter; Daniele Ravenna & C., Milano
Re, Paolo	Music Composer, Sound Designer; Milano
Rebatto, Armando	Photographer; Studio Rebatto & C., Milano
Reggio, Agostino	Art Director; Nerone, Roma
Ricci, Daniele	Art Director; Saffirio Tortelli Vigoriti DDB, Torino
Righi, Matteo	Creative Director; Hagakure, Milano
Risuleo, Tonino	Art Director; Roma
Robiglio, Riccardo	Group Creative Director; Leo Burnett, Milano
Roccaforte, Francesco	Copywriter; MOD Music on Demand, Milano
Ros, Graziano	Illustrator, Retoucher; Studio Ros Elaborazione Immagini, Milano
Rossi, Davide	Associate Creative Director; Ogilvy & Mather, Shanghai
Russo, Fabrizio	Executive Creative Director; Klein Russo, Roma
Sabini, Alessandro	Copywriter; Executive Creative Director; Ogilvy & Mather, Milano
Sala, Maurizio	Copywriter; Bitmama, Milano
Santinon, Luca	Art Director; Zanonline, Piombino Dese (Padova)
Saveri, Gianguido	Art Director, Copywriter; Gianguido Saveri Communication Design, Milano
Scarlata, Luisa	Copywriter, Creative Director; BadShark Communications, New York
Sciortino, Alessandro	Copywriter; McCann-Erickson, Roma
Scotti, Roberto	Executive Creative Director; Republic, Milano
Scotto di Carlo, Luca	Copywriter, Creative Director; M&C Saatchi, Milano
Sias, Gianni	Executive Producer; Made Production Company, Milano
Simonetti, Francesco	Copywriter; Leo Burnett, Milano
Sordi, Laura	Interactive Creative Director; Lowe Pirella Fronzoni, Roma
Spaccapeli, Vincent	Copywriter; Outch-Kingdom Design, Viterbo
Spaccavento, Sergio	Scriptwriter, Creative Director; BCube, Milano
Squitieri, Assunta	Copywriter, Creative Director; Marimo, Roma
Stagnitti, Gaia	Copywriter; Roma
Stenco, Alessandro	Art Director; Milano
Sterpi, Enzo	Copywriter; Milano
Stillacci, Andrea	Copywriter, President; Herezie, Paris
Stucchi, Bruno	Designer, Publisher; Dinamomilano/Die Schachtel, Milano
Taddeucci, Francesco	Copywriter, Executive Creative Director; Lowe Pirella Fronzoni, Roma
Tagliaferri, Michelangelo	CEO; Accademia di Comunicazione, Milano
Testa, Annamaria	Copywriter, Writer; Progetti Nuovi, Milano

Tonnarelli, Cristiano	Copywriter, Creative Director; Leo Burnett, Milano
Tortelli, Aurelio	Copywriter, Creative Director; Saffirio Tortelli Vigoriti DDB, Torino
Tozzi, Gianni	Chief Creative Director; FutureBrand, Milano
Treber, Thomas	Copywriter; Merano (Bolzano)
Tschirren, Fritz	Art Director; Milano
Vaccà, Roberto	Copywriter; Torino
Valentini, Mirella	Creative Director; AdmCom, Bologna
Valeri, Massimo	Creative Director; AdmCom, Bologna
Vendramin, Franco	Art Director, CEO; Novaidea Creative Resources, Selva del Montello (Treviso)
Venturelli, Marco	Copywriter; H-Paris, Suresnes (France)
Viganò, Marco	Art Director; Publicis, Milano
Vinci, Gabriele	Digital Creative Director; Uprising, Milano
Vittorioso, Arturo	Art Director; Carosellolab, Roma
Vohwinkel, Bruno	Copywriter; BCube, Milano
Zamboni, Luca	Art Director; JWT Italia, Milano
Zucchini, Valeria	Agency Manager; Milano

Soci Sostenitori / Supporting Members

Antonelli, Damiano	Creative Director; GWC World, Milano
Bacchini, Matteo	Copywriter; Parma
Balconi, Selena	Art Director; Studio Selena Balconi, Treviso
Baretto, Pino	Art Director; Bcat 37, Villanuova sul Clisi (Brescia)
Bertolesi, Patrizia	Art Director; LOVOconcept, Varallo Pombia (Novara)
Bonamassa, Dario	Art Director; Hannomayr Communication, Bolzano
Bonanno, Giuseppe Guido	Copywriter; Art&Bit, Catania
Bonaventura, Riccardo	Art Director; Messina
Bondani, Michele	Art Director; Ardigia, Parma
Calcagnì, Franco	Creative Director; Arachno Web Agency, Milano
Caprioli, Cristiano	Art Director, Creative Director; Vittorio Mancini & Associati, Milano
Caputo, Gianni	Art Director; Stratego, Latina
Casati, Raffaella	Copywriter; Inventa CPM, Milano
Cavallar, Mitti	Art Director; Mitti Cavallar, Trieste
Cecchinelli, Lorenzo	Creative Director; MPR, Faenza (Ravenna)
Cicerone, Roberta	Art Director; Leo Burnett, Milano
Cocchia, Rocco Federico	Art Director; Tra Virgolette, Milano
Cottone, Mirko	Creative Director; Integra Solutions, Forlì
Crudele, Raffaele	Web Art Director; Studio Associato Cruel Design, Cagliari
D'Ambrosio, Antonio	Music Composer; Disc to Disc, Milano
D'Amore, Michele	Copywriter; T Communication, Milano
D'Aquino, Stefano	Copywriter; Mente Locale, Pescara
Dallari, Giulio	Art Director; Polline, Roma
De Rogatis, Alberto	Copywriter; Pubblifirst, Avellino
Duca, Daniele	Copywriter, Photographer; Ancona
Fabris, Marco	Creative Director, CEO; dreaMobile, Milano
Fittipaldi, Piero	Copywriter; TBS, Roma
Giovannini, Michele	Art Director; Melt ADV, Roma
Giuseppetti, Stefania	Art Director; DreamersLab, Roma
Gnocchi, Massimo	Copywriter; B Fluid, Milano
Lalas, Athanasios-Sakis	Photographer; Milano
Lucca, Francesco	Art Director; IT Communication, Milano
Lusetti, Gigi	Copywriter; Guastalla (Reggio Emilia)
Majolino, Marta	Copywriter; Roma
Manetti, Debora	Art Director; Studio Kmzero, Firenze
Marsella, Giacomo	Art Director; Studio Zone Temporaneamente Creative, Roma
Masciangelo, Gian Luca	Art Director; Gian Luca Masciangelo Marketing Communication, Roma
Meoli, Antonella	Copywriter; Meoli, Melzo (Milano)
Miglioranzi, Mauro	Art Director; COO'EE Italia, Verona
Nobile, Paolo	Photographer; Paolo Nobile Studio, Milano
Palma, Vincenzo	Art Director; Sinkronia Studio, Foggia
Pessana, Riccardo	Art Director; K&K, Torino

319

Pisani, Raul Riccardo	Creative Alchemist; Alch1m1a, Milano
Restifo, Paolo	Art Director; Addplus, Roma
Rosalia, Giuseppe	Art Director; Art&Bit, Catania
Rostagno, Matteo	Art Director; Arc Worldwide/Leo Burnett, Torino
Scardaccione, Antonio Giulio	Copywriter; Aforisma/Scuola di Formazione Manageriale, Bari
Sicilia, Gerardo	Owner; Flexa Comunicazione, Salerno
Simiani, Leonardo	Graphic Designer; Blue Art, Fiesole (Firenze)
Solarino, Stefano	Creative Director; Polline, Roma
Soprani, Lorenzo	Creative Director; Lorenzo Soprani, Gualtieri (Reggio Emilia)
Spiezia, Filippo	Art Director, Web Designer; Filippo Spiezia, Pescara
Stefàno, Fabio	Brand Consultant; Roma
Tedesco, Valentina	Art Director; Lesmo (Monza)
Trabucco, Giovanni	Art Director; 3design, Milano
Tufano, Alberto	Copywriter; Seicreativo, Milano
Ventura, Annalisa	Copywriter; Sasso Marconi (Bologna)
Vergani, Roberta	Art Director; Cantiani Marketing & Comunicazione, Como
Vullo, Luca	Art Director; Vart, Milano
Zobec, Aleksander	Producer; Take, Bologna

Studenti / Student Members

IAAD = Istituto d'Arte Applicata e Design
IED = Istituto Europeo di Design
ILAS = Istituto Superiore di Comunicazione
NABA = Nuova Accademia di Belle Arti

Albano, Claudia	Art Director, Graphic Designer; NABA, Milano
An, Daehycon	Art Director; IED, Milano
Andrianò, Fabio	Art Director; IED, Roma
Austero, Paolo	Art Director; Accademia di Comunicazione, Milano
Ballone, Giuseppe	Art Director; Accademia di Comunicazione, Milano
Bandini, Stefania	Art Director; NABA, Milano
Bellissimo, Carmelo Rosario	Copywriter; NABA, Milano
Bonfitto, Riccardo	Art Director, Graphic Designer; NABA, Milano
Bonito, Anna Luisa	Art Director; IED, Milano
Bursich, Daniele	Art Director; NABA, Milano
Capannelli, Giulio	Cinema; Dams, Bologna
Carpinelli, Cinzia	Graphic Designer; ILAS, Napoli
Cetti, Lucas	Art Director; IED, Milano
Ciceri, Veronica	Art Director; Accademia di Comunicazione, Milano
Crippa, Alice Jasmine	Copywriter; PoliDesign, Milano
Cursaro, Mariasperanza	Copywriter; IED, Roma
D'Aulisa, Brigida	Copywriter; IED, Roma
De Ascentiis, Alessandra	Copywriter; IED, Milano
De Marco, Giovanna	Scienze della Comunicazione, Università di Macerata
De Stefano, Rocco	Copywriter; Accademia di Comunicazione, Milano
Dell'Edera, Marilisa	Art Director; Milano
Di Napoli, Davide	Art Director; ILAS, Napoli
Farina, Alessandro	Copywriter; Università degli Studi, Urbino
Fattore, Gian Maria	Art Director; NABA, Milano
Ferro, Stefania	Art Director; Accademia di Comunicazione, Milano
Fornataro, Davide	Art Director; NABA, Milano
Galfo, Selina	Copywriter; IED, Roma
Gava, Valentina	Art Director, Graphic Designer; NABA, Milano
Giavoni, Anita	Copywriter; Accademia di Comunicazione, Milano
Giustini, Marica	Copywriter; IED, Roma
Grandazzi, Francesco	Art Director; Politecnico, Milano
Inghilterra, Giuseppe	Copywriter; Republic, Milano
Ingianni, Federica	Art Director; NABA, Milano
Innocenti, Serena	Art Director; IED, Milano
Kassab, Vasily	Art Director, Designer; Robilant Associati, Milano

Lauro, Valentina	Art Director; IED, Roma
Lettieri, Fabio	Art Director; Ogilvy & Mather, Milano
Liberti, Domenico	Art Director; NABA, Milano
Loperto, Giulia	Art Director; NABA, Milano
Luongo, Elena	Art Director; NABA, Milano
Marelli, Riccardo	Copywriter; IED
Messina, Benedetto	Copywriter; IULM, Milano
Miatello, Alessandra	Art Director; NABA, Milano
Mollo, Francesco	Art Director; NABA, Milano
Monti, Alberto	Art Director; NABA, Milano
Mora, Alberto	Copywriter; Euro RSCG, Milano
Narbyekova, Alina	Art Director; NABA, Milano
Ottolino, Roberto	Copywriter; IED, Roma
Pasquinelli, Gigi	Art Director; Urago d'Oglio (Brescia)
Petursdottir, Valgerdur	Art Director; NABA, Milano
Piccolotti, Alina	Art Director; Milano
Pillon, Liliana	Art Director; Accademia di Comunicazione, Milano
Portunato, Martina	IED, Milano
Priano, Valentina	Art Director; IED, Milano
Retta, Federica	Art Director; Milano
Righes, Giorgia	Art Director; NABA, Milano
Romani, Simone	Copywriter; Accademia di Comunicazione, Milano
Rosi, Roberto	Copywriter; IED, Roma
Rossi, Marco Sebastian	Art Director; Attitude, Milano
Ruozzi, Michele	Art Director; NABA, Milano
Saetang, Amornrat	Art Director; NABA, Milano
Salmona Arcari, Jacob	Copywriter; Accademia di Comunicazione, Milano
Sanfelici, Luca	Art Director; NABA, Milano
Santomauro, Luca	Art Director, Copywriter; NABA, Milano
Scaloni, Samantha	Copywriter; IED, Roma
Scaramelli, Federica	Copywriter; Accademia di Comunicazione, Milano
Scrigner, Federica	Copywriter; Matrix, Milano
Secomandi, Gian Pietro	Art Director; NABA, Milano
Tamburi, Federica	Art Director; Accademia di Comunicazione, Milano
Valente, Annalisa	Art Director; Accademia di Comunicazione, Milano
Vicinanza, Alessia	Copywriter; Università degli Studi, Milano
Vigoni, Alessandro	Art Director; Milano
Vitiello, Roberto Vittorio	Art Director; ILAS, Napoli
Volanti, Nicolò	Art Director; Accademia di Belle Arti, Catania

Indice Index

323

324